年報・死刑廃止2021

アメリカは死刑廃止に向かうか

インパクト出版会

目次

年報・死刑廃止2021

巻頭座談会

アメリカは死刑廃止に向かうか

金平茂紀
（ニュースキャスター）
庄司 香
（学習院大学教授　専攻・アメリカ政治）
安田好弘
（弁護士、年報・死刑廃止編集委員）

司会
岩井 信
（弁護士、年報・死刑廃止編集委員）

年々、死刑廃止州が増え続けるアメリカ、そしてバイデン政権のガーランド司法長官は「政策及び手続の再検討期間中の連邦の死刑執行の一時停止」と題するメモランダムを発表。アメリカの死刑廃止は近いのではないかという期待が膨らむ。この動きに日本も無縁ではいられない。しかし果たしてアメリカは死刑廃止に向かっているのだろうか。ニュースキャスターとして長らくアメリカ社会を見続けた金平茂紀さんと、アメリカ政治専門の庄司香教授とともに分析する。

（編集部）

バイデン大統領とアメリカの死刑

岩井　今年二〇二一年は、昨年のアメリカ大統領選挙を経てバイデン大統領が誕生しました。その中で、アメリカの死刑の動きを見ながら、翻って日本の死刑の動きを考えてみたいと思います。

アメリカでは、州ごとに法制度が異なりますが、死刑廃止州が毎年着実に増えています。二〇一九年にはニューハンプシャー州、二〇二〇年にはコロラド州、今年二〇二一年三月にはバージニア州が死刑を廃止しました。このバージニア州というのは、テキサス州に次いでアメリカで死刑執行数が多かった州なので、この州が死刑を廃止したことは、極めて大きな意義を持っています。これによってアメリカの死刑廃止州は二三州になり、法制度上は死刑が廃止に向かって確実に動いていると言えます。

ブラックライブズマター運動という人種差別に対する抗議運動がアメリカ社会で広がったことが報道されています。その中で、アメリカの死刑制度における人種差別があらためてクローズアップされてきている。トランプ政権においては、連邦法で執行が再開されるとか、最高裁の判事に保守派が任命されるとか、死刑廃止に関して後ろ向きの動きもありましたが、バイデン政権になって、アメリカがどういう方向に向かうのか、アメリカ社会や文化、メディアや政治など広く議論をしていただきたいというのが今回の趣旨です。

まず初めに、自己紹介をお願いしたいと思います。アメリカ政治をご専門とされている学習院大学教授の庄司香さん。よろしくお願いします。

庄司　私は、アメリカ政治の中でも政党の候補者を決める予備選挙が導入された経緯とは何なのだろうということを手がかりにアメリカ政治に入っていきました。公認を握るというのは党内の権力を握ることです。それを、欧米や日本のような党員制度がないアメリカで、一般の人に開放する予備選挙制度のようなものが、どうして始まったのだろうというところから関心を持って入っていったので、アメリカの選挙制度にいろいろな形で関心を持っています。

アメリカの死刑の問題というのは、現在では人種問題との絡みでほとんどの人が認識している、語るという状態になっていると思います。日本との違いとしてそこが一番大きいので、そういう話も盛り込んでお話しできればいいと思っています。

近年とかくアメリカの政治や社会を描写するのに「分断」という表現が使われるようになったのですが、果たして最近の現象なのか、という点にも触れておきたいともいます。実は有権者のレベルでは、アメリカは昔からこうだったと考えています。特にトランプ支持者のような人たちについては、昔からこういう人たちはいたけど、それが政治にあまりダイレクトに反映されていなかったのではないかということです。つまり、共和党の政治家として連邦レベルに上がってきている人たちと、その支持者の間にものすごく大きなギャップがあって、共和党を支持する有権者たちは、はたで見ていて、どうしてこういう政治家に投票するのだろうと思うくらい、自分たちの利益を代表してくれない人たちに長らく投票してきました。そういう中でトランプという人が出てきて、本当は自分たちを代表してくれない人たちに長らく騙されてきたのだと気づいた、ついに思ったことをなんでも言える時が来たと感じた人たちが多かった、というふうに私はトランプの登場を見ていました。ですので、近年分極化とか分断が激しくなってきたという言い方をされがちなのですが、果たしてそういう見方で理解できるのかなと感じることが多々あると思っています。

岩井　ニュースキャスターの金平さん、お願いします。

金平　アメリカとの関わりで言うと、二〇〇二年から二〇〇五年までワシントンに駐在していました。ちょうど行ってすぐにイラク戦争が始まり、行く前には対アフガニスタン戦争があり、〈9・11〉でアメリカがものすごい復讐心と愛国心に燃えて、アメリカ社会の一色になり方みたいなものが恐ろしかったですね。CBSの報道の車がみな星条旗を付けて走る、そういうのが当たり前になっていた。そういうところで三年間過ごして、東京に戻って三年、それからニューヨークに戻って、二〇〇八年から二〇一〇年まで滞在しました。ニューヨークはワシントンと全然違って、アメリカであってアメリカでないような場所で、そこでもっと広い意味の多様性のようなものを少し経験できたかなと思います。アメリカは、僕にとっては好きだけど嫌いだけど好きな国、あるいは嫌いだけど好きだけど嫌いな国。すごい二面性のあるところで、僕らの世代というのはものすごくアメリカ文化の影響を受けています。骨の髄まで。ただ、アメリカ的なものに従属している日本の今に至るまでの在り方などは、屈辱的だと思う。

　死刑制度から見たアメリカの変遷ということなんですけれど、僕は去年二回しかアメリカへ行っていないのですが、アイオワ・コーカスの時と、大統領選挙の本選。その間もずっとコロナの蔓延があって、行くなというお達しがテレビ局から出て、その禁を破って行っていました。で、ブラックライブズマターの出現だとか、トランプ陣営の集会などに行くと、本当に恐ろしかったです。こういう力が今働いているんだと。バイデンが僅差で勝ったということなのですが、それでもトランプもすごい数の得票数を得て未だに影響力を行使している。つい最近のことでショックだったのは、一月六日のアメリカのキャピトル（連邦議会議事堂）にトランプ支持者が乱入していった。僕は就任式にも取材に行きたかったのですが、止められていて、もし行っていたらそれにぶち当たっていましたね。日本では議会乱入事件などという言葉になっていますが、僕はクーデター未遂だと思います。乱入の時間がちょっと早まっていたら、議場にいた人間、ペンス副大統領らも殺されていただろうと思います。クーデター未遂に近い。

　今日はここからどういう話の展開になるかわかりませんが、やはり全体を支配している流れというのは、コロナウィルスのパンデミックという部分を抜きには語れないということです。地球規模で人間の生命観、つまり人間の生命ってどれくらいの価値があって、有限であって、何をしなければいけないかということを真剣に突きつけられているのですけれども、そういう中で死刑制度とは何なのか。究極の問いは、死刑囚にコロナワクチンを接種するのかということです。ワクチンというのは、コロナウィルスへの切り札だと言われています。われわれが集団免疫を獲得するためには、例外なく沢山の人が接種しなければならないということになっているのですが、国家が殺すと決めた人間に対してコロナワクチンを接種するのか。

庄司　受刑者ではなくて死刑囚に、ということですか？

金平　死刑囚に。受刑者全般もそうですけれど、死刑囚は、殺すと決めたわけですから。で、コロナワクチンというのは、生命を救うための究極の手段です。もちろん感染しないという意味もありますが。

庄司　死刑囚が希望すればもちろん打つのではないですか。看守の健康に関わりますから。アメリカでは執行するまでに平均で一九年かかっているじゃないですか。死刑囚に健康被害が出た場合は、普通の医療手当てはしているわけだから、当然ワクチンの接種もするんじゃないですかね。

金平　僕は、そこを知らないんです。死刑囚がコロナワクチンの接種を希望することができるのか、司法当局がちゃんと対応するのかどうか、聞いたことがない。なぜそういう話になるかというと、今のコロナのパンデミックの状況の中で、医療現場で一種の生命の選別みたいなことが行われていて、これはアメリカの話ではありませんが、他の国ではトリアージといって、つまりどちらを優先して助けるかというような、あるいはどちらにワクチン接種を優先させるかというような順位付けが行われている。これはとても大きな問題だと思います。そういう大きな枠組みとしては、コロナパンデミックということで人間の生命観、あるいはもっと言うと生命倫理に関わる考え方が大きな変化を遂げている中で、死刑制度というのは何なのだというのは大きな問題です。

それが、たぶん日本に跳ね返ってきていて、多くの人の反対を押し切ってオリンピックをやっていますが、オリンピック・モラトリアムといって、法務省が死刑の執行を止めている。その大きな理由の一つが、海外に対する日本の評価、オリンピックを前に死刑執行をガンガンできない。恐らく僕の予想では、法務省はオリンピック、パラリンピックが終わると、息せき切って死刑を執行しかねない。そこはまったく変わっていない法務省の死刑制度に対する考え方です。だから、僕はすごく心配しているんです。

アメリカとの比較で言うと、日本国内の国民世論は、死刑廃止を求めるような世界的な潮流とは隔絶している。ガラパゴスのようになっている状況。まず関心がない。もっと言うと、厳罰化を求めるような過剰なわかりやすい正義を求める層がいて、それはアメリカでは死刑廃止に流れ込んでいるブラッククライブズマター以降の若い人たちの動きと対極をなしている。枠組みとして、大体いまそんなことを考えています。

安田　私は、死刑廃止の運動を三〇年近くやってきました。そのきっかけが、一九八九年に国連総会で死刑廃止条約が

採択されたことでした。当時、私は死刑事件を担当していて、法廷で手段を尽くして死刑判決を回避していけば、いずれは死刑がなくなるだろうと考えていました。一部は目的を達したこともありましたが、司法の場面では、検察の死刑求刑が必ず行われていて、最高裁の死刑合憲判決が不動の地位を占めていて、如何ともしがたい状態でした。それで、場を変えて社会全体の中で死刑廃止を訴えていき、政治を動かしていくしかないと考え、死刑廃止運動に携わりはじめました。

当時、すでにヨーロッパでは死刑廃止の流れが起こっていました。その流れを何とか日本に持ち込もうと努力し、一九八九年から三年四ヶ月間、死刑の執行のない状態を作り出すことができましたが、結局、法務省の強い巻き返しによって死刑は再開されてしまいました。そのころ、私たちは、国際的な力関係から、アメリカが死刑を廃止すれば日本もこれに追随して廃止せざるを得なくなるだろうと考えました。その考えは今でも完全に捨てたわけではないですが、いよいよアメリカが死刑廃止をする状況になってきて、そのような考えのままでいいのかというのが、今、私たちに新たに

突きつけられていると思っています。

特に弁護士の目から見ると、日本における死刑存置の最大にして最強の勢力は、法務省と裁判所だと思うのですが、その中で裁判所は一九四八年に最高裁の大法廷で死刑合憲判決を出しているのですが、その時期が、アメリカが主導した極東裁判で死刑判決が出る時期と軌を一にしているんですね。つまり、最高裁の死刑合憲判決の背景には、アメリカの占領政策があったと思うのですが、そのアメリカでいよいよ死刑が廃止されるとなってくると、日本の司法、特に最高裁は死刑制度について見直しをせざるを得なくなるのではないかと思います。もっとも、最近では、民主主義の概念が多様化されてしまい、一国民主主義の様相を呈してきていますから、日本にはほとんど影響しないのではないかとも思います。そうは言っても、やはりこの機会を大切にしないと、再びこういうチャンスはないのかなと思います。

ブラックライブズマターの衝撃

ブラックライブズマター　アメリカ社会への影響

岩井　最初に、ブラックライブズマター運動がアメリカ社会に与えた影響から入っていきたいと思います。二〇一二年に黒人少年が白人警官に射殺された事件に端を発して、ＳＮＳ上でブラックライブズマターというハッシュタグが拡散されたのが始まりと言われています。その後も黒人が白人警官によって死亡させられる事件が次々と起こって、そのたびにブラックライブズマター運動が広がり、その内容もさまざまに展開されていったと理解しています。まず、ブラックライブズマター運動のアメリカ社会や政治に与えた影響について、庄司さん、いかがですか。

庄司　私もブラックライブズマターが最初に出てきた頃のことを覚えているのですが、何かすごく急進的な、ラディカルな、マージナルな運動として扱われていたのです。それが、度重なる黒人射殺事件の影響もあって、二〇一六年くらいまでに大きく変わっていく。そして、トランプが極端で煽動的な言動を展開していく中で、アメリカ社会でいろいろなものの位置づけが相対的に変わっていったのだと思います。ああ、これだけ露骨なレイシズムがアメリカにはまだあるんだと再認識した人もいれば、あるということは本当はわかっていたのだけれど、一応差別的なことは言ってはいけないという共通認識があるはずだと思っていた。それなのに、その境界を全部取り払って、ひどいことを何でも言う人が出てきた、しかもその人がトップについたということで、やはり人種差別に反対する側、特に差別されている側の人たちが非常に強い危機感を持って、はっきりと対峙していかなければならないという認識が強まったのだと思うのです。そのプロセスで、やはりメディアもこの大統領を放っておくわけにはいかないと、かなりはっきり批判する立場に立った時に、ブラックライブズマターのような運動の立ち位置、社会の中での位置づけが徐々に変わっていったと思います。

最終的に、二〇二〇年にジョージ・フロイドの殺害をめぐって、全米規模に抗議運動が広がった時に、多くのアメリカ人は本当に感慨を持って見ていたのですね。ラディカルで危ない変な人たちくらいに扱われていたブラックライブズマターが、これだけメインストリームになった。各地の抗議行動を見ていると、一部には普段から不満を持つ人たちの中にデモに便乗して暴動や略奪を起こす人がいて、こういうのはアメリカではよくあるのですが、全体としてブラックライブズマターの抗議行動というのはものすごく平和的で、かつそこに白人もアジア系もヒスパニック系もたくさん参加していた。これが、やはりアメリカ人にとっても画期的なことだったと思うのです。だから、ブラックライブズマターという運動自体はちょっと前からあったのだけれど、トランプが出てきて保守派の言動に歯止めが効かなくなり、トランプ支持者の中にも何でも言うし何でもやるというのが出てきた中で、さすがにおかしいんじゃないかと普通の人たちが立ち上がるという流れになったのが非常に大きいと思います。

ただ、ピーク時は、ブラックライブズマターは、世論調査ではアメリカ人の過半数が支持していたのですが、そこからは大分下がってきています。コロナの影響があって、年々ずっと下がってきたアメリカの犯罪件数が、去年また跳ね上がったことが影響していると言われます。犯罪増加の背景には、パンデミックで経済が混乱して失業者が増加し、低所得層やマイノリティに経済的な打撃が集中するなか、貧困地域の社会福祉プログラムなどのセイフティネットが機能不全になったり、警察予算の削減によってパトロール活動が縮小されたり、これまで銃所持に否定的だった人たちが護身の必要を感じて大挙して銃を購入したり、といった様々なことがありました。特に殺人事件の件数が増えてしまい、それが集中的にマイノリティの多い低所得地域で起きている。そういう事が報道されると、事件が自分たちの地域で起きていない白人たちも、「どうしよう、治安が悪くなった」という反応をします。そうすると、俄然不安になって、路上での抗議活動に対しても「治安を乱すもの」という否定的な見方が強まります。それで、二〇二〇年の後半から徐々にブラックライブズマターへの支持は下がっています。ですから、この一年間で大分変わってきているというふうに感じています。

岩井　金平さんは、ブラックライブズマター運動が提起したことが、アメリカ社会にどういう影響を与えたと思われますか。

金平 決定的だったと思います。ブラックライブズマターがなかったらトランプが勝っていただろうというくらい決定的で、庄司さんがおっしゃったように、ブラックライブズマターの運動というのは、草の根というか、ジェネレーションZ（ズィー）という若い世代、しかも人種を越えて流れ込んだというか、それはものすごい力になった。それが、レイシズムを許さない、こんな運動ってなかったのではないですか。それが、選挙で投票しよう、という大きな力になった。古い形の社会運動と明らかに違う種類、ジェネレーションZという日本にはない勢力です。トランプに対する反動というのはあるのですけれど、子どもの時から大統領はバラク・オバマで、あの大統領と家族を当たり前のこととして見てきた世代は、大統領は普通にブラックアメリカンであって、それの何が悪いんだと、すんなりと受け入れている人たちがいたというのが大きいと思います。それはやはりアメリカのパワー、人種というものすごく矛盾を孕んだいろいろなものがプラスに働いた時、社会を変革する大きな力になった時を目の当たりにしたということがあったと思います。これは本当にすごいことだった。それが今、例えばアジア系へのヘイトクライムに対する抗議運動でも、その運動スタイルを学んで、みんな声を上げ始めている。

人種差別と死刑

岩井 ブラックライブズマター運動が広がっていくことで死刑制度にも人種差別があることにもあらためて焦点が当たっています。アメリカの死刑廃止情報センターの情報を見ると、死刑囚の四一%は黒人で、四二%は白人なのですが、異人種間の殺人事件で見ると、黒人被害者事件の白人死刑囚の執行数は二一件で、白人被害者の事件における黒人死刑囚の執行数は二九七件で、犯罪率などを考えても圧倒的に黒人死刑囚の方が執行されている。ノンフィクションで黒人弁護士が黒人冤罪死刑囚を現実に救ったという実話が二〇一九年に映画化され、人気俳優のマイケル・B・ジョーダンが主人公の弁護士を演じて「黒い司法　0%からの奇跡」という作品になっている。そういう意味でもブラックライブズマター運動の展開の中で、死刑制度における人種差別があらためてクローズアップされたのかと思っているのですが、庄司さん、いかがですか。

庄司 司法制度、特に死刑の問題については、人種的な偏りがあっておかしいということは、ずっと前から言われていたことで、これはアメリカでも多くの人が知っています。アメリカで死刑に反対だという人の意見として、死刑制度そのものに反対するのではなくて、人種的な差別から生じる偏りは許されないから反対という立場をとる人が圧倒的に多いと感じます。冤罪の人種的偏りももちろんあるけれども、その司法手続きや運用において人種差別が完全にない状態にすることは不可能なんじゃないかということから、死刑制度があること、それを運用することに反対すると言っている人がとても多かったのですね。その知識自体は、アメリカでは結構広く共有されていると思うのですけれど、ブラックライブズマターの流れの中で、やはりもう一度無視できない問題として浮かび上がってきている面もあるかなと思います。

ただ、選挙の間の去年の印象ですけれども、アメリカの友だち何人かに聞いてみたのですが、死刑制度の廃止というのが民主党の党綱領に入っていたり、バイデンの公約に入っていたことに気づかなかったという人が多いのです。そもそも争点になっていなかっただろうと。ニュースで大きく取り上げられたりもしていない、それを軸にして、ではバイデンに投票するとか、しないとかいうような話も聞かなかったと。司法改革に関しては、ブラックライブズマター運動により焦点となった警察改革と、以前からの深刻な問題としての銃規制との間で、死刑制度に関する議論というのは目立たない存在だったのではないかというふうに聞きました。私も実際そうだなと思います。今回改めていろいろ確認してみたのですが、争点とは言えなかったのではないかなと。

これは、考えてみたら奇妙な事ですね。大統領候補で死刑廃止を公約に掲げて当選した人は、歴史上バイデンが初めてです。それなのに、ほとんど話題にならなかった。そして、就任した後も、公約だったのだからちゃんとやれと言っているのは、民主党の中でも左派の人たちです。けれど、はっきり言ってバイデンは、やらなければならない切迫している事がほかにあってそれどころじゃないわけですね。ただし党内を最低限まとめないと、連邦議会では下院も民主党のリードはそれほど大きくありませんし、上院は完全に拮抗している状態なので、左派が離反するといっても行くところはないのですけれど、協力してもらえないと困る。結局、七月一日にバイデン本人ではなくてガーランド司法長官が死刑のモラトリアムを宣言しました。モラトリアムというのは、例えばオバマだってしたわけです。死刑制度そのものの是非を問うのではなく、現行の死刑制度の、例えば執行の仕方に問題があるのではないかと思うから、どういう問題があるかを調査しますと言って、オバマも事実上モラトリアムをした。しかし調査委員会を設置したけれど、調査報告書は退任までに出ませんでした。ですから、このモラトリアムというのは、執行が停止されるという効果はありますが、死刑の廃止に向けて何か進展があるということを必ずしも意味しないわけです。このままになってしまうかも知れない。

今回も、ガーランド長官が検証委員会的なものを設置すると言っています。トランプの時に、死刑の執行のための手続きをかなりいじったのですが、それが正しかったのかを検証する、それが終わるまでは執行停止するという言い方をしています。それで、死刑廃止を求めている人たちは、モラトリアムというのは、トランプの時にわかったけれど、大統領が替わればひっくり返すことが可能で、もしこのままだったらどうしようと恐怖を感じているわけです。七月一日にモラトリアムが出たというのは、実は進歩とは言えない、不安の種と言えるかもしれないという状況だと思います。

岩井　ただ、今年の三月二四日にバージニア州が死刑を廃止した時に、ノーサム知事はなぜ死刑廃止法案に署名したかというと、「すべての人に等しく機能しない制度であることを知りながら、究極の懲罰を与えることはできない」と表明したと報道されています。要するに、死刑の適用に人種間の不平等があることを理由に挙げたということですね。やはり、そういうところにブラックライブズマター運動の成果が見えるのかなと思っていたのです。安田さん、人種問題というものと死刑、これが日本の刑事司法にもたらす影響はどのように見られますか。

安田　私は外からしか見ていないのですけれども、ブラックライブズマターの運動が、死刑を問題化したかというと、そうは受け取れませんでした。死刑における人種差別の問題と死刑廃止の問題は必ずしも同じではないと思いました。しかし、この運動によって、選挙に行く人たちが増えて、かろうじてバイデンが勝ったのでしょうが、そういう激戦の中にあっても、バイデンが掲げる死刑廃止の政策とトランプ大統領が任期満了前に次々に死刑を執行したことが議論にならかなったことが注目されます。それは、死刑がすでに廃止の流れの中にあるということなのかなと思います。アメリカでは死刑執行数がどんどん減ってきていますし、死刑を廃止した州に執行を停止している州を加えると過半数に達していますし、裁判手続も死刑については特別に慎重な手続が必須となってきていますから、死刑制度の是非が重要な争点にならなくなっているのではないかと考えます。存置派であるトランプにとって、存置を主張しても票を増やす効果がないと考えたのかなと思います。

では、日本ではどうだったかというと、バイデンがそういう公約をしていることさえもほとんど報道されないというのが現実でした。しかし、重要なのはこれからバイデンが死刑廃止に向けて動くのかどうかですが、大きな期待を持てないのではと思います。彼は、中国の人権問題を取り上げてクワッドやG7で、これを糾弾するリーグを作ろうとしているわけですけれども、彼が声高に非難する中には、死刑がまったく出てきていません。中国は徹底した秘密主義のもとで年間に四千人もの人を処刑しているのですから、少しはこれに触れてほしいと思ったのですが。

庄司　選挙での公約についても、以前は死刑は争点としては、賛成であろうが反対であろうが、極力触れたくなかった。候補者としては選挙における地雷だと言われていたんですね。今は、死刑廃止ということを言っても、それによって負けたり票が減ったりという恐怖に苛まれなくてすむ程度のところまで、確かにアメリカ社会は変わってきています。

バイデンは死刑廃止を実現するか

バイデンはなぜ死刑廃止を公約に入れたか

庄司　バイデン本人は、上院議員生活を三〇年以上もやってきた人ですが、ずっと死刑制度には賛成でした。

安田　昔は存置だったのですか。

庄司　存置どころが、「強化」でしたね。ですから、一九九四年に連邦レベルで新たに六〇くらいの罪を死刑の対象にし得るという大きな法律改正があった時に、それを牽引したのは自分だと言って、「バイデン法と言ってもいい」というくらい大騒ぎをしていた人です。だから、彼は死刑制度の廃止を積極的に打って出るような立場の人ではなかったのです。だけど、一つ前の二〇一六年の選挙で、ヒラリー・クリントンとバーニー・サンダースが民主党の候補者指名をめぐって大激戦を展開しました。バーニーは、党がまとまるために自分は候補者としては身を引くけれども、自分を支持したかなり革新的な若者たちの要求を、党綱領に反映させなければ民主党の全国党大会で大暴れすると言っていたのです。その結果、二〇一六年の民主党の党綱領に、残酷な刑罰であるとして死刑の廃止が入っているのです。

指名を獲得したヒラリー・クリントンは、実は死刑存置派でした。限定的に適用されるべきだがテロのような「憎むべき」犯罪には死刑が必要とか、州での運用は信頼できないが連邦ならきちんと運用できるとか、さらには、誰かほかの人が死刑を廃止してくれればほっとするというような、いろいろと煮え切らないことを言って、非常に評判の悪かった候補者でしたが、党綱領には死刑廃止が入っているという状態が、前回の二〇一六年選挙だった。そういうことを背景に、州レベルでは廃止する州もさらに出てくるという中で、二〇一九年くらいには民主党のほとんどの大統領候補者が死刑廃止を言っていたのです。バイデンは、司法改革の他のいくつもある争点の中でも、多くの争点で相対的に保守的な中道寄りの立場を取っていました。それは本選挙で勝つためにある程度必要な戦略だったのですが、しかし、死刑廃止だけはすべての民主党の候補者たちが廃止と言っている中で、よもや自分だけが廃止を言わないという選択肢はなかったのだと思います。だから、廃止だということにした。だけど、自分の過去の経歴ともかなり齟齬を来すし、本人が大きな心変わりをするきっかけとなるようなエピソードがあったというような話も一回も出てきていません。アメリカではよくありますよね、反対していた人が、特定のあまりにひどい冤罪事件を知って考え方を変えましたと、政治家もそういう話を堂々とするのですが、バイデンにはそういう話がありません。だから、彼は最後まで積極的に死刑の廃止という論陣を張ったりしたことはない。やはり民主党の中で指名を確実にするために、ほかの候補者と同じ立場をとったという形で入ったのだと思います。

バイデンの公約では、人種的偏りなどには触れずに、一九七三年以降一六〇件以上の冤罪が明らかになって死刑が撤回されたので、間違いがおきる可能性がある以上、死刑を連邦レベルで廃止する法案を通過させることを目指し、州にも廃止を促すインセンティブを与えるとしています。現在の死刑囚は、仮釈放なき終身刑にすべきとも言っていますが、人の命を奪うものとしての死刑制度の是非については触れていません。

ちなみに、民主党は歴史的には一九七二年に死刑廃止を党綱領に入れたことがありましたが、大統領選挙では惨敗しています。その後、一九九二年まで党綱領で死刑に言及することはなく、一九八八年には死刑反対の立場を鮮明にしたデュカキス候補が大敗しました。一九九六年の党綱領には、民主党が連邦レベルでの死刑適用対象を拡大し、執行をスピードアップしたことを自慢するような文言があり、二〇〇〇年にも死刑を含む厳罰化を綱領に明記していました。その後、二〇〇八年、二〇一二年には、死刑制度の恣意的な運用は許されないと記すようになりました。二〇一六年は先ほど触れたとおりですが、二〇二〇年の党綱領には、民主党は死刑廃止への支持を継続するとだけ書かれており、二〇一六年時の死刑を残虐で異常な刑罰とする表現からも後退しています。全体としては、アメリカ社会の死刑制度への態度の変化を反映する形で、民主党の綱領は歴史的に揺れ動いてきました。

他方、共和党は一九七六年から一度も欠かさずに、党綱領で死刑制度に言及し、一貫して死刑制度を支持しています。一九七六年は、死刑制度の是非は州が判断すべきとし、一九八〇年から一九八八年までは、連邦での死刑復活を党綱領で求めています。一九八〇年は死刑の抑止力に言及し、一九八四年は人道的な執行を唱え、一九八八年には迅速な執行を求めています。一九八八年に連邦法での死刑が復活すると、一九九二年には非合法薬物売買、一九九六年には強姦にも対象を拡大するよう求め、死刑賛成派判事を任命することにも言及しています。二〇〇〇年には抑止効果を繰り返し、二〇〇四年から二〇一二年までは殺人罪に対して死刑を選択できるようすべきとしました。州レベルでの死刑廃止潮流も意識してか、二〇一六年には、死刑は合衆国憲法修正第5条に基づき合憲であると強調し、各州が判断できる権利を擁護しました。二〇二〇年には事実上「トランプ党」と化したとも揶揄されるなか、政策的方針を検討せずに二〇一六年綱領をそのまま使うという前代未聞の対応をしました。トランプに対する賛否を決するという性格が強かった二〇二〇年選挙は、政策的な議論が深まりにくい状況でもあったと思います。

選挙戦では死刑は争点にならなかった

安田　よくわかりました。

岩井　金平さんは選挙の取材にも行かれていますが、バイデンの選挙キャンペーンにおいて、刑事司法改革の中で死刑についての議論が取り上げられてきたことがありましたか。

金平　死刑というのは、メインのテーマにはなっていなかったですね。

岩井　デュカキスさんが大統領選の候補の時に、死刑についてのコメントが大統領になれなかった一つの大きな理由になっていると言われていますが、それとの比較でも、バイデン・ハリス大統領選挙キャンペーンの選挙公約の中に死刑廃止が入っていたことは、プラスにもマイナスにも影響しなかったということでしょうか。

金平　僕が直接大統領選を取材したのは、第二期ブッシュ政権ができた時が最初のことですが、その時も死刑についてはは主要な争点にはなっていなかった。その後オバマが大統領になって、トランプがなる。民主党と共和党が入れ替わる、それに対する反動のように価値観が行ったり来たりというのがある。その中で、生命倫理に関わる議論で一番大きなテーマになるのは、プロライフ／プロチョイス、要するに妊娠中絶の話です。その話が選挙の中ではっきりと立ち位置がわかれる一番のテーマですね。そこが大きくて、死刑制度自体について正面から是か非かという議論はあまり聞かれなかったです。それが、ヨーロッパだと全然違う。それから、日本で死刑廃止運動をやっている人たちの価値観とも違う。

アメリカ社会というのは全体的に言うと、死刑廃止が出てくる根っこにある価値観は、ヨーロッパとかアジア諸国から出てくる死刑廃止とは違う気がする。特に「力による正義」

のような、それから修正第一条が持っているように銃を持つ自由のようなものも含めて、つまり死刑制度というのを、民主党も含めて国家が人間の生命を抹殺してしまうというようなことは、そもそもが人道的ではないという価値観というのは、アメリカという国の成り立ちとそもそも両立し得るのか、と。アメリカは先住民を殺した末に成り立っているし、それから「力による正義」に依拠して、これまでずっと戦争を繰り返してきた。銃についてもそうですし、あるいは人種の違いのようなものを抱えていて、しかも黒人や中国人やアジア人というのは、必ずしも彼らが望んだようなものではないような形でアメリカ大陸にやって来たという要素がある。そういうことを考えた時に、アメリカという国の成り立ちと死刑制度の廃止は両立し得るのか。

彼らだって、バーニー・サンダースの話が出てきたように、あるいは民主党で左派的な価値観の人はやはりヨーロッパの動向とか、あるいは生命倫理に関する動向に対してすごく敏感で、特に世代間でずいぶん考え方が違う。「今どき死刑なんていうことをやっていいのか」と考える世代が出てきているというのは感じますね。今のブラックライブズマターを主導した人たちの考え方、それはむしろヨーロッパの考え方や死刑廃止運動と連帯し得るようなレベルの話なのではないかと思っています。ただ、アメリカという国の成り立ちから考えた時に、そもそも死刑廃止にすんなり行くのかと、バイデンの死刑廃止を公約に入れた背景をおっしゃっていましたが、まず積極的には入れていないですよね。バーニー・サンダースなら言ったでしょう。それは、バイデンは言わないですし、ヒラリー・クリントンなどは絶対に言わない。そういう経緯があるものですから、アメリカにおける死刑廃止の動向というのは、内発的なものというよりも、むしろ世界の潮流の中で自分たちをもっと相対化していくような運動というのですかね。やはり「アメリカ中心主義」が崩れてきた、その中でアメリカ的価値観だって疑う人たちが出てきたのだろうなと思います。

安田　数字を見ると死刑と終身刑のどちらを選択するかについて、六割の人が死刑よりも終身刑を選択するという結果が出ていますから、これが死刑廃止の大きな下支えになるのでしょうが、どうもバイデンの掲げる死刑廃止はアクセサリーの感じがしてなりません。副大統領も、基本的に積極的な死刑廃止論者ではないようですが、どうですか。

庄司　バイデンよりは少し積極的だと思います。世代差くらいですかね。

安田　でも、死刑廃止という政策が大きな論争なしに軟着陸できる政治状況とか、ワシントンに公民権運動と同じく一〇万人くらいの人が集まってデモが行われ、しかも全米で同じようなことが行われているという状況を見ていると、単なる政治状況だけでなく、アメリカ全体の中身が変わりつつあるのかなとも思いますね。

金平　そういう意味では、人権という広い枠組みの中で死刑制度もやはりおかしいなという動きというのが広がってきていることは事実だと思います。それもアメリカの歴史を見ると、一九七二年から一九七六年の間は死刑廃止をしていた時期がありますね。それが戻ってきたみたいな。でも、そうは言ってもと、この考え方というのは、僕には理解できないから言っているのですが、今年に入っても女性の死刑囚が処刑されたでしょう。ちょうどトランプが退任する直前に、ギリギリの駆け込みのような形で。これは六七年ぶりということで、そんなことをやりたいと思うのかと。政権交代の引き際の時にですよ。こんなことをやるって、将来もし死刑が人権上問題だということになったら、そんなことをやるわけないと思うのですけれど、アメリカはそういうふうになっちゃう。

アメリカ建国・開拓の精神は死刑廃止と相容れるか

金平　それと、一番忘れられないのは、一月六日の連邦議会議事堂乱入の時に、プロテスターたちが持ち込んだのは絞首台ですよ。もちろんそれはイミテーションですが、使えるんです。木で、こう、ロープで吊すようなものを中に持ち込んで、そこに行った人間が「ペンスを吊せ」と言っている。これがアメリカの二一世紀の首都の、しかも大統領就任式の直前に、「キャピトルへ向かえ」とトランプが言って行った、そして持って行った物が絞首台だという、こういう価値観がまだこういうところに生きているのかと、怖かったです。あれは、もうちょっと早かったら、若干の議員たちが議場から逃げ切れなかったでしょう。中に乱入した人々が間一髪で逃げて空になっていた議場へ「ペンスはどこにいるんだ」とか言いながらなだれ込んだ。もし本当に吊したりしたら、本当に中世のようなことがあそこで起きたわけで、そういう価値観がまだトランプ支持派の中に残っている。それ自体がものすごくショッキングで、ひょっとしてこれはアメリカという国の成り立ちと関係があるのかと、こんな事は極論だから言いたくないですけれど、そこに残っている死刑制度というのは、まだやはりあの国において復活したり、流れとしては若い人たちの間ではいけないとなっているが、やはり「力による正義」の実現だというような考え方というのは、もしかするとアメリカの建国の理念の根底と関わっているのかもしれないなと。恐いと思いますね。

庄司　いわゆる建国の理念は、白人のものであるということが前提ですけれどね。

安田　私は恐いなと思ったのが、アメリカがビン・ラディンを殺害する時に、オバマ大統領と副大統領と国務長官が、大統領執務室でその映像を生で見ていたというわけですね。ですから、バイデンも同じことを行うのだろうと思います。テロ集団に対する殺戮ですよね。恐らく私たちの価値観では、それは容認されないだろうと思うのですが。

金平　ヒラリー・クリントン国務長官がこうやって手で顔を覆って、目や顔の一部だけをカメラの前に晒している映像が公開されていたのだけれど、しっかりと。

庄司　でも、ああやって顔をゆがめたのが、やはり女性としては大統領になるには弱いという形で、かなり非難されたんですよね。そこは本当にアメリカ的なところだと思います。

金平　そういうところにむしろ希望があるのであって。だけど、そうじゃなく、ダメだこれじゃ弱っちいから、と。「力による正義」の行使への信奉、それがやはり怖い。

安田　繰り返しになりますが、彼らがやったのは処刑なんですね。しかも、それを政治的なリーダーが確認し、勝利だと喧伝する。決して残虐だという非難は受けませんし、人道に反するとも非難されない。他にも、イランの将軍をミサイルで殺害する。ミサイルが兵器としてではなく、個人の殺害のために使われているわけです。これらは、東京大空襲や広島・長崎への原爆投下と共通していますし、戦争犯罪者とした人たちを処刑し、さらにおその骨までも海に捨てたというのと同じ問題を抱えていると思います。今、アメリカ社会の中で広がりつつある死刑廃止が、これらのものと質を異にするものかどうか興味があるところですが。

「タフ・オン・クライム」

庄司　何が死刑廃止を導いているのかということをめぐって、いろいろと議論があります。建国の理念が死刑廃止と相容れないかどうかというのは、大きな話だと思うのですけれど、アメリカ人がずっと抱えてるのは、人間が立ち向かえるかわからない自然に対する恐怖、本当はそこに先住民がいたのですが、それは無視して、開拓していくのが命がけだという時に、新しく共同体を作っていく、本当に自分たちは統治できるのだろうかという不安。そういったものが刷り込まれているのがアメリカ史なのだと思います。だから、選挙では特に繰り返し繰り返し「タフ・オン・クライム」って言いますね。日本の厳罰主義とはちょっとニュアンスが違うと思います。犯罪には断固として臨む、それによって治安を確保する、自分はそれができる統治者なんだ、そういうニュアンスです。そのスタンスは、民主党の候補者でもリベラルでも必ずとらざるを得ない、「ソフト・オン・クライム」だと思われたら絶対に勝てないわけです。それが、やはりアメリカの統治できないことへの恐怖心から出てきている一つの動きでもあります。

ですが、実は共和党が強い州で死刑が廃止とかモラトリアムになっている背景として、共和党の人たちがどういうふうに言っているかというと、共和党の人たちというのは基本的に人種的な偏りには触れませんが、冤罪の問題がたくさんあると、これはうまく政府がうまく機能していない、要するにビッグガバメントが駄目な一つの例だと言うのです。小さい政府の方がいいと、政府がやることを極力限定した方がいいと言っている人たちから見ると、死刑制度というのも政府の失敗の一つなのだと。ちょっとした小手先の修正ではうまくいかないから止めるしかないと、そういう論理で行き着いている人たちもいる。ですから、統治できない政府に対する不信感というものから死刑廃止の議論が出てきている面もあって、共和党の場合にはそういう議論が強いのだと思います。ですから、仮釈放なしの終身刑があるのであれば、死刑よりもそちらの方がいいという人が増えているのは、政府が信頼できないと思っているからであって、そこは必ずしも「殺してはいけない」とか人権論ではないんですね。そういう人たちが、それでも共和党にいるからこそ、かなり広くまで死刑制度の廃止とかモラトリアムが広がってきているということがあるのではないかと思います。

先ほど建国の理念と相容れないのではないかというお話がありましたが、建国の理念というのは、白人たちが勝手に言っていたことです。ブラックライブズマターのように、自ら来たいと言わなかった、奴隷として連れて来られた人の子孫たちが展開している、マイノリティの視点からアメリカ社会を根底から問い直すというこの運動が大きくなっているというのは、やはりすごく意味があります。そうやってアメリカ的な社会とか価値観が問い直されていく中で、死刑制度が廃止される可能性というのは十分あるのではないかと思います。

死刑廃止へ向うアメリカ

トランプ政権下でも死刑「抑制」の動きは進んでいた

岩井　アメリカの現実をもう少し確認すると、死刑情報センターの情報に、執行数があります。一九九九年の九八件／年が、去年は一七件と激減して、一貫して減っている。二〇〇一年から大統領選までの間で、死刑判決は最初の四年間が二六一件、次が一九二件、一八四件、一二二件で、実は トランプの時代が一番少なくて八七件です。執行数を見ると、六〇八件、五〇九件、三九九件、二三七件で、トランプの時代が一三四件と、やはり一番少なくなっています。なおかつ、去年の一七件のうち一〇件は、連邦法に基づくトランプの駆け込み執行として批判を浴びたものです。仮に連邦法での執行がなかったとすると、去年は七件しか執行がなかった。そうすると、トランプだからどうだとかいうことではなくて、やはり大きな方向性として、執行数が非常に減ってきている。ただ、二〇二〇年に関してはアムネスティのレポートを見ても、コロナ感染の影響の問題もあって執行が延期されるとか、手続上の問題もあって執行を慎重にしたというのが執行数の減少に影響したという分析もあるようです。いずれにしても、一貫して減ってきていることは事実です。

安田　アメリカ社会が動いているんですよね。

岩井　そうなると、このアメリカ社会の流れは何に基づくのか、を知りたいと思います。先ほどの思想的な淵源から言うと、トランプ時代にもっと増えていてもよかったかもしれませんが、それでも廃止州は増え、判決数は減り、執行数も減っていますね。

金平　「アメリカファースト」と言っているのは、世界はアメリカ的価値観だけじゃないよというような多元主義が世界に広がっているからではないか。何度も何度も唯一の超大国という言い方が冷戦の終結後にありましたけれど、そうじゃないというのがわかってきた流れがあるのでは。トランプが口に出して言っているような価値観だけじゃないだろうということに、だんだん気付きはじめてきたというか、そういうことがもしかしたらあるのではないかな。

庄司　そういう国際的なというか世界の中にアメリカもあるのだという認識が影響しているという印象は、あまり私にはないのですけれど。

安田　国内での緊張が緩和してきたということは言えませんか。

庄司　一つは、犯罪率が下がってくると死刑に対する支持は下がってきます。どれくらい身近に恐怖を感じているかということと、ある程度リンクしているというのはありますね。犯罪が少ないのは、経済が安定しているというところもあるとは思います。しかし、もともとアメリカの州レベルでの死刑は、カリフォルニアとかフロリダとかテキサスとか、本当に一握りの州で過半数を占めているわけです。地理的にものすごく偏りがあって、死刑にするかどうかはカウンティ（郡）ごとの単位で決まってくるのですが、死刑の過半数を出して

	死刑判決	死刑執行
2001 ～ 2004	261 人	608 人
2005 ～ 2008	192 人	509 人
2009 ～ 2012	184 人	399 人
2013 ～ 2016	122 人	237 人
2017 ～ 2020	87 人	134 人

アメリカ合衆国の死刑判決と執行数
死刑情報センターの情報から作成

いるのが、全米のカウンティでいうと二%のカウンティに過ぎないと言われています。それくらい地理的に偏りがあるということで、その中で死刑囚を大量に生み出して処刑してきたテキサスで、二〇〇五年になってからようやく仮釈放なき終身刑制度が導入されているのです。仮釈放なき終身刑というのは、ずいぶん昔からやっているところと、わりと最近導入しているところがあります。近年の大きな減少には、そういう影響もあるんじゃないかなと思います。

安田 私たちの弁護士グループもそのことに注目していまして、テキサスなどへ行って状況を聞いてきました。テキサスとかフロリダなどで、急激に死刑判決が少なくなり、執行が少なくなっている。それは終身刑の導入だったんですね。その中心を担った州議会議員は、死刑廃止を言わない死刑廃止を目指しているんだと、一歩一歩廃止に近づくんだと、そういう地道な努力が、各地域に死刑廃止の流れを作り出しているんではないかと思います。検察官も終身刑が導入されたことによって、死刑が求刑できなくなったというわけです。

ガーランド司法長官のメモランダムの意味するもの

岩井 今年の七月一日に「政策及び手続の再検討期間中の連邦の死刑執行の一時停止」と題するメモランダムをガーランド司法長官が出しました。そこでもう一度バイデン・ハリスキャンペーンの選挙公約を見たら、死刑を「撤廃」すると、非常にわかりやすい言葉で表現しています。なおかつ、バイデンは連邦レベルでの死刑を撤廃する法案を通す活動をしますとも公約している。要するに、今までのような執行停止の期間に調査をするという提案から、この公約では超えて法案を通すという言い方になっているのではないか。さらに、仮釈放なき終身刑を導入しますという展望まで書かれています。一歩踏み込んでいるのかと読めたのですが、どう思われますか。

庄司 一般論として、仮釈放なき終身刑を導入する、現在の死刑囚は死刑制度を廃止しても社会には出てこないと言わない限り、死刑の廃止は絶対にあり得ないので、そこが具体化しているということには恐らくあまり意味はなくて、バイデンの書き方としては、とにかく冤罪だったからということで死刑が撤回された人が今までに一六〇人もいるのだと、大変な事じゃないかと強調しています。これは保守的な白人層にもアピールする論理です。人種的な偏りがあると言ってしまうと保守派が反発してしまって駄目なので、バイデンは民主党の候補だけれどもそういうことは言わずに、冤罪が非常に深刻なのだと強調しています。ただ、法律を通すというのは、バイデンができることではない。つまり、通常は大統領がリーダーシップを発揮して議会にそういう決定を促すということをしますけれども、今は下院でも民主党のリードは大きくありませんし、上院は五〇対五〇で、カマラ・ハリスの一票がなければ民主党は勝てないという状況なので、まず死刑廃止的な法律を通せる見通しはないわけです。

あっという間に中間選挙が来ますけれども、その中間選挙は、下院は民主党がそこそこのリードを維持する見通しですが、上院に関してはほぼ今と変わらない見通しです。ということは、悪くすればこれからまだ何があるかわからない。例えば、またコロナ禍が悪化しつつありますので、そうするとみんな頭にくるでしょうし、政権党には否定的に投票するというのが中間選挙では普通です。そうすると、民主党が議席を失うかもしれない。そうしたら、絶対に死刑廃止法の実現は無理ですよね。バイデンは死刑廃止だけの単独法の形を避けて、包括的な司法改革法案に死刑廃止を組み込むつもりなのではないかという話もありますが、まったく見通せません。いずれにせよ、公約で法律を通すと言っていることにはあまり意味がない。しかも、今後どうなるかわからない。バイデンも年齢的にちょっと心配だと思っている人は多いので、やるべき事は早くやってくれと多くの人は思っているのですけれども、そういう中ではバイデンにはスピード感はないということなんじゃないかと思います。

法律は、もちろん大統領自身は通せないのですが、大統領として出来る事というのは、実はいろいろあるわけです。少なくとも今この時点で連邦法上死刑が確定している人たちを、恩赦で全員終身刑に切り替えることはすぐできます。一度そうしてしまえば、次の大統領が全員を元の死刑に戻すことはできませんので、今後は死刑判決が多くでないだろうことを想定すれば、すごく意味があります。少なくともそれくらいやったらどうかと言っている人たちもいますが、バイデンの動きは非常に鈍いですね。バイデンは恐らく、自分が大統領である限りは自分は死刑の執行にイエスとは言わないから、急ぐ必要はないと思っているのですね。できるだけ面倒な事は避けたいから、無難なモラトリアムで時間稼ぎをして。本当はほかにも出来る事はいろいろあると言われています。例えば州以下の死刑の執行をもっと難しくするために、助成金などとリンクさせてインセンティヴを付けていくという方法があります。ＤＮＡ検査をした上での死刑の確定と執行でなければ、特定の助成金を出さないという形で大統領がプレッシャーをかけることはできるのです。でもそういうこともやっていない。大統領が単独で出来る事というのは、実はいくつもあるのにやっていないということで、もうお決まりのモラトリアムと「調査します」という現状に、ちょっと積極性は感じないですね。

トランプ政権の遺したもの

岩井　少し話題を変えて、トランプ政権が残したものという議論をしたいと思います。まず、最高裁判事に保守派が多数を占めたということがあります。今年の三月二三日の記事なのですが、ボストンマラソン爆破テロの実行犯の被告に対して、死刑判決を破棄した高裁判決に対して上告して連邦最高裁に持ち込んだら、連邦最高裁はこの判決を破棄をして、再び死刑を検討すると報道されていました。連邦最高裁が、積極的に死刑破棄判決をさらに破棄して乗り出したということです。それを見ると、やはり今の最高裁の判事のバランスが、トランプの任命によって保守派が強くなっている、そういう流れが少し最高裁レベルでも影響が出てきているのでしょうか。

庄司　司法省の方が死刑を改めて求めたという記事ではなかったでしょうか。

岩井　そうです。

庄司　バイデン政権になってから、司法省が求めているのです、やっぱり死刑にしてくれと。バイデン本人が公約に掲げて取り組むと言っている死刑廃止と矛盾しているのではないかということで、その時は少しニュースになっていました。バイデン政権は、自分は司法省の独立を尊重すると言っています。トランプの時は無茶苦茶に介入したので。

岩井　高裁は、昨年七月、生涯刑務所に収監されることは間違いないのだから死刑でなくてもいいのではないかということで死刑判決のやり直しを命じたことに対して、トランプ政権が死刑を求めて上告をして、その後バイデン政権がそれを維持したという流れではないのですか。

庄司　維持したのではなくて、司法省は改めて死刑を求めています。

金平　ボストンマラソンというのは、ある意味ではアメリカ人の、市民参加のものすごくスポーツのあらまほしき形だという中で、チェチェン系移民の二人が起こした事件です。僕はあの事件がどのように報道されたかを追っていたのですが、これはアメリカ的価値からいうと到底許されざることだというような報道のされ方でした。

　チェチェンについては、自分自身がモスクワで勤務していたので、チェチェンの人たちが旧ソヴィエト時代から含めてプーチンやロシアにどういう目に遭っていたかを知っていて、そこから逃げてきた人たちが、ボストンというすごくリベラルな街の中でどんな目に遭っていたか、つまり追い詰められてどんどん底が抜けちゃったということだと理解をしていますが、そのような視点はアメリカの報道を見ている限りはなかった。やはりチェチェンというのがある種記号になっていて、イスラム系のテロリストが何の罪もない市民を爆弾を仕掛けて殺した、許されざることだと一致して糾弾していた。その流れで言うと、バイデン政権下で司法省が改めて「それはないだろう」と言ったというのは、何となく理解できる。理解できるというのは、つまりバイデンの中では、矛盾していようが何だろうがこれは駄目だと、そういう範囲の出来事だろうというふうに恐らく見ているんじゃないかと思います。経緯についてはわかりませんが。

安田　チェチェンは、モスクワの劇場を占拠し、次いで学校を占拠して子どもたちを人質にとって云々と、そちらの面だけが強調されていますね。

金平　チェチェンの人たち自体がジェノサイドの対象になっていた、あれはひどかったですよ、プーチンのやり方とか。

庄司　そうですね。事件がテロと位置付けられることで、被疑者は人間ではなくなってしまうという劇症反応がアメリカ社会にはあります。だから、死刑をできる限り限定的に適用すればいいのだという議論をしている人たちはかなりいますね。完全廃止にすることには抵抗感があるけれど、本当にひどい犯罪にのみ適用するのだというのは、ヒラリー・クリントンのような古いタイプの政治家が言っていたことであって、バイデンも同じ系譜だと思いますけれども、狭めていっても最後には残すのだと。その最後の最後にどうしても残すと言っているものの中に、やはり必ずテロリズムが入っています。それは、テロというものを外国人がやるものだと考えているところが大きいと思うのです。ボストンマラソン事件の犯人も移民です。アメリカを攻撃する外国人に対しては死をもって報いるという規範だけは譲れないという感覚は、すごく強くあるのだと思います。そこはちょっと、アメリカ人同士の事件に対するまなざしと違うものを、テロリストに対してだけは絶対に死刑を維持するのだという議論の中に感じますね

安田　ブラックライブズマターの運動が、そういうものを乗り越えているのですかね。それとも、そういう中の運動なのでしょうか。今までアメリカが持っていた体質、とにかく自国と外国人を分け、あるいは命については敵と味方を分け、敵に対しては殲滅戦を平気でやるというような、そういう価値観を否定する流れがこの運動にはあるのでしょうか。

庄司　あまり前面に出てきているとは感じないのですけれども、ブラックライブズマターの運動って、例えばロンドンでもすごく大きなデモになりましたよね。そこには国境をまたぐ力があって、基本的にブラックライブズマターとかアメリカの黒人によるそういう運動というのは、アメリカというコンテキストにすごく深く根差していて、今の問題になってい

る教育現場における批判的人種理論の扱いなども、要するに基本的にアメリカの歴史の中で白人の視点で語られてきた事を黒人の目で問い直すということですよね。だから、ブラックライブズマターも、はっきり言ってアメリカの話で手一杯という部分は相当あると思います。ただ、こういう形で黒人が警官に虫けらのように扱われているという事が世界に知られてみたら、実はこちらでもこういうことが起こっているという反応が、世界中からあったので、ブラックライブズマターのアメリカの人たちがその中で学んで国際連携していくという動きができたのではないかという印象です。だから、根っこはアメリカ固有の状況にあると思いますが、徐々に変わってきている部分もあるかなと思います。

金平　ブラックライブズマターは普遍性を秘めていたと思っているので、そこは違うと思いますね。向こうで実際に抗議行動を取材していた津山恵子さんというジャーナリストがいらして、彼女はクイーンズという所に住んでいる人なのですが、デモの中に加わっていて、そこの運動の中にいて、運動の組み立て方とかこんなにすごいことが毎日起きているという報告を聞いていると、この可能性ってすごいなと。一〇代の若い男の子、女の子がガンガン来て、当たり前の事としてて「何でこんな事が起きるんだ」とやる。それがアジア系とかヒスパニックの人に、どんどん横に広がっていって、アジア系の人に対するヘイトクライムへの抗議運動にも引き継がれている。空間的にいうとヨーロッパでもそれに呼応した動きがあったのでしょう。本当のことを言うと、日本にだってそういう動きというのは波及していて、例えば技能実習生とか期限が切れた留学生とか、そういう人がどんな目に遭っているかと今、問題になってきている。そこが、連帯というか普遍性のようなもの、人権という価値ですね、大きな意味で。人権がなぜこんなに蔑ろにされているのかということでのつながり方というのは、ブラックライブズマターはすごかったですね。

庄司　日本の技能実習生の話からちょっと思ったのですけれど、例えばアメリカ人が普通に食べている野菜などは、ものすごく厳しい労働環境の農場で、正規の滞在資格がない移民たちが手作業で作っている。そういう人たちが働いてくれなかったら、自分が食べている物がテーブルの上に並ばないとわかっているのに、話が全然そういう人たちへのシンパシーへは向かっていませんね。アメリカにも、ブラックライブズマターの運動にも非常に大きな限界はあるのだと思います。移民は別の話で、もうアメリカに生まれ育ったアメリカ人の問題だけでもかなり手一杯なんですよね。

金平　でも、大きな意味での人権というところで言うと、おそらく繋がらなくてはいけない話なのだと思います。今の企業の中に「エシカルなものを求める」というような動きというのは、例えば日本のメイカーが作るような衣服だとかが、南米の貧困層によって作られているという事に対して、そういうのは着ないでおこうとか、Tシャツ一枚がどれだけの物を使っているのかというような事へある種の知識共有のようなことは、そういう運動に加わっている人の中には結構広がっている。しかも、若い人たちに。それが希望だと思っているのですけれど。今までとは何か違うような動きというのは感じます。

アメリカ最高裁の政治性と方向性

岩井　ボストンマラソン事件について少し議論しましたが、その背景として、トランプ政権の遺産として最高裁判事に保守派を入れたことによって、最高裁の構成が変わってきていることがありました。その中で、アメリカは良くも悪くも最高裁判事の影響力が絶大で、非常に影響力のある違憲判決も出す。だから、アメリカが死刑廃止するには最高裁のメンバーが変われば早いのではないかというような議論もあります。アメリカ最高裁判事の構成については、庄司さんはどう思いますか。

庄司　今は六対三で保守が勝っている構成になってしまいましたので、死刑関連のものが上がってきたら、最高裁は死刑そのものに疑問を呈するということは当面ないだろうと思います。よほど手続き的にはっきり瑕疵がない限りは。トランプ政権の下での大量執行も、右から左に、結局最後には最高裁がゴーサインを出しているので、そういう状態が続くだろうと思いますし、一番最近に任命されたエイミー・コレット・バレットなどはまだ若いですから、こういう人がよほど何かがない限りはあと四〇年くらい務めるわけです。そういう意味では、最高裁に死刑制度の廃止とかリベラルな方向での判断を期待できることは当面ないだろうと思います。

　三人しかいないリベラルの判事の一人のスティーブン・ブライヤーがもう八〇歳を過ぎている。とにかくバイデンがいる間に、しかもバイデンの任期の末期では次の人を選ぶ時に時間がかかるかもしれないので、一刻も早く引退したらどうかと皆が言っているのですが、何かむきになって自分はそういう党派的な考慮の下に引退するのは嫌だと、裁判官が党派的な存在になってはいけないと、めちゃくちゃ党派的な世界であるにもかかわらずそう言っているせいで、今後本当にどうなるのだろうという状況ですね。まあ、ブライヤーが早めに引退する意志を固めて、バイデンが首尾良く後任を任命したとしても、三対六でリベラルが劣勢という状態は変わりませんので、当面は最高裁が例えば憲法修正第八条にあるような残虐な行為だから死刑制度そのものがだめなのだというような判断を下すような可能性は限りなくゼロに近いと思いますし、トランプ政権の下でわかりましたが、死刑が確定した後も、例えばいろいろな救済措置がありますが、安全弁のようないろいろと踏めるはずの手続きをかなり端折ってスピードアップするということにも、保守派の六名は好意的だと思います。そういう意味では最高裁判所には期待できない時代が続くのかなと思います。

安田　連邦最高裁の保守とリベラルとの比では、リベラルが保守を圧倒するということはなかったと思うのです。そういう中でもファーマン判決のように五対四で死刑違憲判決が出ているわけですね。そして、故ブレナン判事のように常に死刑違憲という意見を書く裁判官もいたわけですので、保守が多くなったからといって、死刑に関する判決が悲劇的になるとも限らないと思っているのですが、庄司さんのお話を聞くと甘いようですね。でも、過去と違って、世論に支えられて、廃止の判事の方が存置の判事より声が大きくなってきているのでしょうから、そこに期待したいですね。

金平　アメリカの連邦最高裁について、僕らは機械的に保守派とリベラル派を色分けしているけれど、日本の最高裁判事と違って終身ですから、彼らだって変わっていくという可能性はあると思うんです。だって、今のジョン・ロバーツ長官だって多少変わってきているじゃないですか。

庄司　そうですね。

金平　ルース・ベイダー・キンズバーグ判事（頭文字でRBGと呼ばれる）のような人はなかなか出ないわけだけれど、彼女などは少数派だけれど、少数派意見が世の中を引っ張っているというような、やはりすごいです。去年アメリカに行った時に一番印象に残っているのは、なんでこんなにRBGの壁画があちこちにあるんだと。ワシントンとかニューヨークはRBGだらけですよ。リベラルのアイコンになっている。すごい力になっていて、彼女の言った言葉は、今僕らが言っているような六対三とかそういうことを言っているのではなくて、有名な話ですが、最高裁の女性判事は何人がいいと思っているのですかとインタビューで聞かれて、九人全員と言っているくらいの人ですから。いわゆるリベラルの少数派だけれど、それくらいのことを言う力が、まだ最高裁の判事それぞれの人たちに、変わるということも含めてあるんじゃないか。

庄司　変わるということはありますよね。今までもそういう人はいたので、それはそうですね。

安田　日本の最高裁よりは断トツに期待できますね。

庄司　やはり過去に保守だからと期待して任命したら、その後にリベラルに転換したという事例がいくつもあって、共和党はそれだけは避けたいと思ってものすごいバックグラウンドチェックをするようになりました。なので、一人の判事が保守からリベラルへ大きく変わることを期待するのは、今後はなかなか難しい。ただ、ロバーツのように、すごく保守的なところは保守的なままで、例えば投票権に対しては非常に保守的な立場をとっていますが、彼は冷静なところもあるし、面白いのは最高裁が本当に世論から隔絶した判決を出したら、最高裁の権威も失われるということが肌でわかっている人もいます。だから、バランスを取るように事実上判決の行方を決するような形でリベラルと組むこともあるんですね。ただ、保守とリベラルが五対四で、ロバーツがまん中にいたという時にはそういう可能性があって、実際にそういう判決がありましたが、今のように六対三になると、争点によっては意外な判決もときどき出てくるのですけれど、死刑問題に関してはもうはっきり方向性が出てしまっているかなという印象ではありますね。すみません、希望のない話で。

コロナ禍の中で死刑を考える

死刑囚にコロナワクチンを接種するのか

岩井 いろいろと議論をしてきましたが、アメリカのダイナミックな動きから私たちが学ぶべきこと、日本でもこういうことができるのではないかということも含めてお話しいただけますか。

金平 アメリカにおける死刑制度を支えている考え方というのは、基本的には建国の理念にまで遡るような話ではないかと僕は思っていますが、そうは言っても世界の価値観は多元化してきて、アメリカの一強という立場は変わってきている中で、アメリカの中にも変化が生まれてきている。その中で死刑の執行もだんだん減ってきているというのは事実で、その流れは歓迎すべきことだと思います。その中で僕らは何を学び取るか。確かに今の世の中で変動要因として一番大きいのは、一〇〇年に一度のこのパンデミックで、僕らの生命観とか倫理観というものはすごく変動を遂げている最中です。その中で、死刑制度、こんなことをやっていていいのかなと。つまり、世界で人がバタバタと四七〇万人も死に、感染しているのは二億人という段階ですけれど、そんな中で国家によって閉じ込められた人は死刑を執行して殺していくということをやっていいのかと。ものすごく価値観の転換のようなものが死刑制度に影響してくるのではないかと。だから、一番最初に申し上げたように、ワクチンというコロナ禍から人の命を救う手段を、では死刑囚にもやるのだろうかと。究極の問いですけれど、そういう段階に来ているのではないかと僕は思っています。例えば日本の死刑囚に法務省はワクチン接種をするつもりはあるのでしょうか。

岩井　受刑者には案内が来ているという話は聞きましたが、死刑囚にはどうかは確認していません。

安田　日本の法務行政は、死刑確定者に対しては、病気になったらちゃんと治療して治して、そして執行するんですね。

金平　ワクチンは予防的見地のものだから。

安田　ええ。ですから、彼らからすると生きたまま執行して初めて死刑なんですね。自殺されてしまったり、病死であったりするとだめで、とにかく生きている人間を殺さないとだめだと、これを延々続けてきたわけです。それに対して疑問の声も上がらない。特に最近では、死刑囚を病気にさせないということで、定期的に健康診断をしているし、しかも、肉体的な健康診断だけでなく精神的な健康診断もやっているんですね。このことを、金平さんのような問題意識で捉える人は少ないですね。

金平　つまり殺すために生かすわけでしょう。殺すために生かす技術というのは何なのですか。それは医学だとしても、その倫理というのは何なのか。それは、死刑制度自体が持っている矛盾というか、僕はそういうところに行き着く気がするんです。だから、すごく今起きている変化は大事だなと思う。

安田　これまでの日本の中の価値観そのものを、根こそぎひっくり返すかもしれないということをおっしゃっているわけですよね。

金平　それが一つ。もう一つは、日本における死刑制度の現状というのは、アメリカの流れ、世界の潮流からものすごく孤絶している。総務省や内閣府の調査でも、死刑は概ね受け入れるみたいなことで受け入れられて、議論にならない。

　そして、個別の案件でいうと、僕らが考えるべきことがたくさん起きていますね。僕が去年ずっと取材していたのは、津久井やまゆり園の事件で、実際に植松聖死刑囚に面会にも行きましたが、何で彼がこうなっちゃったんだということについて、社会的な解明をする作業が途中で放棄されて、結局わからないまま死刑が確定して、順番を待っているという状況です。こんなめちゃくちゃなことが起きているのは、まったく社会から孤絶している状態が続いているということで、まったく理不尽で、何でこんな事が起きているのだろうという気がします。

　だから、和歌山カレー事件の死刑囚の娘が自殺するなどという話というのは、大きな意味で日本における死刑制度の在り方というものが、どう現象しているかということでしょう。そういう事が起きているにもかかわらず、死刑制度の是非とか可否について議論が起こらないという、その事についてはある種絶望的な気持ちになりますが、絶望ばかりもしていられないので、アメリカの動きなどから何かを学び取って、この動きに結びつけていくようなことはできないかと思っています。それが、なぜできないのだろうかと。

アメリカは死刑廃止に向けて動き出している

安田　私は、アメリカの死刑廃止の流れが日本にも伝わってきて、特に政治家の人たちが死刑廃止を口にすることができるようになると。そうすれば、雰囲気が変わってくると期待しています。ただ、その先に死刑廃止があるかというと、なかなか難しいと思います。その原因は、日本では死刑廃止と存置との間の中間項、橋渡しがないということ、つまり、廃止か存置かという二者択一になってしまいます。これでは根本的といっていいくらいの転換がないと廃止にならないわけです。政治的には憲法を変えるくらいの大きな転換、社会的にも刑罰観を変えるくらいの転換が必要だと思います。ですから、中間項、つまり終身刑の創設の議論を早めなければならないと思っています。

もっとも、バイデンの言動をみると、中国の経済成長を止めるのが主で、人権はその口実に過ぎないのではないかといえます。それを注意して見ないと過剰な期待になってしまう危惧があります。で、先ほどおっしゃったようなアメリカの新しい子どもたち、一〇代の若者が参加している、そういう人たちが中心になっている運動、しかも人種差別だけでなくて性差別についても広がっている運動が死刑にも言及されていくのを心から期待しているんです。

死刑制度についての多様な議論を

庄司　コロナとの関係で先ほど金平さんがコメントされていましたけれど、アメリカではコロナが広がってからの一五カ月間で、受刑者と刑務官などスタッフを合わせて五一万人が感染したと言われています。ものすごい数ですよね。これは失策としてメディアにも取り上げられて批判されていました。そのうち三千人が死んでいます。だから、やはり刑務所は、かなりワクチンは後回しにされたのは確かです。ただ、アメリカは全体でも既に六一万人以上死んでいますので、国としてここまで対応に失敗している先進国というのはありません。感染した人も三千五百万人を超えています。だから、その中に位置づけてしまうと、刑務所内でこんなにも感染が蔓延して大変なことになったというのも、ちょっと霞んでしまって、多くの人の記憶には残っていない。ただ、日本の死刑囚と同じように、アメリカも死刑囚が健康上支障を来した場合は、必ず治療をしています。死刑囚は独居のため拘禁症状が出て、メンタルケアのための医療費がかさむといったことも聞きます。執行数が減っていますので、高齢化が著しくて、現在は死刑囚の平均年齢が五〇を過ぎています。執行までにかかる年数の平均も一九年になっている状態です。だから、ワクチンがどうなっているかというのは、とても面白い問いなので、私も確認してみたいなと思いました。

今後のアメリカで、死刑の廃止が州の単位で広がっていくのかということに関しては、私は難しいのではないかと思っています。なぜかと言うと、現在法律として死刑制度が残っていて、かつモラトリアムにもなっていないという州は、すべて共和党が州知事と州議会の上院と下院の三つを支配している、共和党トライフェクタと呼ばれる州だけなのです。こういう共和党の牙城にのみ残る状態になっています。

で、近年は共和党の中でも死刑に反対する議論が出てきたというのは、一つの重要なポイントではあるのですが、やはりそれも限度があるというか、今はトランプのせいで共和党の政治が非常に歪んでいます。共和党ももちろん一枚岩ではなくて、トランプのように選挙不正がなかったのにあったと言って選挙結果を奪い返そうとした、ああいう事を批判している人たちもいるのですけれど、党内でも非常に不遇な目に遭っている状態です。そういう中で、政策の中身やイデオロギーや理念よりも、党派対立、敵を叩くかどうかということによって味方かどうかを判断するというネガティブ・パルティザンシップと呼ばれるような、共和党は今そういう状態に陥っている。そういう状況の中で、共和党は投票をより難しくする、共和党はより厳格に管理すると言っているのですが、それは貧しい人には事実上取得が難しい写真付きのＩＤを持っていないと投票できないように法律を変えるとか、投票までの関門を増やしていくことによって、マイノリティや貧困層が投票をしにくくするということです。それによって黒人たちに投票をしにくくさせるということが、たくさんの州で進んでいるのですけれど、それが集中的に進んでいる州というのが、死刑制度が存続していてモラトリアムにもなっていない州と重なっているのです。そういう州は、今でも大きな影響力をもつトランプと完全に一体になるかどうか、お前たちは敵なのか味方なのかということを突きつけられている州なので、共和党の側からも死刑を廃止していこうという動きを出していくのは非常に難しいと思います。ですので、これまでの流れの中で、死刑を廃止したり止めたりすることが可能なほとんどの州がしたというところなのかなと思うのです。これから先の進展が、今までと同じペースで進むとは、ちょっと私は予想できないと思っています。

そもそも、アメリカでは人の命を奪う死刑制度そのものに反対する議論がなかなか高まりません。今まで民主党の側でも、人権とか生命倫理の問題ではなくて、人種的偏りがあっておかしいじゃないかと、死刑制度はまともに運用されていない、差別だという議論によって死刑に反対するという人が多かったのが現実です。他方で、それとは違う論理で、共和党側から反対する人が出てきているというのは、すごく面白いと思います。共和党の側は、そういう人種的偏りがあるからという理由は使いたくない。死刑廃止支持の立場から出てきている大きな理由は、一つは冤罪です。冤罪は白人の死刑囚に対してもたくさん起きていますので、政府は死刑制度という大変なものを扱うだけのキャパシティがないのではないかという、アメリカに伝統的にある政府不信、その議論が死刑廃止の後押しをしているというのは、すごく面白いと思っています。

それから、宗教です。アメリカはキリスト教原理主義の人たちとか、キリスト教右派の人たちが、例えば中絶に反対する。なぜかと言うと、命は絶対だから、どんな理由があっても命を損ねてはいけないという論理で中絶に激烈に反対してきたのですが、その考え方が死刑制度の問題にも波及してきているのではないかという指摘があります。今までは、それとこれとは別だと言っている人たちが多かったのですが、違う議論も出てきている。しかも、キリスト教の贖罪という考え方の影響もあって、人間というのは更生することもあるのではないか、罪を償う機会も必要なのではないかという議論が、徐々に共和党の人たちによって言われるようになっている。

そして、一番アメリカ的なのかも知れませんが、日本にもこういう死刑廃止をめぐる議論の多様性をみんなで受け入れていくということが必要かなと思うのですけれど、最大の議論はコストです。アメリカで非常に説得力を持っているのは、死刑というのはものすごいお金がかかるのだということです。犯した罪の性格から死刑判決が出る可能性がある裁判というのは、プロセスの最初から、一定の実力があると認定された弁護士を被疑者にあてがわなければならない等いろいろと縛りがあって、一つの裁判あたりのコストがトータルで一〇〇万ドルくらいは普通の裁判より高いと言われています。つまり、裁判のプロセスで一件あたり一億円くらい違うのではないかと。アメリカは、州法にもとづく死刑はカウンティ単位で運用・執行され、予算もカウンティ住民の税金で賄うので、これは大きな負担です。しかも、こちらは連邦レベルでの事例ですが、トランプ政権の下で死刑執行された最初の五件については、情報公開請求をして、どれくらいお金がかかったかがわかっているのですが、一人の執行におよそ一〇〇万ドルくらい、つまり一億円くらいかかっているのです。裁判のプロセスで通常より余計に一億円かかる、執行の時にさらにものすごいお金がかかる。重大な事件の場合は陪審員に判断を仰ぐことができますが、陪審員たちは人の命を左右する決定を迫られるというプレッシャーにさらされて、もし冤罪だったらどうしようと思っているわけですね。その中で、そういう不安をなくしていくためにもいろいろな安全弁を手厚く作っているから、ものすごいコストがかかっていると。重い判断を迫られる陪審員のメンタルヘルスを支えるために、カウンセリングなどもかなりの費用が掛かっているという話を読んだことがあります。

日本だとあまりイメージできないせいか、ずっと刑務所にいるほうがお金がかかる、処刑してしまえばそこで終わりだというような議論を聞くことがありますが、アメリカでは仮釈放なしの終身刑の方がトータルで絶対に安く上がるということは、既にいろいろな研究で試算されているし、証明されています。死刑の話をする時に、人間の命がかかっているのに金の観点から非効率だという話をするのはどうなのかという感覚が、やはり日本には非常に強くあると思うのですが、アメリカで起きている議論を見ると、ありとあらゆる角度から、いろいろな形での死刑制度への疑問を受け入れるということも必要なのかなと感じます。その意味では、仮釈放なしの終身刑、これももちろん人権という観点からはものすごい大変な刑罰だと思います。だけれど、それと死刑とどちらがいいのかという話をせずに、死刑は執行してしまったら終わりだから、では、まずはどんなに問題があっても、ひとを生かせる方法を考える。そこでは大きく妥協しても、とにかくその制度を入れた上で、最終的には人間は本当に一生出られないという希望がない中で生きていけるのかという議論は、加害者を生かした状態で、後でゆっくりと時間をかけてすればいいじゃないかという合意を作っていく必要があるのかなと思います。やはりアメリカでも終身刑があるからこそ死刑を回避できる、廃止できない時も検事が終身刑を選ぶようになっているという現実があるので、そういったことを非常に考えさせられます。日本での議論にも多様性が出てきてもいいかなと思っています。

岩井　ありがとうございました。

（二〇二一年八月二日、港合同法律事務所にて）

追悼・免田栄さん

元冤罪死刑囚免田栄さんに聞く

年報・死刑廃止2021

聞き手・**岩井 信**
構成＝**深瀬暢子**

2020年12月5日、免田栄さんが亡くなった。享年95歳。

1949年に冤罪に巻き込まれ 52年に死刑が確定、獄中で独力で再審請求を繰り返し、雪冤を果たすまで34年6ヶ月獄中で闘い続けた。無実を主張しながら処刑されていった多くの死刑囚を見送った免田さんは、出獄後、死刑廃止へ向けての活動に邁進する。

ここに掲載するのは2013 年10月12日、フォーラム90主催「響かせあおう死刑廃止の声2013」（四谷区民ホール）で行われた公開インタビューである。（編集部）

この公開インタビューは2013年10月12日、フォーラム90主催「響かせあおう死刑廃止の声2013」（四谷区民ホール）で行われたものです。

事件発生

岩井　みなさんこんにちは。死刑廃止フォーラムの岩井です。今日は免田さんからいろんな話を引き出す聞き手を務めさせていただきます。よろしくお願いいたします。私の横にいるのが免田栄さんです。よろしくお願いいたします。今日は免田さん、私が聞き役になりますので、マイクを持ったかたちで、会話を続けたいと思います。よろしくお願いいたします。後のスクリーンに写っているのは、免田さんの関連の年表（次ページ参照）です。実は免田さん一九二五年生まれですよね。

免田　はい。

岩井　そうすると今年八八歳ということで、非常にご健在なんですけれども。事件が起きたのは一九四八年、そして再審で無罪になって釈放された日が一九八三年七月一五日となっています。実は私が当時アムネスティの事務局にいまして、免田さんと一緒に一九八八年に講演会のツアーをしているんですよ。免田さん覚えてますか？

免田　へへっ（笑）

岩井　免田さん、笑ってますけれども（笑）真面目なツアーだったんですが、免田さんがちょうど釈放されて五年後ですよね。あの時、新潟でディスコに行ったこと覚えてますか？

免田　漠然と覚えていますね。歳ですから、過去のことはあまり忘れるほうで、ごめんなさい。

岩井　今回、それよりももっともっと前のお話を聞きたいと思いますのでよろしくお願いいたします。スライドはフォーラム90の深瀬暢子さんに用意していただいています。それを見ながら少しずつ進めていきたいと思います。スクリーンの右側に新聞記事（図版①）がありまして、「祈祷師一家襲わる」「四人を殺傷」って書いてあります。事件発生ということで一九四八年一二月二九日深夜、熊本県人吉市で祈祷師を営んでいた家で家族のうち二人が殺害、二人が重傷を負う事件が発生。現場からは指紋も遺留品も発見されず捜査は行き詰まったまま年を越した、と書いてあります。これが免田さんが三四年間、無実で捕らえられる原因となった事件ということになりますね。

祈祷師一家襲わる
四人を殺傷
床板めくって出入
犯行は頗る大胆
強盗か、怨恨か

①
事件発生1948年12月29日
1948年12月29日深夜、熊本県人吉市で祈祷師を営んでいた家で、家族のうち2人が殺害、2人が重傷を負う事件が発生。現場からは指紋も遺留品も発見されず、捜査は行き詰まったまま年を越した。

免田事件関連年表

1948.12.29（30）熊本県人吉市で一家4人殺傷事件発生
1949. 1.13　免田栄さん知人方から捜査員に連行される
1.14　別件（窃盗容疑）で逮捕状を執行される
1.16　別件の釈放後に強盗殺人容疑で再逮捕される
1.28　強盗殺人罪等で起訴
2.17　熊本地裁八代支部で第1回公判
4.14　第3回公判で犯行を全面否認する
1950. 3.23　第一審判決（熊本地裁八代支部）…… 死刑
1951.12.25　上告審判決（最高裁）…上告棄却で死刑確定
6.10　福岡高裁に第1次再審請求
1953. 2.11　熊本地裁八代支部に第2次再審請求
1954. 5.18　同支部に第3次再審請求
1956. 8.10　西辻孝吉裁判長による再審開始決定（熊本地裁八代支部）
1959. 4.15　再審開始決定を取り消し（福岡高裁）
12. 6　特別抗告棄却［＝取り消しを支持］（最高裁）
1961.12.16　熊本地裁八代支部に第4次再審請求
1963.12.20　国に対して証拠物引き渡し請求の民事訴訟を起こす
1964.10.28　熊本地裁八代支部に第5次再審請求
1971. 7.31　民事訴訟でナタなどの証拠物を紛失した検察官の責任が認められる
1972. 4.17　熊本地裁八代支部に第6次再審請求
1975. 5.20　最高裁の「白鳥決定」
1976. 4.30　再審請求棄却（熊本地裁八代支部）、弁護側即時抗告
1979. 9.27　再審開始決定（福岡高裁）、検察側が特別抗告
1980.12.11　検察側の特別抗告を棄却（最高裁）、再審開始が確定
1981. 5.15　熊本地裁八代支部で再審第1回公判
1983. 7.15　河上元康裁判長が無罪判決（熊本地裁八代支部）、即日釈放

免田　ええ。私はこの事件のことを全然知らないんですけど、なぜこの事件で、私のところに警察が来たかというのは、またまたほかに意味があるんです。簡単に申しますとね、たまたまその事件があった夜、私らの泊まったところが、店の看板は旅館と書いてあったんですけど、内面は売春宿だったと。その売春宿で、刑事たちが売春の女を身柄の保証人をして、売春のブローカーである年上の方と絡んで、昼は警察官、夜は売春の手伝いをするというような二重の生活をしているということを、私は知っていたわけですよね。だから警察は免田をつぶせということで、合言葉で私を連行して、たまたまその晩、一二月二九日に起きた殺人事件に私を巻き込んだわけです。強制、強要、誘導尋問、暴力という戦法があるんですけれども、たいへんな扱いを受けまして、殺人罪などで聴取を受けましたね。

岩井　いま少し早口で言われて分かりづらかった方もおられるかもしれませんが、今のお話のなかに、実は免田さんのこの事件における重要なアリバイ事実があるんですよね。事件の発生があったのが一二月二九日。その日に、免田さんはその宿に泊まっていたということになるんですね。

免田　はい。

岩井　逆に言うと、その日その宿に泊まっていれば、免田さんがこの事件の犯人であるはずがないと。そういうことになり

ますよね。実はいま免田さんが言ったとおり、事件の闇がいくつかありまして、その宿で免田さんと話をした若い女性の母親が、宿の経営というか、いろんな女性のあっせんをしていて、その宿の裏に警察官がいて、その警察官がそこからいろいろ利益を得ていたし、逆に警察の調べも手を抜いていると。そういう実態があったんですよね。当時、実は免田さんは闇米とか、闇の商売にも少し手を染めていたんですか。

免田　当時はそういう時代でございましたからね。その混乱のさなかに私も、そういうのに巻き込まれてしまったんですけれども。

岩井　当時、闇米は食べないと言っていた裁判官が結局、餓死をしたという事件もあったぐらいで、逆に闇米とか、闇の市場に流れているものを食べなければ、生きてもいけないと、そういう社会的な状況があったわけですよね。それで実はいろんな闇の商売なんかにも通じていたのが、その旅館の女将。要するに免田さんと会った若い女性のお母さんだったわけですよね。そのあとにも一回、免田さんはそのお母さんのところに、闇の商売のことで、いい情報がないかということで、おうちまで行かれてるんですね。そういうなかで、警察に疑われてしまった一つの理由が、免田さんが若い女性に「ここは臨検が来るか」と、そういう質問をしたことがありますか？

免田　うん、まぁそれは当時、捜査官にいきあえば警察問題になりますから、私もそのころまだ年若いころですから、一応注意はしていたんですけれども、まさかそういう付き合いを、その女がしているということは知りませんでしたから。それはあとで分かったんですけどね。結果的には、それが私が殺人罪に巻き込まれる出会いになってしまったんですけれど。

岩井　宿に行って、臨検という警察の取り調べが来るんじゃないかと。免田さんも当時、闇米などにも手を染めていたので、そういうのを恐れていたということで、それを娘さんに伝えた。娘さんは、「いや、うちは警官がバックにいるから大丈夫よ」という説明をしたんですよね。どうもその話が女将さんというか、お母さんに行ってしまって、お母さんの方から益田という刑事に話が繋がって、その女性客と一緒に泊まる売春宿を経営していた女将さんを支えていたその益田刑事が最終的に免田さんを逮捕する、そういうことになるんですよね。自分の悪事がばれないようにするという側面もあるんでしょうかね。不当逮捕とありますけれども、この図、これは誰が書いたんですか？

逮捕・拷問による自白

免田　これは連行されている時の状況ですけれども、つまり権力は力がありますからね。私は一般庶民、一般国民で身体を小さく書いたんですけれども。つまりある意味では権力に対する皮肉ですよね。

岩井　これは免田さんがそのあとの再審請求の時に……。

免田　ああ、再審請求の上申書なんですよ。

岩井　裁判所に出した上申書にこういう図も添付して出したんですね。

免田　はい。

岩井　この真ん中にいる、まさに小さく謙虚な人間が免田さんだと。まわりの図体のでかいのが警察官ということなんですね。図面（図版②）の右から二人目のところに益田という言葉が書いてあって、人の名前が書いてあるんですけれども、これが刑事さんの名前なんですか。

免田　全部刑事ですけれども、前の二人と益田、これは昼は警察官で、夜は売春宿のことをしている。

岩井　そういうことになりますね。そういうことで警察の手入れについて質問した不審な男ということで、免田さんが突然、不当に逮捕されることになるわけですね。そしてこれが（図版④）事件当日の免田さんの行動です。これも図面でちょっとわかりづらいかもしれませんが、真ん中の上のほうにあるのが犯行現場とされているところです。図面の左側にいくつかあるのが、免田さん自身の当日の行動です。要するに、そことは全然離れたところに犯行現場があるわけですけれども、この図面の一番上に262、263という数字がありますね。当時、免田さんが書かれていた書面のページ数を書いているんですね。免田さん、当時は裁判所に何百ページにも及ぶ図面を書いた。

免田　これは上申書の一環ですけれども、一二〇〇ページぐらいの上申書を書

②

③

師一家襲わる

四人を殺傷

床板めくって出入

犯行は頗る大

不当逮捕

1948年1月13日、滞在していた知人宅から5人の刑事に連行される。人吉自治警察の取り調べ室へ入れられたのは14日午前1時〜2時ころ。

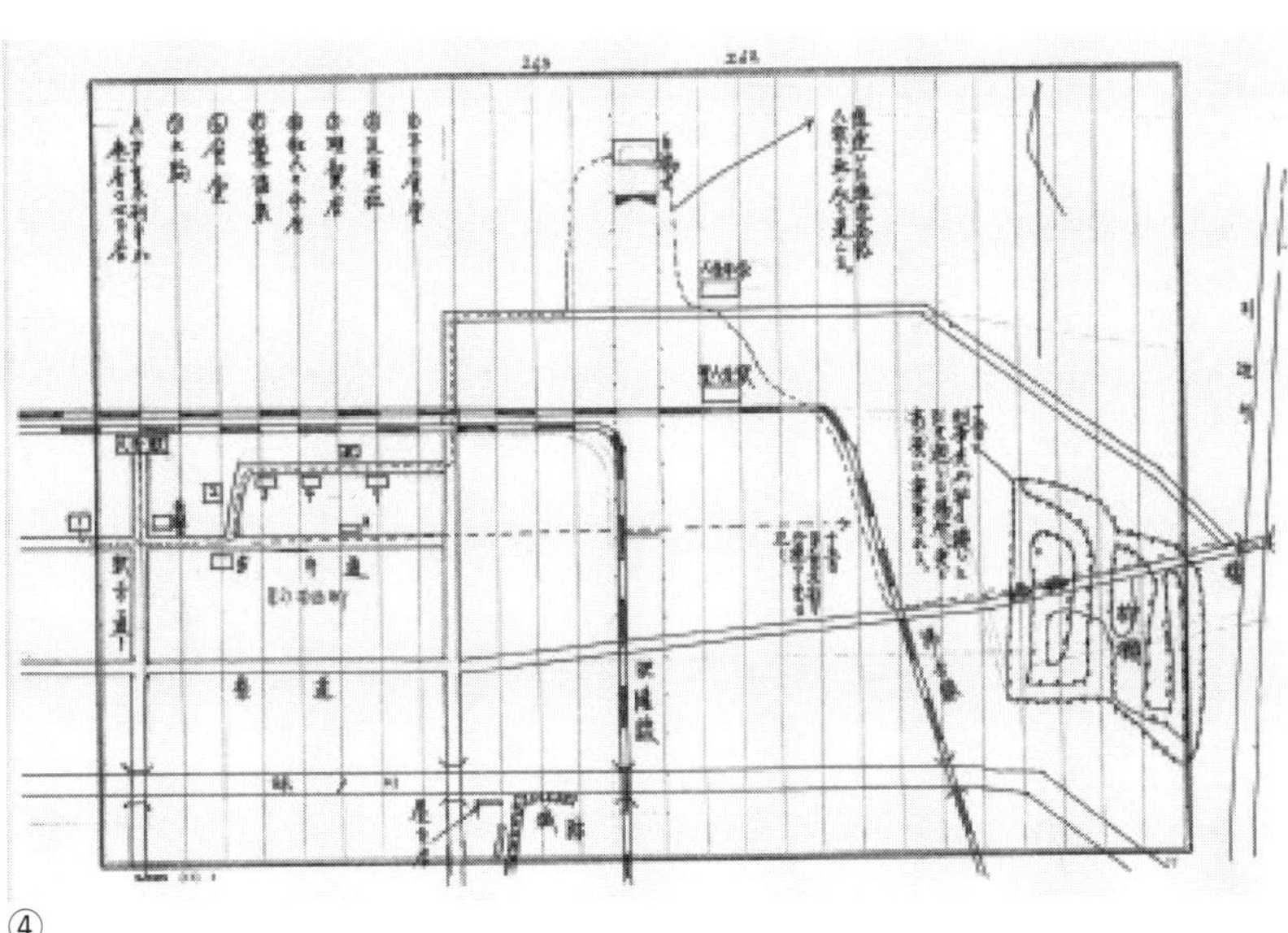

④

事件当日の免田さんの行動

免田さんには確かなアリバイが存在する

いて、毎月一回、自分の陳情を書いて出したんです。これ約二年ぐらい続けました。

岩井　この図面も免田さんが書かれたものですか。

免田　私が書いたものです。

岩井　もう一度、不当逮捕に戻りますけれども。

免田　この絵（図版②）の前の二人は、この事件の主犯みたいな人なんですけどね。あとの三人は、非常に巧妙な人物なんですけれども。私を罪に落とすような工作をやって。

岩井　実は免田さんはまさに典型的な別件逮捕でまず逮捕されました。闇米をとったことが窃盗なんだと言いかえられちゃったわけですよね。それが最初に逮捕した理由。それについては免田さんも認めるということで認めて、いったん釈放されたけれども、今度は直ちに殺人の件で逮捕されると。その最初の窃盗の時に、免田さんの一二月二九日と三〇日に何をしていたのかという行動を詳しく聞かれたんですよね。

免田　これは益田と木村ですかね。それから三人か四人の、この彼らの下にブローカーがたくさんおってですね、ホントに当時、闇の一つの集団を作っていたんですよね。こういう方々から裏の手を使われて私は犯人にされてしまったんです。

岩井　結局、自白調書が作られるわけですけれども、当時免田さんは交通事故の後遺症を抱えて、非常に激痛が走る体調だった。それが「激痛時一時横臥許可証」（図版⑥）。横にな

拷問による自白　アリバイ潰し
逮捕当時、交通事故の後遺症を抱え、肋膜炎を患っていた免田さんに対し、足首を縄で縛り、逆さ吊りにして叩くなどの激しい拷問が加えられた。取り調べ刑事らは執拗に強盗・殺人の自白をせまり、虚偽の自白調書がつくられていった。（1949年1月17日付自白調書）

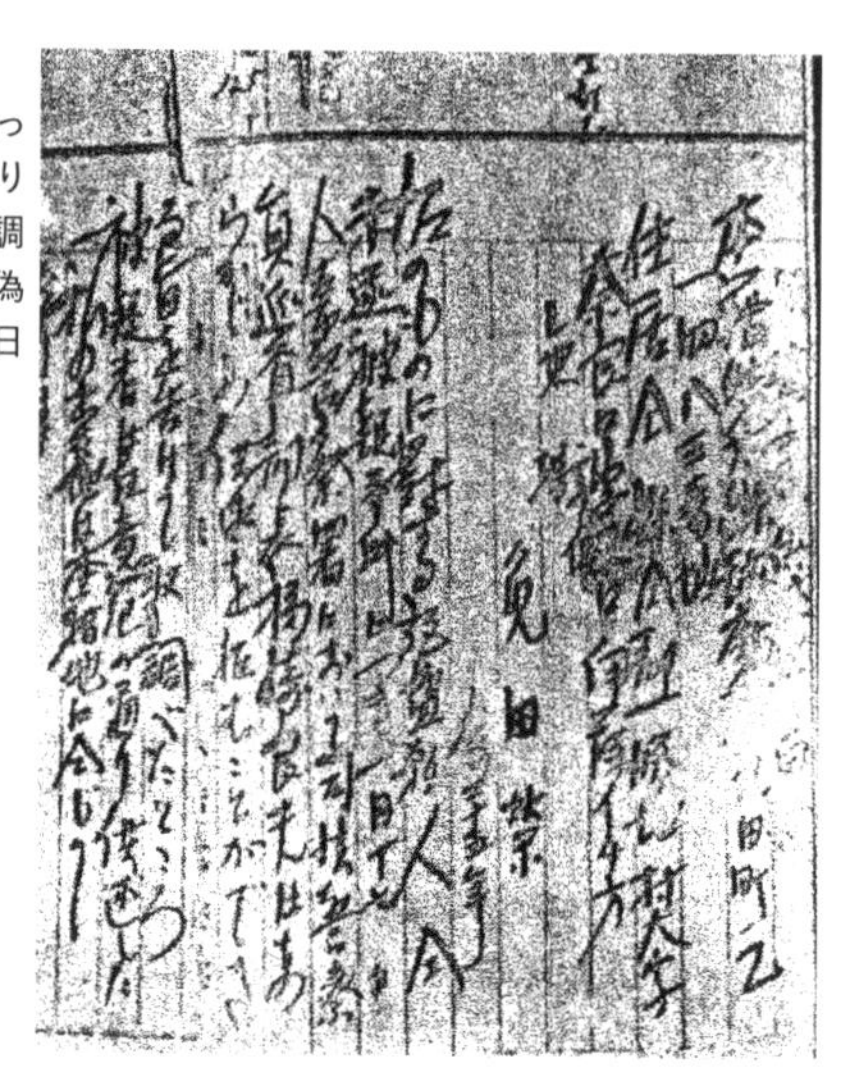

⑤

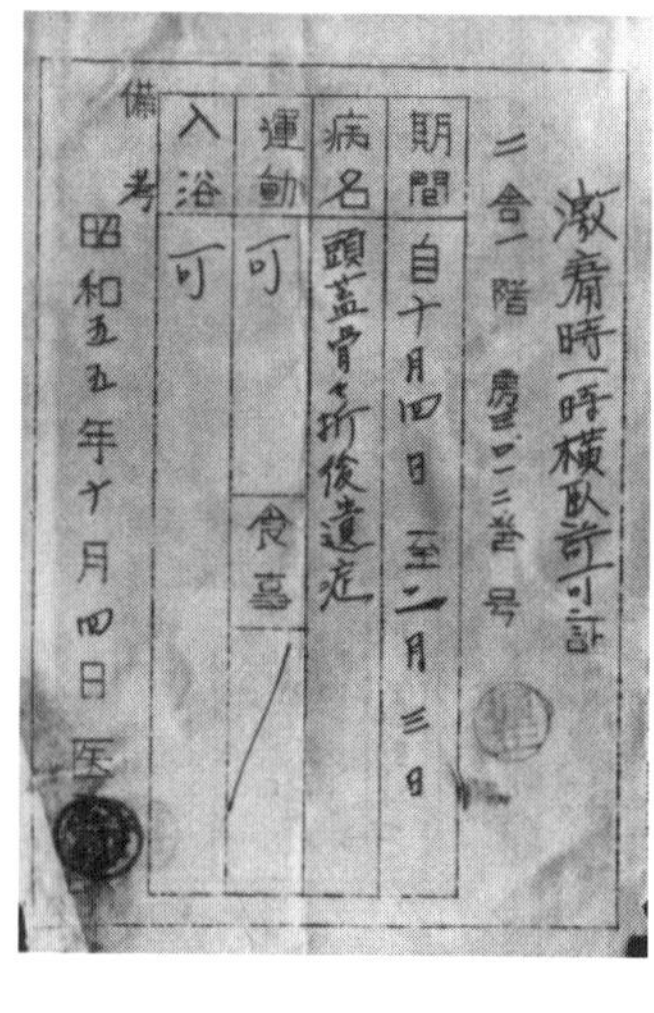

激痛時一時横臥許可証

二舎二階　番号

期間	自十月四日　至二月三日
病名	頭蓋骨々折後遺症
運動	可
入浴	可
備考	

昭和五五年十月四日　医

⑥

後の福岡拘置支所在監時に交付された
「激痛時一時横臥許可証」
交通事故の後遺症がひどかったことを物語る。

ることの許可証。こういうのを貰っていたぐらいなんですね。しかしそれに対して足首を縛られたり、時には殴る蹴る、そして逆さ吊りにもしていた。非常にすさまじい拷問があったんですよね。

免田　たいへんな扱いを受けましたですね。もう用意して待っていたのを覚えています。

岩井　そうしたなかで免田さんを犯人とする物証っていうものが、基本的にまったくなくて。

免田　まったくないですね。

岩井　例えば凶器に血がついていない。それを説明しなきゃいけないから、川で洗ったというふうに自白させられたんですよね。その川の名前が、自白調書に書いてあるんだけれども。

免田　六江川とかっていうね。

岩井　現場に行ったら、川はあるけど、水はもう干上がって、水がない川だったんでしょ。

免田　田植えの頃はね、田に水を与えますから雨が降って水分が多くなりますから流れますけど、冬の間にはもう枯れてしまって。

岩井　川とはいうけれども、水がないところで洗ったという非常に奇天烈な調書まで作らされてしまったんですよね。そういうことで、いったんはそういう虚偽の自白調書まで作られて、そして先ほどの二九日に泊まったということもアリバイ潰しをされて、そして公判になったと。そういうことですよね。

免田　はい。

岩井　一審の公判で、免田さんが泊まった宿の若い女性の娘さんは、最初はアリバイとは反対の嘘の証言をしたんですよね。あとで本当のことを、もう一回言ってくれたんでしょうか。

免田　はい。言ったんですけれども、通らなかったですね。

死刑確定へ

岩井　それも非常に不思議ですよね。第二回公判では、免田さんは二九日に泊まってないと言ったんだけど、でも第五回公判では二九日泊まったって真実を述べられた。でも結局一審は、それを認めなかったんですね。今の図面にあるように、一審判決が一九五〇年におりて、そして控訴棄却になって死刑判決が確定していくということになりますね。免田さんは、この裁判の流れについては当時どう思っていたんでしょうか。

免田　当時は、そう考える力はございませんでしたからね。ほんとに漠然とした考えで、死刑判決が確定してしまったんですけど、確定してもね、言わせると、確定して、死刑執行を二度か三度か、みるんです。で、この姿を見て、これはいかんな、どうも殺されるという愕然とした気持ちになりました。だから逆にできたわけですね。

死刑判決

1950年3月23日
　第1審判決　死刑（木下春雄裁判長）
1951年3月19日
　控訴棄却（白石亀裁判長）

第1審第3回公判で免田さんは無実を訴えるが、裁判所は自白を最大限に重視し、アリバイ物証を無視して死刑を言い渡した。

写真は熊本地方裁判所八代支部

⑦

⑧

死刑確定
1951年12月25日　最高裁上告棄却（井上登裁判長）。死刑確定後、福岡刑務所の隣に新設された藤崎拘置区に移監。旧法による死刑確定者は福岡刑務所拘置区に新法による確定者は藤崎拘置区におかれた。

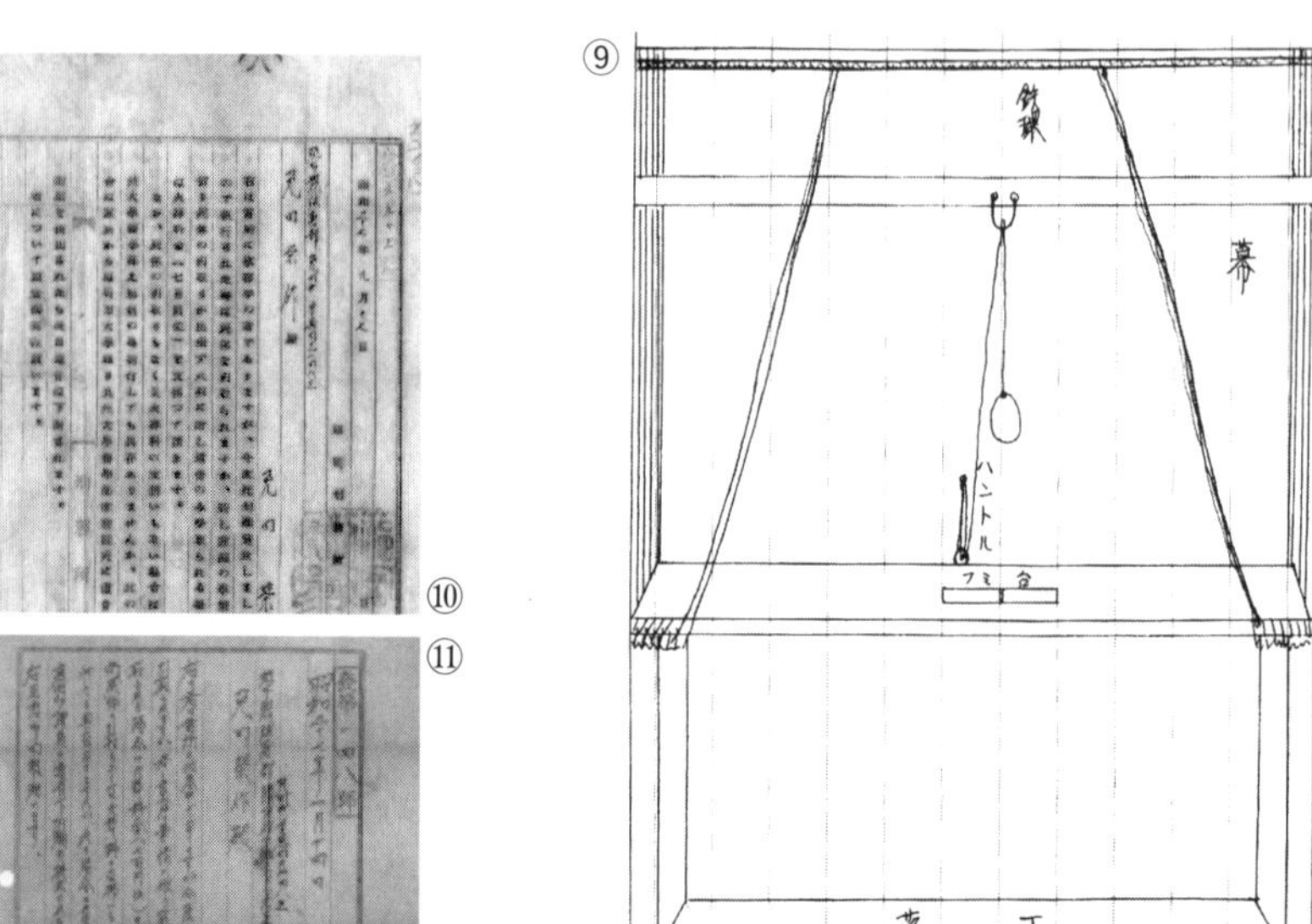

藤崎拘置区刑場

死刑確定後移された藤崎拘置区では運動場の塀向かいに刑場があった。免田さんはここで刑場に連行される死刑囚の姿を初めて目撃した。

火葬料金等を知らせる書類　死刑執行後の遺体引取の希望や、火葬の場合の料金を知らせる通知。父親宛に送られていた。

岩井　一九五一年一二月二五日。クリスマスの日に最高裁が上告棄却ということで死刑が確定しますね。この写真(図版⑧)はいつの頃に。一九五〇年頃の免田さんですかね。

免田　もう要するに全部、着古してしまってないもんだから、これはお袋が入れてくれた寝巻なんです。これを着て毎日生活していたんですけど。

岩井　それで次の画面を示します。これは確定したところ、福岡刑務所が免田さんのお父さんに資料を送っていたんですよね。

免田　あの、裁判費用を払えということでしょ。

岩井　いえ、「死刑を執行される可能性があるので、遺体の引き取りを希望しますか」っていうのが上の書類（図版⑩）に書いてあって。

免田　ああ、それなんですね。

岩井　右側には火葬の場合には七〇〇円になりますのでお支払いご用意くださいって書いてあります。

免田　私は全然知らないんですけどね。父が自分のほうで出してあるんですね。

岩井　免田栄策と書いてあるんですが、これは免田さんのお父様ですよね。

免田　はい、親父。

岩井　ですから確定して、こういうことがどんどん進んでいったわけですよね。次の画面をお願いします。

免田　これが刑場ですね。

岩井　この刑場も免田さんの図面（図版⑨）ですね。これは、免田さんは実際に刑場を見たんでしょうか。

免田　さっきの私が座っている写真で、花が植えてあるでしょ。これ私が運動の時間にずっと造っていたんです。この向こうが塀になっているんです。塀の隅にずーっと五〇メートルぐらい花園を作って、その花を死刑囚の部屋に持って行ってたんですよね。薔薇やなんかも造ったことあるんです。

岩井　今では信じられないんですけれども、免田さんが中にいたときは花壇を造ったり草木を植えたり、野菜も作ったりと、そういうことがあったんですか。

⑫

藤崎拘置区
刑務所・拘置所は移転されたが、刑場跡には退職した元看守の手で観音像が建てられている。

免田　もう私が入った頃はまだ連合軍の占領下やったでしょう。で、外国のなんちゅうか民主的な政治じゃないですか。拘束されている人でも、ある程度やっぱり自由というか、人間の自由というか。そういうのが交わされていましたから。私は毎朝九時から夕方5時まで、外に出て掃除をしたり花造りをしたりしておりました。

岩井　そういったなかで刑場も、ちらっと。

免田　ああ、もちろん。刑場はもうフットボールしよりましたから、要はボールが蹴りこんでですね、刑場のなかにボールが入って、台の上まで登ったことがある。

会場　笑い

岩井　蹴ったボールが刑場の中に入っちゃって、それを取りに中に入って、この台の上まで行っちゃったと。

免田　はい。

岩井　これはだから、免田さんの想像の図面じゃなくて、

免田　実際ですよ。

岩井　実際なんですね。この写真（図版⑫）は二〇〇三年八月頃なんですけれども、福岡拘置所が移転したそうなんですけれども、どうも元看守の手で観音像が建てられたそうなんですね。

免田　これはよう分からないんですけれども、あとからできたんですけど、執行された方の痛みというか、そういう意味で

造られたと聞いておりますけれどね。

岩井　いま免田さん、フットボールをやったとおっしゃっておられましたけれど、それは野球のことなんですか、サッカーなんですか。

免田　野球やらフットボールやら、さまざまですよ。その時の死刑囚も一緒にやってましたから、人員によって野球をすることもあればフットボールをすることもあるし。特に決まってませんでしたけど。野球の時はずっと私がピッチャーしてましたから。毎日何十球投げたか分かりません。

岩井　今ではね、拘置所の中で野球をやってるっていうことが信じられないんですけれども、実際にそういうことがあったんですかね。

免田　ユニフォームまで作りましてね、トンキーズとシャークスって、ユニフォームまで作って野球しよりました。私と、福岡事件の方が最後おられたでしょ。

岩井　西さんとか。

免田　はい。だから二人、三人でよく話し合って、だいぶこの方からお金もしよりましたからね、だからそれでトンキーズとシャークスっていうユニフォームまで作って野球をしたことがあります。

岩井　⑮に写っている紅顔の美青年、これが免田さんですか。

免田　この犬は遊びに入ってきて。私が可愛がって抱いて写したことがあるんです。

岩井　花壇を造っている合間にこういう犬がいて抱えて写真を撮ったと。写真は誰が撮るんですか？

免田　役人が。

岩井　役人が撮ってくれた、刑務官が。

免田　はい。

⑬

⑭

花作り　庭造り　福岡拘置所
免田さんは藤崎拘置区時代から花作りをしていた。
福岡拘置所でも花園を作り、池には「月見橋」を架けた。

⑮

岩井　本当に今から考えるとですね、

免田　もう夢ですよね。池は全部私が作ったんです。この頃、私第三次再審で、一応、ここでもできましたから、役人に何でも言って、池を造ったんですけど、だいぶ死刑囚も運動の時遊んどりましたよ。死刑囚が運動の時にね集まってから。珍しい池があるから。それをめがけてきて喜んでおられて。

岩井　死刑囚が集まってきて、珍しいから賑わっていたんですね。この橋も作られたんですね。

免田　作りましたね。でもこの写真は綺麗に作ったんですけど、あんまり人相よくないですが。（会場　笑い）

岩井　いやいややっぱりハンサムですよね。

免田　その頃はこう、処遇が緩和されておりましたからね。私が出てからもたくさん栽培をして。

岩井　一九六三年に通達が出て、非常に外部と死刑囚がこの画面からするとね、制限していくとか非常に締め付けが厳しくなって、いま免田さんに聞いているようなことがどんどんできなくなっていきますよね。写真はないんですけれども、執行される前の日に茶話会にみたいなものも当時はあったんですよね。

免田　ありますよね。でも前は役人と会うたびに「お前、茶やお菓子」とか言われたこともあるんですけど、そんなときには食べないよとかっていって話したこともあるんですけどね。

信仰との出会い

岩井　そうした刑場のこと、生活のことを少しお聞きしましたけれど、免田さんは確定して、もちろん自分は無実なわけですけれども、当初は再審という制度のことは知っていたんですか？

⑯

信仰との出会い

「死ぬことは簡単ですが、生きることは難しい。皆さんも再審を請求して長く生きてください」

確定死刑囚に誘われて出た教誨で、再審という制度があることを知る。

免田　全然わかりません。はい。

岩井　それはどうして知ったんですか?

免田　その頃、刑務所と拘置所は別にありまして、刑務所には旧法で裁かれた方がたくさんおられましてね、わたしたちは新法（註・一九四九年一月一日施行された刑事訴訟法）のものでしたから、木造の拘置所に別におりましたから、そこを教会の帰りかどうか、外国の神父さんが毎週午前中やって、午後やってと会をやっていましてね。その神父さんから、この死刑囚はこうしよるという話を聞きましてね。

岩井　神父さんが再審のことを教えてくれたんですね。この写真なんですけれども、この真ん中の上の方にいらっしゃるのが。

免田　これが宣教師。当時、外国の方がね、キリスト教の伝道に来られた宣教師なんです。

岩井　この写真では免田さんはどこにいらっしゃるんですか?

免田　わたし、こっち。

岩井　一番右にいる青年が免田さん。この本を読むとですね、神父さんが免田さんに「死ぬことは簡単ですが、生きることは難しい。皆さんも再審を請求して長く生きてください」。そういうことを教誨の場で、皆さんの前で言ったっていうことなんですけれども、そういうことがあったんですか。

免田　それは左の方ですね。

岩井　左側に眼鏡をかけた方がいるんですけれども、こちらの方が言われたんですか。

免田　はい。

岩井　それで初めて再審制度があることを知った。

免田　それから猛勉強しました。

岩井　神父さんも再審ではどういう書類を書いたらいいのかとか、そういうのは分からないんですよね。

免田　それもやっぱりこの方に指導していただいてですね、あとは看守の方で法律に詳しい方がまたおられましてね。ここはこうこう、こうしてって教えていただくんですけど、文体化することがたいへんでしたよね。

岩井　最初の再審の時は、弁護士さんとかはついたんですか？

免田　いや、全然だめ。もう。

岩井　全部自分で。

免田　自分でやって、第三次で死刑囚で初めて再審開始になりますけどね。あの時はじめて親父に長い頭を下げて、お金を作らなきゃしょうがないみたいな話をね。

岩井　要するに三回目の再審の請求をするまでの一回目と二回目は本人、自分自身でやった。

免田　自分でやるしかなかったですね。

岩井　そうすると、それはもう見よう見まねでやった。

免田　はい。

岩井　そうしたなかで、獄のなかの他の死刑囚の人たちと一緒に助け合いながらやってきたということがありますよね。次の図版⑰はカルバリ会という名前なんですが、これはどういった会なんですか。

免田　これはキリストが山を登って十字架にかかるでしょう。あのときの絵を見よう見まねでまねしたんですけれど。

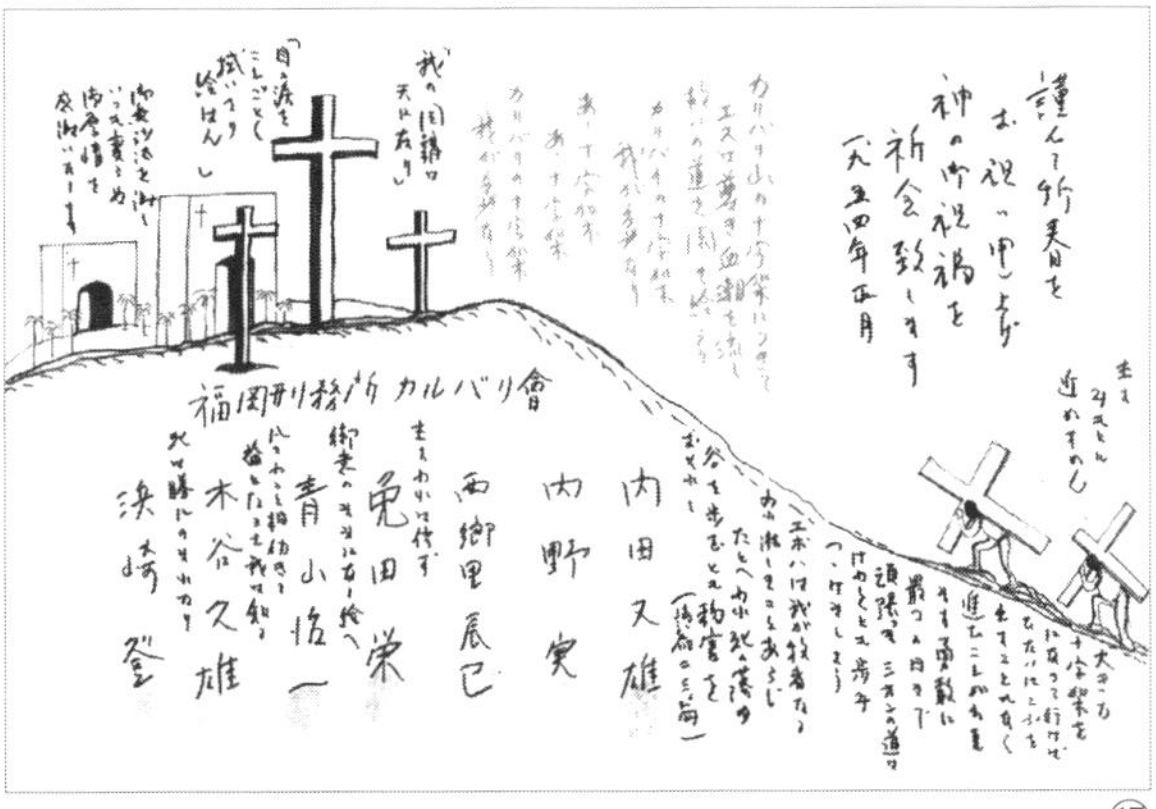

⑰

⑱

所内教誨室にて
カルバリ会の伝道によって欧州から物資が来た。
初めて背広を着る。

岩井　この写真には、左側に「デロリー神父様」って書いてあって。そして「福岡刑務所カルバリ會」、真ん中に「主を我は信ず　免田栄」と書いてあって、他に六人の方の名前があるんですね。これは全員刑務所にいらした方なんですか。

免田　カルバリ会といってですね、キリストが十字架を負うて上ったあれを書に描いたんですけど、世界中いろんなところを回ったんですね。

岩井　こういった書面がカルバリ会の名前であちこちに回っていたということなんですね。次の写真では、免田さんがすごいきちっとした背広を着て。これはどこですか？

免田　これは同じ拘置所です。拘置所の教誨室ですけどね、この背広は外国から柄無地を送ってもらって、その背広のなかからもらって、背広を着て写ったんです。

岩井　免田さんは、それまではキリスト教の信仰っていうのはなかったわけですね。

免田　そうですね。

再審の取り組み

岩井　先ほどのカルバリ会のなかにも内田さんという名前ですとか、いろんなお名前があるんですけれども、この方々も死刑囚なんでしょうか。

免田　この内田又雄という方、カルバリ会の指導を受けた立場の方がおられて、私もだいぶお世話になったんですけれども。

岩井　朝日新聞の記事（図版㉒）に、「死刑囚を救った死刑囚」（一九八三年七月四日）とありますね。左側が免田さんで、右側に四角く囲ってありますが、

免田　内田又雄ってありますね。私にいろいろ教えてくれた人なんですね。

岩井　どういうことを教えてくださったんですか。

免田　再審の方法とか、学校をあまり出ていなかったものですから、手紙の書き方から何から全部教えてくれましてね。本当に、いい恩人でございますね。

岩井　この内田さん、彼自身の刑はどうなったんですか？

免田　死刑ですね。そうだな、一〇年ぐらいしかおれなかったかね。

岩井　執行されたということでしょうか。

免田　はい。

岩井　あとでまたお聞きしますが、免田さんは他の死刑囚の方の支援もずっとしてきているんですけれども、いずれにしてもこうやって周りの死刑囚からいろんな話を聞いたり、あとから聞いたっていうことがあったんですね。

免田　事件の内容とかなんとか、いろいろ聞いているんですけれども、再審の指導も、自分の見よう見まねで、それから困っ

再審の取り組み
免田さんが毎月裁判所に提出した上申書
生い立ち、事件のこと、警察の取り調べ、拘置所に入ってからのことなど、すべてを書き綴った。虚偽の自白調書が作られていく取り調べの状況については問答形式で再現し、詳しく描写した。

⑲

㉑

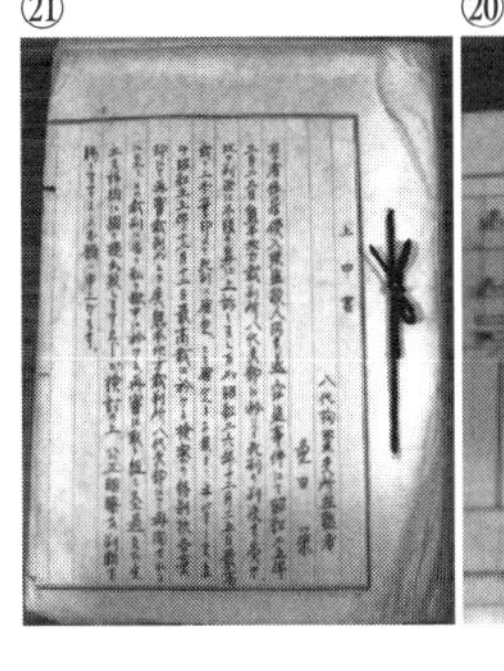

⑳

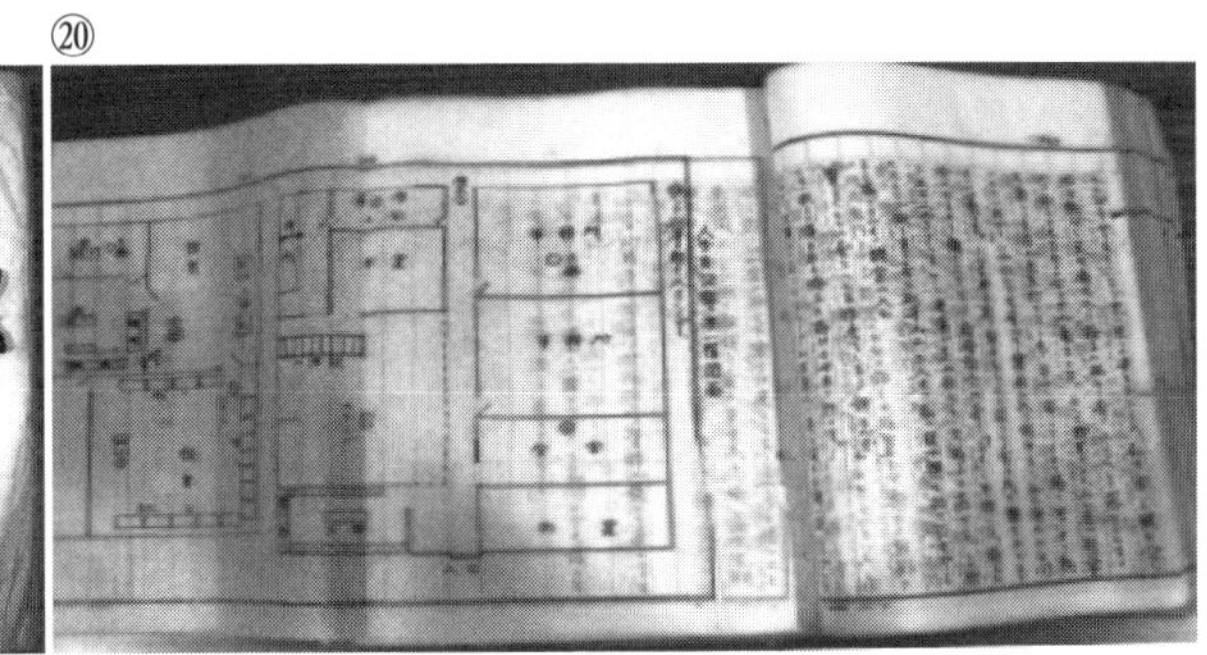

た体験を生かして指導していたんですけれども、やっぱりお金がかかりますからね。

岩井　再審の取り組みという話に戻りたいと思います。そういうことで免田さんははじめて拘置所のなかで再審制度を知って、そして見よう見まねで始めたと。これが免田さんが裁判所に送り続けた上申書ですね。「免田さんが毎月裁判所に提出した上申書。生い立ち、事件のこと、警察の取り調べ、拘置所に入ってからのことなど、すべてを書き綴った」と書いてあります。こういうことを最初はお一人で始めたというこ

死刑囚"救った"死刑囚

免田再審へ橋渡し

手紙で支援　開始喜び刑死

㉒

刑場に見送った人びと
免田さんは獄中で60人近くの死刑囚を直接別れの握手を交わし見送った。
カルバリ会の中心だった内田又雄さんもその一人。冤罪が疑われる人、裁判に疑問のある人も多かったという。

とですか。

免田　ううん、まぁ一人っていうふうにいかんですけどね。まぁ、看守の方からも相当教育を受けたし、なかなか難しい問題ですよね。なんか自分なりに自分のことを克服したと思っております。

岩井　そうしたなかでいろんな方からの支援も受けていたんですよね。

免田　ああまぁ外国の方とかですね、第一には、元の集団のせから支援していただいたものがありましたから。

岩井　熊本の潮谷という牧師（図版㉓）が支援をしてくださったということですかね。

免田　この人は証人調べに、もう手を回していただいたんですね。（アリバイを証明してくれる情報を）私に届けていただいて、死刑囚で初めて第三次再審の理由にするんですけれども。（註・「私は裁判調書に目を通し、アリバイ証人を北九州市に探し出して、昭和二十八年にその証明書を追加して再審の陣容を整えた」。『免田栄獄中記』社会思想社、一九八四年。潮谷総一郎「まえがき」より）

㉓

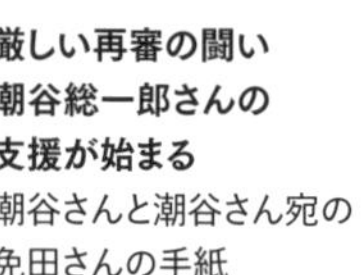
㉔

厳しい再審の闘い
潮谷総一郎さんの
支援が始まる
潮谷さんと潮谷さん宛の
免田さんの手紙

獄中生活と見送った五六人の死刑囚たち

岩井　こうした再審をするなかでは、刑場に送られる死刑囚を見たということもありましたけれども。

免田　はい。

岩井　どういう時に刑場に送られてるということが分かるんでしょうか。

免田　そうですね、正式にはだいたい午前九時くらいからありますからね。その時にもう、事務所の役員が来てから、呼び出しがかけられる。

岩井　本なんかを読みますと、廊下を歩いてくる看守の靴の音。

免田　それは執行の朝でしてね。もう、この時の状況のことはちょっと言えないような、ほんとに厳粛で、待つ人にとっては身震いするような情景でしたね。

岩井　靴の音が、例えば自分の房の前で止まるというのは、

免田　通り過ぎるか、止まるか。自分の前で止まらないように、それが一番やっぱり気がかりだったですよね。

岩井　そういった気がかりをどうやって克服するというか。

免田　祈るしかないですよ（手を合わせる）。

岩井　あと点訳みたいなこともされたんですか。

免田　点訳はちょっと、やったんですけど。そうですね、三千冊ぐらいだったかな。やりました。

岩井　いま三千と仰いましたけども、三千冊を点訳されて寄付をされているんですね。

免田　寄付をして施設の。

岩井　「点訳に励む」ということで、右側に書いてあるのは「免田文庫」という免田さんが点訳した本が収められているということなんですね。

免田　これは私が社会に帰って初めて見に行ったときの写真（図版㉕）ですね。一冊一冊やっとったんですけど。これは熊本のライトハウスの。

岩井　獄中では早起きして自由時間に点訳を行ったと。

免田　そうですね。三時半か四時頃にもう起きてから六時ぐらいまでやって、大体六時にやっていますと七時半になると食事のあと執行もあるでしょうが。私もいつ引かれるか分かりませんから。心して、準備しとかにゃいけませんからね。それまで朝起きて点訳して、毎日ちょこちょこしつつという感じでした。

岩井　飼っていたカナリアが点訳の頭をついばんでいたずらをしたって書いてあるんですが、カナリア飼ってたんですか。

㉕

点訳に励む

獄中では早起きして自由時間に点訳を行った。点訳に熱中することで、処刑の行われる朝の異様な雰囲気から逃れようとした。

㉖

㉗

飼っていたカナリアが点訳の頭をついばんでいたずらをした。

免田　ああ、カナリア飼っていて、こうやってつまんでからこう、

岩井　点訳ってポコッてこう、紙が上がったり下がったりしますよね。それをカナリアがつまんだ。

免田　あれが噛んだら、ぽろっと取れるでしょう。それがやっぱりカナリアが遊びによかったんでしょうね。ちょっと油断すると、点字の半分ぐらいもうむしってしまいますから。

岩井　そうするとカナリアはいわゆるかごの中にいるんじゃなくて、もう。

免田　部屋に、三畳の部屋に出しっぱなしにしていましたから。

岩井　拘置所はそれは問題にはしなかった。

免田　もう死刑囚は特別に、許可していますから。

岩井　このカナリアですけれども、房から外に、どなたかに貸したっていうのが。

免田　私言ってなかったんですけど、中島の青年が連れていかれましてね。それがもう、カナリアを飼っていた本人が執行されたあとでだから、彼の部屋から私のほうに回ってきて、それで一緒に今度は飼っていたことがあるんですよね。

岩井　このカナリアが外に逃げちゃったわけでしょ。それで免田さんがラジオ局に探してくださいっていう手紙を送ったことありません？

免田　はい。

岩井　それでその番組が放送されて、それを聞いた少年が、このカナリアじゃないですかって持ってきたのがやっぱり免田さんの飼っていたカナリアだった。写真（図版㉗）がカナリアが届けられた時のことなんですか？

免田　これはこのあと。この先生はあとからまた、話を聞いて持ってきてもらったんですけど。

岩井　この写真（図版㉗）の手前にいるのが免田さんになるんですかね。

免田　はい。これ私ですね。

岩井　免田さんがラジオ局に送った手紙が放送されて、それでカナリアが戻ってくるっていうことがあったんですね。

免田　ええ、そういうことがありましたよね。

西辻決定

岩井　そういうなかで再審を闘い続けていたわけですけれども、三回目の再審の時に、一回、西辻決定ということで、西辻裁判長が再審開始を決めた決定がありましたね。最終的には高裁でひっくり返ってしまって、幻の西辻決定なんて免田さんよく言うんだけど、どう思いましたか？

免田　事実は事実ですけどね、私は事件に関係ないという事実はあるんですけども、法的に言うんならね、新しい情報というのがなかったらしいですけどね。結果的にはそれが棄却に

なってきましたから、それはあとあといろいろ今度は日本弁護士連合会のひとたちで努力していただくようになったんですけども。

岩井　やはり一度は西辻決定が出たということが、その後の免田さんのいろんな再審請求を繰り返すときにも、大きな決め手になっていくんですよね。これも一審の時の、一緒に泊まった宿の女性が、アリバイがあるよと言い直した証言を認めている決定なんですよね。

免田　はい。これも一度調べた証拠になりますから、再審の新しい証拠にはならないんですけどね。ここで問題になったのは、事件全体が、事件に関係あったかなかったかという問題で、非常に同居の男に脅されたらしいんですけれども。結果的には一応これは棄却されて、流れてしまうんですけども。

岩井　免田さんは出てきた後に、この西辻裁判長にお会いされたことがあるんですよね。

免田　そうですね。死去される一日前ですか。

岩井　亡くなられる一日前に会った。

免田　その前に一度会ったこともあるんですけれども、その時はマスコミの方がたくさんおられたもんで話をすることはなかったんですけれども、死去される一日前は、もう本当に申し訳ありませんということを言って別れてきたんですけれどもね。立派な方でした。

㉘

第3次再審　西辻決定　1956年8月10日

請求人に対する標記確定判決に対し再審を開始する。

請求人に対する右確定判決による死刑の執行を停止する。

西辻決定では、事件当夜における免田さんのアリバイが完全に成立することが認められた。

写真=西辻孝吉裁判長

㉙

再審開始

1976 年 4 月 30 日
　熊本地裁八代支部は第 6 次再審請求棄却

1979 年 9 月 27 日
　福岡高裁が再審開始決定。検察が特別抗告

1980 年 12 月 11 日
　最高裁が特別抗告棄却

1981 年 5 月 15 日
　再審　第 1 回公判

現地を検証する河上元康裁判長

岩井　免田さんは外に出られてから、例えば当時免田さんを起訴した検事にも連絡をしましたよね。

免田　はい。

岩井　どういうふうに連絡をして、検事はどういう反応だったんでしょうか。

免田　ほとんど遠慮してくれっていう答えでしょ。

岩井　謝罪するわけでもなく、

免田　もう法律の論理ですからね。まぁ私は会って一応話を聞いてみたいなと思った。その頃はもう検事を辞めて今度は弁護士をやっておられますけどね、遠慮してくれっていうような。

岩井　熊本地裁で水俣病の裁判の支援で傍聴に行ったときに、偶然、裁判所の中で弁護士になった検事と会ったんですよね。その時は反応はあったんですか？

免田　「その節は」って頭を下げたら、こうして手を挙げて。（会場　笑い）

岩井　逆ですよね、なんかね。

再審開始―再審無罪判決

岩井　そういう再審の努力を続けていて、これは第何回目になるんですかね。

免田　第六回ですかね。

岩井　正式には第六次再審請求ということになるんですけれども、免田さんの記憶では再審をした回数は六回以上だということなんですか。

免田　まぁ一三回しているんですけども、その大半が証拠をそろえなかったものですから、棄却されていますね。回数として六回は一応、準備をしたんですけどね。六回のうち三回が取り上げて、お流れになったんですけど、再審の理由の法理論で却下されまして。

岩井　最初の一審というか熊本地裁では再審請求棄却になって、福岡高裁が再審開始決定をしたんですよね。

免田　はい。

岩井　検察がそれに特別抗告をして異議を申し立てたんだけど最高裁が棄却したので、八一年に実際の再審が開かれると、そういうことですよね。

免田　はい。それで再審の時にはもう三者の合意が必要だと思って、日本弁護士連合会の人権課の支援を受けまして。

岩井　そうですね。日弁連の人権課に人権救済などの申し立てをして。

免田　その時は、これ以外にもこっちの方が元裁判官で尾崎陞さんという。

岩井　弁護士さんですね。日弁連でも支援の弁護団を組んで進めたということですね。そして再審無罪判決が一九八三年七月一五日。晴れて釈放ということで。死刑確定囚で再審で逆転無罪になったっていうのは免田さんが初めてですよね。

免田　そうですね。ここまでくりゃたいへんな問題はあとでしたね。最終的には私のほかに三人おりましたけれど、死刑囚が。証拠を総合的に整理しようということになって。

岩井　先ほど横でちょっと免田さんが私に、私は未だに死刑囚なんだと言っていましたね。それはどういう意味なんですか。

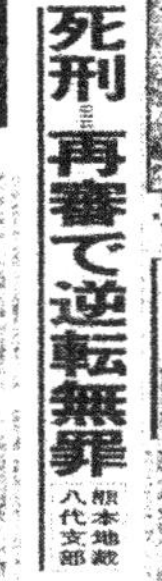

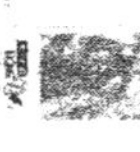

熊本日日新聞

免田さん　晴れて釈放

死刑　再審で逆転無罪

熊本地裁八代支部

財田川・松山事件に影響必

㉚

再審無罪判決　1983年7月15日

7月16日付「熊本日日新聞」

「この判決には、私に科せられた死刑判決の取り消しがない。身柄拘束が解けない。そして年金制度が適用されない。年金に関しては法務省は1961年に制度発効と同時に通知したというが、私は通知を受けていない。まして、死刑囚は死刑執行を待たされる立場にある。社会との交流を断たれていた身で年金に入るということがあり得ようか、法務省の責任逃れの弁に過ぎない。(『免田栄獄中ノート』より)

免田　結局、条文がないんですね。確定判決を取り消す条文がないわけですから。東京の方で準備されておるんですけれども、ちょっと無理じゃないですか。

岩井　要するに再審では無罪になったけれども、死刑判決を取り消したというものはどこにもないじゃないかと。だからそういう意味では取り消されていないんだから残っていると、そういう趣旨ですよね。

免田　いまだに皆さんの前にこういうかたちで出てきながら失礼ですけれどもね、いまだに死刑確定囚なんです。それは消えておりません。

岩井　それは確定判決が取り消されていない、という意味ですよね。

免田　はい。

岩井　今回、どうしてこういう事件になったかという時に、免田さんはよく拝命思想ということを言いますよね。どうしてこういう、ないことが事件になって、死刑判決まで下されて確定までしてしまったのか。免田さん、その点はどうお考えなんでしょうか。拝命思想というのが。

免田　特に国の構造が、天皇を軸にして、天皇を擁護する役人が国民から選ばれていくでしょ。それは拝命思想という、誰が言ったのか権利、誇り、名誉、殉教、殉職ですかね、この

「敗北宣言」の無念の検察

免田さん無罪確定

滝岡検事正会見

「承服し難いが
将来の糧としたい」

えん罪断つ契機に

㉜

「免田控訴」検察断念へ

無罪覆すのは困難

あすにも発表

免田栄さん

門鉄が長崎に管理部

職場規律の是正図る

㉛

無罪確定―検察の敗北宣言
右＝1983年7月27日付「読売新聞」
左＝1983年7月29日付「西日本新聞」

五つの行為で拘束されて国家公務員になって。

岩井　拝命というのは、任命されるという言葉を、拝むという。

免田　天皇から拝するから。

岩井　天皇から言われて任職しましたと、そういう意味の拝命ですね。

免田　だから心得に、選ばれたものとして権利、誇り、名誉、殉教、殉職ですかね、この五つの行為があるんです。それでみなさんがたは警察から監視されているんですよ。

岩井　実際に免田さんが取り調べを受けた刑事さんが、「自分は拝命されたんですよ」と言ったんですか。

免田　「我々は天皇から公職を受けている拝命警察官だから」ということで。私は事件に関係ないと否定したんですけれども、取り合ってくれなかったですね。

岩井　その時に拝命された俺が調べてるんだぞということを言われたんですよね。

免田　もう打たれ小突かれ、顔が変形するほど殴られました。

岩井　いわばお上思想であったり、天皇から任命を受けた警察官の言うとおりにしろと。それが非常に大きな問題だということですよね。免田さんよく事件について、チェコスロヴァキアから来た記者からインタビューを受けたときの言葉をよく引用しますよね。「日本人は公の犯罪には弱く、わたくしの犯罪に厳しい」と。

免田　公の犯罪、わたくしの犯罪。公に弱く、わたくしの犯罪に強いということを言ったんですけれども、今でもそうですけども、国家公務員っていうのは天皇から拝命する。拝命っていうのは選ばれた権利、名誉、誇り、殉職、殉教、この五つの行為で拘束されているんです。我々は、天は人の上に人を造らず、人の下に人を造らずっていいますけど、その下にあるのはね、実は「しかし罪人は違う」っていう言葉があるんです。その罪人がわたしたち。天皇から選ばれたのが役人なんだと。その考えが未だに残ってるんですよ。そこんところを皆さんがたも考えてください。これは私が社会に出てから、もうずっと機会あるごとにお話ししていることですけれども。今日改めてみなさんがたにお願いします。だからどうっていうことはないですけど、自分の人権というものをね、同じ人間のなかでも人権というものについて、考えてみていただくことも、私は一つの人生の勉強じゃないかと思っています。

岩井　そうして先ほど再審の無罪判決が、検察が控訴しないということで無罪が確定するということになりますね。

免田　でも確定しませんよ、まだ私は。まだ死刑囚ですよ。消えていませんから。死刑という罪名はね。

岩井　その時に身柄問題ということで、免田さんが無罪判決を受けたら、ただちになるのかということは、実は法律上規定されていないから、非常に免田さんは死刑囚が再審で無罪になることは想定されていないんだと、そういう問題を指摘していますよね。あともう一つ年金の問題もありますよね。年金特例法というのが国会でできました。この写真（図版㉞）は福島みずほさんですね。「再審無罪になった元死刑囚が国民年金を」、要するに年金を払ってなかったので国民年金を受給できないという状態を、特例法でできるようになった、そういうことですね。免田さんのような再審で無罪になった人が存在することを、法律はまったく想定していないということになりますよね。それで免田さんは、ずっとそういう制度の改革に向けても働きかけていたということになりますか。

免田　今でもやっているんですが、なかなか難しいですよね。

人権を取り戻す闘い

岩井　その後、免田さんは自らが釈放されたから終わりだということではなくて、死刑廃止の運動とかいろんな運動に取り組んでいるわけですけれども、これはどうしてなんでしょうか。

免田　そうですね。人が人を裁くということは、絶対ということはできないんですよね。だから誤判事件とか冤罪事件は起きますし、私は向こうにいるときに死刑囚を五〇人以上の方を刑場に見送ったんですけど、その方々のなかで三分の一ぐらいやっぱり判決に、判決文に問題があるというのが、あとになって噂になって出てくるんですよね。そういうことを考えてみますと、自分が実際に体験したことから、なくならないなと思っていますしね。今はなにはともあれ死刑だけはなくさなきゃいかんなと思って死刑廃止運動をやってるんですけども、なかなか難しいです。

岩井　いま後ろの画面（図版㉝）に斎藤さん、赤堀さん、免田さんが写っています。みんな再審で死刑台から生還した方になります。イギリスでは一人の人が執行後に冤罪が晴れて、無実だったということが分かって、それがきっかけになって死刑が廃止されたという経緯があります。免田さんのように再審で死刑が確定したのがひっくり返って無罪になれば、その一件だけで、本当は、この社会は死刑という制度を廃止しなきゃいけないような重大なことだったと思うんですけれども、免田さん、それがどうしていま、なかなか社会が死刑を廃止できないのかと思っていますか。

免田　さあ。どうしてでしょう。みなさんがたも考えてください。体験としてこういうことがありました。仏教のお坊さんが、毎月教誨に来られるんですけれども、そのお坊さんとも長く付き合って、親しくしてもらって、その関係でいろいろ教育も新しく得ているんですけどね、私が無罪になって社会に出るようになってから、そのお坊さんが見えましてね。免田さん、って。あなたは再審無罪になったですけれども、仏教は因果応報だから、あなたは死刑という刑は前世から降りてくるんだから、これは消えません、って。それだけは忘れないでくださいって。皆さんも因果応報っていうでしょう。これはね、私はそれをずっと勉強したことがあるんですけど、徳川のときから因果応報というのが出ていて具体化して矯正の中に仕込まれていく。おかしいです。私の勉強からしてね。

㉝

斎藤幸夫さん、赤堀政夫さんと免田さん

斎藤幸夫さん（松山事件）
1960年11月1日　死刑確定
1984年7月11日　再審無罪判決
2006年7月5日　死去

赤堀政夫さん（島田事件）
1960年12月15日　死刑確定
1989年1月31日　再審無罪判決

㊱

㉞
㉟

第1回世界死刑廃止大会

2001年6月、フランスのストラスブールで行われた第1回世界死刑廃止大会で死刑廃止を訴えた。2004年10月の第2回世界大会（カナダ・モントリオール）にも参加。

年金特例法

2013年6月19日、再審無罪となった元死刑囚が国民年金を受給できる特例法が国会で可決・成立した。

上＝特例法成立後、福島みずほ議員と。

下＝国会を傍聴する免田さん夫妻

非常に、ある意味で個人的人権というものが無視されているような思いでならないんですね、私は。あの、まだ私も勉強不足ですから、皆さんも考えてください。考えようによってはね、病気でもなんでも貧しくてもなんでも、結局、因果応報に変えてもらっては、たいへん不幸なことでございますから。ま、その人のその人の立場で、いずれにしてもそういう説法があるんだということが、現在の社会です。

岩井　はい。

免田　参考にしてください。

岩井　そういうことで免田さんはフランスに行って、第一回の死刑廃止大会で講演をされたり、また死刑廃止のアジア・フォーラムに、ソウルにも行かれたり。二〇〇七年には国連

㊲

第2回死刑廃止アジア・フォーラム

2001年11月、韓国ソウルで行われた第2回死刑廃止アジア・フォーラムで講演。

2007年12月、国連総会で死刑執行停止決議が可決されたさいにはニューヨークに赴いた。

総会で死刑執行停止決議が可決された際にはニューヨークにも行っているということで、国境を越えて活動されてきました。それでこの写真（図版㊳〜㊵）ですが、これはご自宅の近くの川で。鰻を獲ってるんですよね。

免田　これ鰻。この裏は田んぼですよ。

岩井　鰻はいつぐらいの時期が？

免田　だいたい五月か六月ぐらいまででしょ。

㊳

㊴

㊵

岩井　私も免田さんのところに行って鰻を獲っていただいて、捌いていただいたんですよね。

免田　いやいや（笑）

岩井　美味しかったですけど、今年も獲ってるんですか。

免田　今年はちょっと休みましたからね。今年は全然仕事がなかったんですけど。

岩井　今でも鰻は獲ろうと思えば獲れるんですか。

免田　獲れますね。川がありますからね、免田川とか支流の川がいろいろありますから。

岩井　そういうことで免田さん、あちこちで話をしたり、こういう企画で活動されたりしながら来たわけで、今日は時間が限られていて申し訳ないんですけれども、やはり免田さんの話を聞いていると、免田さんは自分で再審請求を出し続けていた。それがやはり最後、いろんな人が関わってくることになったわけですけれども、一人で話し始めたというところが、非常にやっぱり大事だなと思いました。免田さんとしては今日振り返ってみて、どういったことが思い起こされますか。

免田　そうですね、いろいろあるんですけれども、一番問題はね、この国の司法官というものは、天皇から公職を拝命するという奉仕の思想があるんですよね。この拝命というのは、選ばれたものの権利、誇り、名誉、殉教、殉職という五つの言葉があるんです。これがいろいろと考えてみますと、上に熱く、下に冷たいんです。その社会、その構造のなかに民主主義、人権といっていますけれども、そういうところを、もう少しわたしたちは考える時代が来ているんではなかろうかと思います。生きる権利というのはね、天皇も一般も、天地万物が平等ですから。そこのところを民主的に考えていただいて、それに尽くしていただければ、少し民主主義というものが向上するんじゃなかろうかと。ともすると不器用なほうに、宗教の方は因果応報で、私も死刑という刑を受けて、そこから脱せないように意気を削がれたこともあるんですけど、因果応報ということは、方便であって事実とは関係ないんです。民主主義という原点から考えてみますと、自分の権利というものは自分が守る、自分で向上していく、その教えのことでありますから。そこのところをお互いがじっくり考える時代がきているんじゃなかろうかと思っています。

岩井　ありがとうございました。自分が向上していく、行動していくという民主主義の重要性、それが実際に三四年間の獄中生活でも免田さんが自ら無罪を勝ち取った原動力なのかなと思いました。今日いろいろお話を聞いているのは、実は『免田栄　獄中ノート』(インパクト出版会、二〇〇四年)という本にも詳しく書いてありますので、もしよろしければお買い求めください。今日は本当に免田さん、どうもありがとうございました。

㊶

「免田栄　獄中ノート
私の見送った死刑囚たち」
免田栄著
2004年8月10日、インパクト出版会刊、定価1900円+税

㊷

免田事件資料の保存と資料集出版

甲斐壮一（免田事件資料保存委員会）

確定死刑囚として日本で初めて再審無罪となった免田栄さんが二〇二〇年一二月五日、老衰のため入所していた福岡県大牟田市の高齢者施設で亡くなった。九五歳だった。

免田さんは一九二五（大正一四）年一一月四日、熊本県球磨郡免田町（現あさぎり町）で生まれた。四八（昭和二三）年一二月に人吉市の祈祷師一家四人が殺傷された事件で、翌四九年一月に強盗殺人容疑で逮捕され、犯行を自白したとして同罪などで起訴された。

熊本地裁八代支部の第三回公判で、アリバイを主張し犯行を全面否認したが、五〇年三月に死刑判決を言い渡され、五二年一月に死刑が確定した。

1 取り消された再審開始決定

獄中で再審の手続きがあることを知り、再審請求を繰り返し、三回目の再審請求で、熊本地裁八代支部の西辻孝吉裁判長は五六年八月、アリバイを認め再審開始決定（西辻決定）を出したが、福岡高裁で取り消された。六度目の請求でようやく再審開始が確定。八一年五月、熊本地裁八代支部で再審公判が始まり、河上元康裁判長は八三年七月一五日、アリバイを認めた上で自白の信用性を否定して無罪を言い渡し、免田さんは即日釈放された。

二三歳から五七歳の人生の盛りの三四年六カ月を獄中で過した。

無罪判決の翌八四年一二月、大牟田市在住の玉枝さんと結婚。以来、大牟田市で暮らした。獄中で書きためた手記の出版や全国での講演を通して、冤罪の根絶や死刑廃止を訴えた。二〇〇七（平成一九）年一〇月には国連本部でも世界に向けて死刑制度の廃止を求めた。

冤罪による長期の勾留で国民年金の加入機会を奪われたとして受給資格の回復も求め、一三年六月に、事前納付ができなかった死刑囚が年金を受給できる特例法が成立して国民年金の受給を勝ち取った。

免田さん夫妻は高齢になるとともに病気がちで、自宅での生活が難しくなり、数年前から入院や高齢者施設での生活を余儀なくされるようになった。この頃、熊本日日新聞記者時代から取材を通して夫妻と交流があった高峰武、甲斐壮一の二人に、自宅に残る事件資料の散逸を防ぎ後世に役立ててほしい、との相談が夫妻からあった。

2 熊本大学文書館が 資料を保存、活用

資料は手書きの裁判資料や実家に残っていた家族への手紙類、辞書や六法全書などで、段ボール約二〇箱分あった。二人はいったん資料を預かり保管場所を探していたところ、熊本大学文書館（熊本市）が水俣病やハンセン病など地域の社会課題に関する資料を収集し保存したいとの意向を持っていることを知った。このことを免田さん夫妻に伝え、夫妻は一九年一月、事件資料を熊本大学文書館に寄贈した。

高峰、甲斐は熊本大学文書館から市民研究員を委嘱され、資料の保存、活用に向けた目録作成にあたることになった。後に元熊本放送（RKK）記者の牧口敏孝も市民研究員に加わった。

免田さんが実家に宛てたはがきや封書などの手紙類は、四〇〇通余り残っていた。この中に、免田さんの死刑が確定した一九五二年、収監されていた福岡拘置支所（現福岡拘置所）を所管する福岡刑務所が免田さんの父栄策さんに宛てた三通の通知文がある。

3 死刑執行の運用分かる貴重な資料

日付が最も古いのは五二年一月一四日付で、死刑確定（一月五日）からわずか九日後。手書きの文書で、死刑が確定したことを知らせ、死刑執行後の遺体引き取りを求めており、家庭の事情で遺骨のみを受け取る場合は火葬料が七〇〇円ほどかかることを伝えている。

四九年一月施行の新刑事訴訟法は、死刑確定から六カ月以内の刑執行を定めていることから、執行の日に備え通知したとみられる。

遺体の引き取りも火葬料の支払いもない場合は、九州大学医学部へ解剖のため送付してもよいか意向を尋ね、解剖後は医学部庶務課に願い出れば遺骨が戻って来ることも知らせている。

死刑執行という事の重大さに比べ、文面は事務的に淡々とつづられている。

二通目は、その八カ月後の九月一七日付。活字だが内容は一通目と同じ。栄策さんから回答がなかったため催促したとみられ、「至急」の朱印が押してある。

三通目は、二通目から二〇日後の一〇月七日付。手書きで、免田さんが六月に福岡高裁に再審請求をしているので、その手続きが終了して法務大臣の命令があるまで死刑の執行はされない、と記している。

法務省は現在、再審請求と死刑執行停止の関連を否定し、オウム真理教幹部ら再審請求中の死刑囚でも執行している。しかし、新刑事訴訟法施行から五年に満たない当時、再審請求中は死刑執行を停

止するという運用がなされていたことが分かる貴重な資料だ。

また死刑執行に備えて、火葬料が八〇〇〇円に値上がりしたことも伝えている。

4 必ず無実が証明されるという強い信念

家族への手紙類は、いったん再審開始決定が出て取り消された昭和三〇年代までの父栄策さんに宛てたものが大半。初めは平仮名や片仮名が多く、誤字や当て字もあって読みにくい箇所もあるが、獄中に差し入れてもらった辞書や六法全書で語彙や法律を学び、次第にしっかりとした文面へと変わっていく。その過程は免田さんの精神の成長の証しともいえる。免田さんはひと月に三回も便りを書くことがあるほど筆まめだ。手紙の用件は現金や日用品、衣類のほか戦後の食糧難を反映して食べ物の無心も多い。

例えば、原第一審・熊本地裁八代支部の死刑判決が出る二カ月ほど前の一九五〇年一月一四日消印の栄策さん宛てはがきでは「豆三升、ニギリメシ20個、タマゴ10個、甘藷20個、モチ20個」の差し入れを頼んでいる。さらに、絞首台がある福岡への移監が決まった時の同年六月五日の代筆とみられるはがきでは、「福岡に行くまでに一度、赤飯かぼた餅でも腹いっぱい食って行きたいと思っておりましたが、それも今はできません」と嘆いている。

時候のあいさつでは暑さや大雨による農作物の作柄への影響を心配し、家族の健康を気遣っている。免田さん自身は逮捕される前の夏、自転車で橋から転落して頭を強打。勾留中に「頭蓋骨骨折後遺症」のため「激痛時一時横臥許可証」を交付されていた。父への手紙には、そのことが原因と推測される体調不良が繰り返しつづられていた。

免田さんに筆を執らせたのは、自分にはアリバイがあり、必ず正しい裁きで無実が証明され、家族の元に帰るという強い信念だ。執念と言ってもいい。

5 公判調書すべて書き写し証人には付箋

資料の中で驚くべきは、第一回から死刑判決までの公判調書をすべて書き写していたことだ。公判だけでなく証人調書にも及び、証人には一人一人分かるように名前を書いた付箋を付け、調書には赤い線が書き込んである。事実と違う証言やあいまいな証言、到底認められない証言などをチェックする免田さんの息遣いが聞こえてくるようだ。こうして免田さんは自分がなぜ死刑になったのかを、繰り返し繰り返し心に刻んでいったのだろうと思われる。

広辞苑や六法全書、聖書にも書き込みがあった。広辞苑にはアイウエオから始まる索引も書き込んである。使ううちに便利なように付けたもので、何度も何度も辞書を繰ることによって言葉を覚えていったことがうかがえる。

多様な上申書、事件顛末書もあった。第三次再審請求時の弁護士のアドバイスがきっかけだったという。その中には地図やイラストもあり、独特のタッチで描かれている。

6　最大の支援者へ一〇〇〇通超の手紙

免田さん夫妻が熊本大学文書館に寄贈した資料以外にも、免田さんが最大の支援者である熊本市の社会福祉法人・慈愛園の園長だった潮谷総一郎氏に宛てた一〇〇〇通を超える手紙の写しや、貴重な映像・音声記録があった。

潮谷氏は福岡拘置支所に教誨師として通う中で、一人の死刑囚から、免田さんが悔い改めるよう諭してほしいと頼まれて、免田さんと面会したのだった。しかし、免田さんからの手紙は「事件に関しては全然覚えがない」とアリバイを繰り返し訴えていた。免田さんは五二年一月に死刑が確定した後、キリスト教に入信していた。免田さんの必死の訴えに、潮谷氏も次第に心を動かされる。原審を担当した弁護士と会い、「真犯人ではない」との言葉を聞いて、園の関係者とともにアリバイ証人捜しに奔走。北九州にいた証人を見つけ出し、「無罪証明書」を作成する。こうした努力が第三次再審請求審で、熊本地裁八代支部の再審開始決定（西辻決定）につながっていった。

獄中から潮谷氏に送った手紙は再審無罪判決を受ける八三年七月まで続いた。無実の訴えとともに、獄中で飼っていたカナリアの話や花作りなど獄中生活の意外な一面もつづっている。

この一〇〇〇通を超える手紙だけで、ドキュメンタリー映画「獄中の生」（九三年、小池征人監督、シグロ作品）が制作されている。

7　広範囲に網羅した資料集出版へ

高峰、牧口、甲斐の三人は市民研究員としての整理作業と並行して、免田事件資料保存委員会を結成。関係資料を広く網羅した資料集の出版を目指し、資料整理の進捗状況や新資料を随時報告するため会報「『地の塩』の記録」を発行して、さまざまな方々に協力を呼びかけたところ、全国から二〇〇人近い方々の賛同を得られ資金が集まった。

資料集は現代人文社から近く出版予定（時期は未定）。その時々の免田さんの心情が読み取れる一次資料である手紙類や裁判資料、新聞記事、関係者の論稿のほか、テレビ特集番組の概要なども収録する。ラジオ東京（現ＴＢＳ）制作の「目撃者の記録・ある死刑囚の手紙」（一九六〇年）や免田さんの米寿を祝う会でのあいさつは、音声と映像を併録する予定である。

菊池事件

国民的再審請求権の意義とその可能性

徳田康之
（菊池事件再審弁護団）

国立ハンセン病療養所内の特別法廷での差別裁判で、一九六二年九月一四日に無実を主張しつつFさんの死刑が執行された。特別法廷での憲法違反の裁判、無実の人を絞首刑にした誤った死刑を正すため、いま新たに一二〇五人の市民が原告となった「国民的再審請求」が始まっている。

（編集部）

1 はじめに

昨年一一月一三日、一二〇五人の市民が、熊本地方裁判所に対して、菊池事件の再審開始を求める請求書を提出しました。本稿は、国民的再審請求と呼ばれるこの再審請求に至る経過およびその法的根拠と歴史的意義について説明するものです。なお、前号の「死刑をめぐる状況」に掲載していただいた拙稿と多くの点で重複する点があることをご容赦くださ い。

2 菊池事件について

本論に入る前に、菊池事件について、ご説明しておきたいと思います。この事件は、ハンセン病隔離政策が最も苛烈な形で展開されていた時期に、熊本県菊池郡内の山村で起こった、同一被害者に対する二つの事件をさします。

ダイナマイト事件と呼ばれる前者は一九五一年八月一日に発生した殺人未遂事件です。被害者は、村役場の元職員であり、在職当時、熊本県の指示により、村内のハンセン病患者の家族関係や生活状況等を熊本県に報告していた人物でした。その人物の自宅に、深夜ダイナマイトが投げ込まれたというのがこの事件です。犯人として逮捕されたのは、被害者によってハンセン病患者であるとして報告され、熊本県から、国立ハンセン病療養所菊池恵楓園へ入所勧告を執拗に受けて抵抗していたF氏（注1）であり、通報を逆恨みしての犯行であるとの見込み捜査からの逮捕でした。F氏は、ダイナマイトの使用経験もなく、入手自体も出来ない立場であるとして全面否認しましたが、懲役一〇年の有罪判決を受けました。判決言渡しから一週間後にF氏は、菊池恵楓園内に設置されていた拘置所支所から逃走します。「有罪判決に絶望し、命を絶とうと思い立ち、その前に一目母と娘にあっておきたい」との思いからの逃走でした。当然警察を中心にして厳戒態勢が敷かれましたが、その二〇日後に全身二十数か所を刺された被害者の遺体が山中で発見され、その六日後に遺体発見現場にほど近い農具小屋に潜んでいたF氏が犯人として逮捕されたのです。通常、菊池事件というときには、後者の殺人事件をさしており、今回の再審請求も、この後者の殺人事件について行ったものです（注2）。

この殺人事件についてもF氏は全面否認しましたが、一九五三年八月二九日に死刑判決が言い渡され、四年後の一九五七年八月二三日上告棄却されて判決が確定しています。その後F氏本人によって三度の再審請求がなされましたが、第三次再審請求が棄却された翌日に死刑が執行されています。

3……国民的再審請求に至る経緯について

死刑執行後閉ざされていた再審への歩みが再び始まった切っ掛けは、一九九八年七月に熊本地方裁判所に提起された「らい予防法」違憲国賠訴訟でした。この裁判の開始を知って、F氏を支え、無罪獲得のたたかいの先頭に立ってきた、菊池恵楓園入所者の故入江信さんが動き出したのです。

提訴の翌年一九九九年の五月、会いたいとの連絡を受け菊池恵楓園を訪ねた私に、入江さんは、この国賠訴訟のなかで、菊池事件の真相を明らかにしてほしいと言われたのです。

私なりには、菊池事件のことを少し学んでいましたので、「あの事件は、えん罪だと思いますし、「特別法廷」で死刑判決がなされたことを許したことについて、弁護士としての責任を感じています。国賠訴訟の中で真相を明らかにするには限界もあり、遺族がおられるのであれば、再審請求ができるのですが」と話したのです。

入江さんの表情が一変しました。「えっ、遺族が再審請求できるのですか。それなら弟さんにすぐに話してみます。必ず賛成してくれるはずです」と言われたのです。

間もなく連絡を受けて、私は、菊池恵楓園の交流会館で、F氏の弟さんにお目にかかりました。誠実な方でした。一時間を超えた面談中、正座された姿勢を全く崩そうとしませんでした。再審請求についての私の説明を聞いたうえでの弟さんの発言は、つぎのようなものでした。

「兄が無実であることは、誰よりも私がよく知っております。ですから、兄の無実を明らかにするため、必死で支援しました。でも死刑になってしまった。再審をして無罪となって、兄は帰ってきますか？　帰ってはこんとでしょうが。私には、子どもがおり、立派に成人し、よか嫁ばもろうとります。子どもたちは、兄のことは知らんとです。私は、生きとる家族ば守らんとならんとです。兄には、申し訳けなかけど、再審して兄のことが知られることは、子どもたちの幸せを壊すことになります。ですから再審は出来ません。」

このように語る弟さんの悲痛な表情は、F氏の死刑が執行された後、小さな山村で、偏見差別に囲まれて生きてきた弟さんの苦難の日々と、それが報われて子どもたちに囲まれての現在の幸せの毎日とを雄弁に物語っていて、私には、説得の言葉が継げませんでした。

私としては、私の非力を入江さんにお詫びするしかありません。別室で待機していて私の報告を聞いた入江さんは、落胆されましたが、「それなら私が説得してみましょう」と言われたのです。

「らい予防法」違憲国賠訴訟の判決が言い渡されたのは、その二年後の五月一一日でした。入江さんからの連絡を心待ちしながら、勝訴判決の確定を目指して奔走していた私に、入江さんから、連絡があったのは、その直後の七月のことでした。「弟さんが決心したのでぜひ会ってくれ」と言われて、私は小躍りする思いで弟さんと菊池恵楓園で二度目の面談をしたのです。「再審されるのですね」と勢い込んで話す私に対して、弟さんは、首をふり苦しそうな表情を浮かべて、「入江さんには、兄も私も大変お世話になってきましたから、入江さんから熱心に言われると、ダメですとは言えないのです。でも私の気持ちは、前回と少しも変わっていないのです。再審は出来ません」と言われて黙りこんでしまったのです。私は、諦めるしかありませんでした。面談を終えた私を笑顔で迎えた入江さんに、ありのままをお伝えすると一瞬信じられないという表情をした後、全身から力が抜けたという様子で落胆され、長い沈黙が続きました。そして、私に、色あせたガリ版刷りの「獄窓に仰ぐ一〇年目の星わびしく」を渡してくれたのです。死刑執行の直前に雑誌「マドモアゼル」に掲載されたF氏の手記でした。昭和三七年七月五日と記載されていました。入江さんが何度も何度も手にした証として、手記は、隅の方が破れてぼろぼろになっていました。「私はもうこの年だから、これをあなたに差し上げます。私に代わって、どうかこの事件の真相を明らかにし、Fの名誉を回復してくださいい。私たちは、Fの無実を晴らさないでは死んでも死にきれないのです。」

入江さんのこの言葉が、私にとっては、菊池事件再審を実現することが自らの弁護士としての使命であると心に定めることとなりました。そしてこれが入江さんとのお別れともなったのです。

再審請求への着手とその挫折

入江さんから渡されたF氏の手記を何度も読み返して、私は、F氏の無実を確信するとともに、再審請求をすることは、日本の法曹界全体の責務だと考えないわけにはいきませんでした。

そう考えた私は、弟さん以外のF氏の家族を探すしかないと決心し、手を尽くした結果、手記に書かれていた娘さんが生存していることを突き止めたのです。そして、思い切って手紙を書きました。誰と同居しているのか不明でしたので、詳しいことは書けません。「お父さんのことでお会いしたい」というだけの短い手紙でしたので、反応があるかどうか不安でしたが、すぐに電話がかかってきました。こうして私は、娘さんとお会いし、F氏の手記をお渡ししたのです。手記には、「失われた十年の悲しみは返らないが、私は晴天白日の身となったら、故郷に帰って働くだろう。幸薄かった母の老後を幸せでうずめ、娘の父であることを誇らしげに名乗ろう。

そんな日の到来を疑わない」と書かれてありました。手記を初めてみたという娘さんの両目から涙があふれました。そして、「父の無念を晴らすことが出来るのならどうかよろしくお願いします。ただ、私と家族のプライバシーは守ってください」と言われたのです。その場で、確定記録謄写のための委任状をもらった私は、すぐに、熊本地方検察庁に謄写の申請を行い、入手した記録の検討を始めるとともに、大分県弁護士会の若手会員に呼び掛けて一〇名程度の弁護団準備会を結成して、再審請求の準備に着手したのです。

記録を精査して驚いたのは、次の三つのことでした。

第一は、審理が「特別法廷」と呼ばれる療養所内の仮設の法廷で行われていたことです。もちろん、「特別法廷」のことは、それ以前から知ってはいたのですが、最高裁判所の「菊池恵楓園で審理することを許可する」との決定書を目にして、ハンセン病隔離政策に、司法が全面的に加担していたことを改めて実感しました。

第二は、第一審の弁護人の犯罪的ともいうべき弁護活動でした。罪状認否において、F氏が無実であると主張しているのに、弁護人は「何も言うことはない」と弁論したうえで、検察官の請求した八十を超える証拠すべてを同意していたのです。こんなことが裁判所から注意されることもなく罷り通ったということに、この事件の審理が、恐ろしいまでに、憲法・刑事訴訟法の大原則を無視し、F氏の人間としての尊厳を無視したものであったことが赤裸々に示されていました。

第三は、有罪判決の柱とされていた凶器としての短刀に、全身二十か所以上を切傷して失血死させたはずなのに、指紋も血痕も付着しておらず、しかも、その発見された日時や経過が全く特定されていないうえに、凶器をめぐる親族証言との間に甚だしい矛盾があることが即座に分かったということでした。余りに杜撰な判決ではないかと怒りを禁じえなかったのです。

F氏の無実を確信し、再審請求書の作成に着手した私たちにとっての課題は、新証拠としての法医学鑑定書を入手することでした。心ある法医学者であれば、必ず鑑定書を書いてもらえるはずだと確信しながら、協力してくれる法医学者を探すことになったのです。

こうして迎えた二〇〇五年、菊池事件の再審請求に向けての大きなうねりを迎えることになりました。

先ず三月に、国が設置したハンセン病政策に関する「検証会議」の報告書が公表されたのです。報告書には、最高裁判所からの報告に基づいて、「特別法廷」が実に九五件も開廷されていたことが明らかにされ、憲法違反の疑いのあることが明確に指摘され、菊池事件に関しては、無実の疑いがあるとして、再審の必要性についても論究されていました。

続いて三月一八日、西南大学でシンポジウム「法における差別―ハンセン病問題とF事件」が開かれました。このシンポジウムは、同大学の平井佐和子教授が企画し主催されたものですが、菊池事件の上告審以後の主任弁護人を務められた故関原勇弁護士が、基調講演をされ、パネルディスカッションにも参加されました。パネリストの一人として参加した私は、ハンセン病に対する偏見が厳しかったあの時代に文字通り粉骨砕身F氏の無実を明らかにするために努力された関原先生のお話に、感動して言葉を失いました。終了後の懇親会の席で、関原先生から、「再審についてのバトンをあなたに引き継ぐことが出来て長年の肩の荷が下りた」と言っていただき、私は、改めて自分が果たすべき使命の重さを実感したのです。

更に、五月一四日には、ハンセン病市民学会(注3)が菊池恵楓園で結成大会と第一回の交流集会を開催し、その分科会で、菊池事件が取り上げられ、平井教授が「菊池事件を再考する」との基調報告を行って、市民学会として、菊池事件の再審に向けて取組んでいくことの必要性が確認されました。

そのうえで、八月には、菊池事件をテーマにした中山節夫監督の映画「新あつい壁」の構想が固まり、その制作上映実行委員会が結成されたのです。委員長に就任したのは故坂本克明牧師(注4)で、二〇〇六年八月の完成を目指して活動を開始したのです。

こうした大きな流れの中で、私たちは、京都大学法医学教室出身の山本啓一先生と出会うことになりました。龍谷大学法学部の福島至教授が主催された「検死制度研究会」に参加する機会を得た私は、その主要メンバーである山本先生と面識を得て、菊池事件の有罪判決の柱となった法医学鑑定書を全面的に見直す鑑定書の作成をお願いすることが出来たのです。五月三一日付けで完成した鑑定書には、被害者の遺体の創傷の内、凶器とされた短刀では形成不可能なものがあり、犯行が単独犯であれば、この短刀は凶器ではありえないことが明らかにされていました。

こうして私たちは、再審請求に関する準備を整え、再審請求書の起案を開始したのです。

しかし、この年の一一月、思わぬ出来事が起こりました。映画「新あつい壁」の制作を知ったF氏の弟さんが、その上映の禁止を求める民事調停の申し立てを行ったのです。弟さんと二度にわたって面談し、その心中を直接お聞きしていた私としては、この調停についての、結末がつくまでは再審請求を留保せざるを得ないと判断するしかありませんでした。F氏が無実であると確信しているはずの弟さんが、民事調停まで起こして、映画の上映中止を求めるということに、弟さんが置かれている状況の厳しさと弟さんの強い意思を感じたからです。

しばらくして調停は不調になり映画の上映活動が始まりましたが、私たちとしては、再審請求していいものかどうか、判断がつきかねました。相談すべき入江さんは既に他界しておられ、弟さんに連絡するすべもなかった私は、もう一度娘さんにお会いして、相談するしかないと考えました。その矢先の二〇〇八年七月、突然に娘さんから電話が入りました。「父の裁判はやめにしたい」とのことでした。驚いて理由を尋ねる私に、娘さんは、「父も私も叔父さんには大変世話になっている。その叔父さんから止めろと言われたら、断れません」と答えて、電話は切れてしまったのです。諦めきれなかった私は、手紙を何度か書きましたが、返事はなく、お聞きしていた携帯電話に電話したところ、「使われていません」とのコールが虚しく聞こえるだけでした。そして、九月に入り、弟さんの依頼を受けた関原先生から、再審請求はすべきではないと忠告されるに及んで、私は、再審請求を断念するしかないと判断したのです。

ただ、私としては、面談した際の、弟さんの「兄の無実は私が誰よりも知っている」との言葉と、娘さんが手記を手にして流した涙を忘れられませんでしたから、いつか、必ずその機会が来ると信じて待つしかないと腹を固めたのです。そして、娘さんに対して、返事のない手紙を書き、会ってもらえないと思いつつ住まいを訪ねたりもしていたのです。

国民的再審請求の問題提起を受けて

こうした私たちの動きとは別に、菊池恵楓園入所者自治会は、毎年九月一四日にF氏を偲ぶ「秋桜忌」を開催し続けてきました。二〇一二年は、死刑執行から五〇年となりますので、改めて菊池事件について考えてみようということになり、自治会を中心として実行委員会が結成され、シンポジウムが開催されました。この時、基調講演されたのが内田博文九州大学名誉教授でした。「検証会議」の副座長として検証会議報告書の作成に中心的に関与された教授は、早くから菊池事件について、再審請求すべきであるとの見解を表明されていましたが、この基調講演の中で、「特別法廷」の違憲性と憲法的再審事由の必要性に論及されたうえで、「F氏が死刑執行され、その遺族もハンセン病に対する偏見差別の故に再審請求できないという状況におかれているのに、公益の代表者を標榜する検察官が再審請求権限を行使しないというのであれば、主権者としての国民が再審請求する権利を有すると考えることが出来るのではないか」と提言されたのです。

私にとっては、まさしく衝撃的な提言でした。菊池事件は、「特別法廷」の違憲性を見過ごしてきた私たち法律家の責任が厳しく問われる事件です。私はそのように認識して行動してきたつもりでした。しかし、その私は、過酷な状況におかれている弟さんや娘さんに、再審請求するよう求めるばかりで、自らやれること、自らなすべきことをやっていないのではないかということを厳しく咎められたと受け止めました。

こうして、違憲国賠訴訟弁護団を中核として「菊池事件再審弁護団」が結成され、その第一歩として、検事総長宛の「再審請求要請書」を作成提出したのです。全文一六二頁の要請書の提出は、一一月七日のことでした。この要請書の提出は、いわば国民的再審請求権行使の前提条件というべきものでした。検察官が再審請求しない以上私たち国民が主権者として再審制請求に及ぶしかないというのが、この国民的再審請求の論理だったからです。

最高裁判所に対する調査要請から菊池事件国賠訴訟の提起まで

私たちは当初、どうせ検察庁は再審請求しないだろうと考え、しないという意向を確認できたら、すぐにでも国民的再審請求権の行使に移るという考えでした。検察庁に対して一六二頁にも及ぶ要請書を提出したのは、いつでも国民的再審請求に移る準備が出来ていたからです。

しかしながら、要請書の作成段階で、「特別法廷」の違憲性とF氏の無実を改めて確信した私たちは、要請書を提出した段階では、何としても検察庁に再審請求をさせたいという思いに変わっていたのです。

こうした考えから、私たちは、検察庁に再審請求させるための方策として、次の二つのことを始めたのです。

第一は、違憲国賠訴訟の支援に参加された全国各地の市民に対して、署名活動の要請を行ったということです。一定数の署名が集まると、これを熊本地方検察庁に持参し、次席検事と面談して、再審請求についての検討状況を確認するということを続けたのです。署名の総数は、最終的には、七万五〇〇〇筆に達しました。しかしながら、検察庁における検討状況を具体的に把握することは出来ませんでした。

こうした状況を打開するために次に実施したのが、最高裁判所に対する「特別法廷」についての検証要請でした。

検事総長に対する菊池事件再審請求要請をした翌年二〇一三年一一月六日、私たちは、最高裁判所に対して、「特別法廷」は憲法違反であり、これを許可したのは最高裁判所であるから、第三者委員会を設置して、その検証を行うべきであるとの要請書を提出しました。この要請活動に対して、多くの人は、最高裁判所は相手にしないだろうとの反応でした。しかし、私には、最高裁判所としては受け止めざるを得ないではないかとの確信に近いものがありました。要請書では、二〇〇一年の違憲国賠訴訟熊本地裁判決以後、国会も政府も隔離政策についての責任を認めて謝罪したのに、裁判所だけは、自らの隔離政策への関与について何一つ顧みていないということを厳しく指摘してあったからです。裁判員制度の導入をはじめとする司法改革の取組で、国民の司法への信頼ということを格別に重視している最高裁判所が、この「特別法廷」の問題を放置して国民から批判を招くようなことは絶対に避けたいに違いないと思ったのです。

最高裁判所は、私が想像したよりも迅速に行動を開始しました。総務局が予備調査として、全国の裁判所、法務省、厚生労働省に対して、「特別法廷」に関する資料の提供を呼び掛け、その資料提供を受けて、翌二〇一四年五月一九日、事務総局内に総務局長を委員長とする「ハンセン病についての公判の開廷場所の指定に関する調査委員会」が設置され、合わせて金沢大学の井上英二名誉教授を座長とする五名の「有識者委員」が任命されたのです。

約二年に及ぶ調査を経て、最高裁判所は、二〇一六年四月二八日、調査報告書と裁判官会議談話を公表しました。私が何よりも驚いたのは、裁判官会議の談話の内容でした。談話には「長きにわたる開廷場所の指定についての誤った差別的な姿勢は、当事者となられた方々の基本的人権と裁判というものの在り方を揺るがす性格のものでした。国民の基本的人権を擁護するために柱となるべき立場にありながらこのような姿勢に基づく運用を続けたことにつき、その責任を痛感します」と記述され、「ハンセン病に罹患された患者・元患者の方々はもとよりご家族など関係の方々には、ここに至った時間の長さを含め、心からお詫びを申し上げます次第です」と結ばれていました。記者会見で、ここにいう「差別的な姿勢」による運用とは、憲法一四条に違反する趣旨かと質問された最高裁判所事務総長は、「そのように受け止められて構わない」と答えています。つまり、最高裁判所が、憲法違反を犯したということを認めて謝罪したということを意味したのです。私には、前代未聞の画期的なことだと思われました。

と同時に、こうした最高裁判所の調査報告や裁判官会議の談話を受けて、検察庁は菊池事件について再審請求することになるのではないかとの期待も抱いたのです。

ただ、この最高裁判所の調査報告書には、よく読んでみると看過できない問題点も多く含まれていました。

第一には、その差別的な取り扱いの過ちを、「遅くとも昭和三五年以降」という制約付きで認めていたことです。菊池事件の審理は、昭和三五年以前に終了していますから、この調査報告書の見解を菊池事件にそのまま当てはめることは出来ないということです。

第二は、憲法違反を一四条違反に限定し、公開原則違反を否定していたことです。

検察庁が私たちの要請に対する回答を明らかにしたのは、

最高裁判所による調査報告書から一年が経過した二〇一七年三月三一日でした。「特別法廷」に関与した検察官としての責任を認めて謝罪はしたものの、菊池事件については、再審請求しないという態度を明らかにしたのです。

その理由として明らかにされたのは、次の三点でした。

第一は、菊池事件の審理は、憲法違反とは言えないというものです。

第二は、憲法違反は、現行法上再審事由とはされていないということです。

そして第三は、再度調査してみたが、確定判決には、再審請求しなければならないような誤りは見いだせなかったというものです。

私たちとしては、当初は、検察庁が再審請求しないという態度表明した時点で、国民的再審請求に踏み切ることにしていました。しかしながら、ある程度予想していたとはいえ、このような形で具体的に再審請求しない理由を示されると、このまま国民的再審請求に移行していいのかという不安を感じない訳にはいきませんでした。何よりも大きかったのは、最高裁調査報告書の前述の二つの問題点が検察庁によって全面的に利用されているということでした。

そこで、私たちは、新たな国賠訴訟を提起することを決めました。公益の代表である検察官が、菊池事件について、再審請求権限を行使しないのは、検察官としての職務上の注意義務に反する違法行為であり、国家賠償法による損害賠償義務があると考えたのです。これが菊池事件国賠訴訟と言われるものです。

菊池事件国賠訴訟判決の歴史的な意義

菊池事件国賠訴訟を提起した私たちの主たる目的は、次の四点にありました。

第一は、菊池事件の審理が憲法に違反するということを裁判所に明確に認めさせるということです。最高裁判所の調査報告が菊池事件に波及することを意識的に回避して「遅くとも昭和三五年以降」とした限界を乗り越えることが何よりも求められました。

第二は、菊池事件の審理が、憲法一四条違反にとどまらず、F氏の人間としての尊厳を侵害する憲法一三条違反であり、公開原則を定めた憲法三七条一項、弁護人の実質的弁護を受ける権利を定めた憲法三七条三項に違反するということを認めさせることでした。この内一三条違反については、最高裁判所裁判官談話に論及があり、可能性は十分あると判断されましたが、公開原則違反については、最高裁判所の調査報告が明確に否定していましたので、下級審の裁判官にこの点を認めさせるのは、至難の業だと覚悟せざるを得ませんでした。

第三は、現行刑事訴訟法には明文の規定はないものの、憲法的再審事由つまり憲法違反の審理がなされたことを再審事由として認めさせることでした。これは、国民的再審請求の法理の大前提というべきものですから、何よりも重要な獲得目標でした。

第四は、検察官の再審請求権限の行使は、自由裁量ではなく、一定の場合には、権限を行使しないことが、国賠法上違法になるということを認めさせることでした。ただ、この第四の点は、国民的再審請求権を行使するうえでは、必要のない論点でしたので、可能であればという目標に過ぎなかったということが出来ます。

こうした壮大な目標を掲げてみたものの、この国賠訴訟の最大の難関は、原告をどのように選定し、その原告の被害と検察官の再審請求権限不行使との因果関係をどのように説明できるのかという点にありました。この難関を突破する手掛かりとなるのは、最高裁判所の裁判官談話に記載されたお詫びの言葉が、「ハンセン病に罹患された患者・元患者」に向けられていたということでした。私たちは、原告として、違憲国賠訴訟の原告団の代表、全国ハンセン病療養所入所者協議会の代表、菊池恵楓園入所者自治会の代表からなる六人を立てることにしました。「特別法廷」の問題は、ハンセン病隔離政策の一環として、病歴者に対して、人間としての尊厳を認めず、憲法の適用外に置くという憲法違反の加害行為がなされたことを意味するのであり、菊池事件の再審により、「特別法廷」の違憲性を明らかにすることは、病歴者の人間としての尊厳を回復するうえで、必要不可欠であるということを因果関係論の中核に据えることにしたのです。

しかしながら、何よりも懸念されたことは、裁判所が、憲法判断を回避し、因果関係論を先行して判決をしてしまうということでした。因果関係が認められないと判断すれば、請求の趣旨としての損害賠償義務は認められないのですから、論理的には、憲法判断をする必要はないということになるからです。そうなればこの訴訟の意味は全くなくなることになります。この点を何とか乗り越えるためには、当然のことながら因果関係論を精密に組み立てるしかないのですが、限界があると考えるしかありませんでした。

そこで、私たちなりに考えたのは、次の二つのことでした。一つは、菊池事件の審理の非人道性を具体的に立証することです。そのためには、法廷で何が行われたのかということを証言に基づいて明らかにするとともに、法廷が開かれたとされる現場、菊池恵楓園に隣接して設置された菊池医療刑務所跡地を検証することが必要だと考えました。

もう一つは、法律家としての責任を徹底的に追及することです。このような憲法違反の審理で死刑判決が下されたということを歴史の闇に葬ることが法律家として許されるのかということを、裁判官の良心に訴えて迫るということを重視したのです。

提訴から二年六か月後の二〇二〇年二月二六日に言い渡された判決は、原告らの請求を棄却する敗訴判決でしたが、画期的なものでした。

第一に、判決は、菊池事件における「特別法廷」での審理は、差別的な取り扱いであるとして、憲法一四条違反を認めただけでなく、全体として、F氏の人としての尊厳を侵害するものであったとして、憲法一三条違反であると明確に認めました。

第二に、菊池事件の審理が行われた場所が隔離施設である療養所内や医療刑務所支所であったとして、憲法三七条一項、八七条の公開原則に違反する疑いがあると認めました。

これは、最高裁判所調査報告書の見解を真向から否定するものであり、下級審の裁判所の判断としては、実に画期的なものであると評価できると思います。

第三に、菊池事件における第一審の弁護人の行動を憲法三七条三項に違反するものとして厳しく指摘しました。(もっとも、この点は、控訴審の弁護人による献身的な弁護活動によって、かなりの部分が治癒されたとされています。)

第四に、現行法上明文の規定はないものの、上告理由に憲法違反があげられていること等を理由に挙げて、審理や手続きに憲法違反があり、その違反が、有罪か無罪かの実体的判断に影響を及ぼす可能性がある場合には、再審事由となりうることを認めました。

これは、おそらく、憲法的再審事由を認めた、初めての司法判断ではないかと思われます。

第五に、検察官の再審請求権限は、一定の場合に、その行使が、国賠法上違法とされる場合があるとの判断を示したことです。

判決は、本件においては、検察官が再審請求しないことを違法とは言えないとしましたが、一般論として、検察官の再審請求権限に羈束性を認めたことは、いわゆる西山事件に関する東京高裁の判決を乗り越える画期的な判断でした。

判決書を精読して痛感したのは、裁判所が私たちの問題提起に対して正面から判断してくれたということでした。前述したとおり、因果関係を認めないということであれば、その余について判断するまでもなく請求を棄却するとして、憲法判断を回避することも容易に可能だったはずです。こうした形で何度も裁判所から肩透かしを食らわされてきた私にとって、こうした裁判所の誠実な姿勢は、実に新鮮でしたし、控訴する必要性を全く感じさせない実質的な勝訴判決というべきものでした。

そもそも、この国賠訴訟の目的は、国民的再審請求権を行使する前提として、菊池事件の審理が憲法に違反するものであったことを明確に認めさせ、憲法的再審請求が現行法上認められるということについての裁判所の判断を得る点にあったのですから、目的は十二分に達成できたのです。

こうして国民的再審請求のためのすべての準備が整いました。入江さんとの出会いから、二一年という年月を経過しての再審請求の開始です。

4……………国民的再審請求の法的根拠と現段階

国民的再審の法的根拠とその意義について

国民的再審請求書の作成に当たって私たちが最も議論したのは、その法的根拠をどう基礎づけるのかということでした。弁護団の議論には、提案者である内田博文名誉教授にも参加していただき、様々な角度から、検討を重ねました。

現行刑事訴訟法の再審規定には明文がありませんので、憲法からその根拠を導き出す必要がありますが、直接その根拠にできるような条文はありません。憲法三一条一項が保障する迅速な裁判を受ける権利を侵害したとして免訴を言い渡した高田事件最高裁判決が用いた憲法的免訴事由の法理を参考にしながら根拠条文を探しましたが、結局のところ、憲法一二条に行き着くのではないかという結論に至ったのです。

憲法違反の審理で死刑にされてしまったという事件を、そのまま放置することを憲法が許すはずがないということを前提として、現行法上公益の代表者として唯一再審請求により違憲状態を是正しうる立場にいる検察官が、その責務を果たさない以上、主権者であり、憲法一二条により、「不断の努力によって」憲法が保障する自由及び権利を保持するよう求められている国民として、再審請求により違憲状態を是正するよう裁判所に請求する権利を有するのは当然ではないかと考えたのです。この憲法一二条について、佐藤幸治「日本国憲法第二版」（成文堂）は、「国民主権下において、憲法制定権力の担い手である国民こそが、憲法の保障の最終的責任の担い手であるとの原理を表現するもの」であるとしており、その故に、政府が権力を濫用し、立憲主義憲法を破壊した場合等において、国民が自ら実力をもってこれに抵抗し、立憲主義憲法秩序の回復を図る権利と関連付けて、国民が、このような「異常な事態における憲法保障機能」を有することを明らかにしたものとも解釈されています（同書六四頁）。憲法違反であると裁判所自体が認める審理によって無実を叫び続けた被告人が死刑に処せられたというのに、これが放置されるというのは、そのまさに憲法無視の異常な事態に該当するという考えです。

ただ、そうだとしても、憲法一二条から、直接的に再審請求権を導き出すというのは、法理論として、余りに飛躍があり過ぎるのではないかという疑問が最後に残りました。

その結果、私たちが出した答えは、憲法一六条の請願権の行使として再審請求を行うというものです。この請願権を裁判所に対して行使することについては、学説上見解の対立があります。司法権の独立を損なうというのが消極説の根拠ですが、再審請求は、裁判の内容に関して裁判所を拘束するものではなく、再審開始すべきかどうかを検討するよう裁判所に求めるにすぎませんから、司法権の独立を侵害することにはならないはずです。しかも請願は、あくまで要請であり、要請に応じることを拘束するものではありません。したがって、否定説の立場に立っても、請願権として再審請求を行うということを否定することにはならないのではないかと考えたのです。

しかも、請願については、請願法五条に「官公署において、これを受理し誠実に処理しなければならない」と規定されており、裁判所は受理して何らかの対応をすることが義務づけられていますので、裁判所としては、この再審請求書については、受理しなければならず、そのうえで、無視して放置することは出来ません。

こうした検討の結果、憲法一二条により憲法秩序を擁護すべき責務を課せられている主権者として、看過できない深刻な憲法違反状態を是正するために、請願権の行使として、再審請求を行うという、私たちの国民的再審請求権という「法理論」が固まりました（注5）。

つまり、この国民的再審請求は、菊池事件の再審をかちとりF氏の雪冤を図ることを目的としながら、ハンセン病隔離政策に加担し、「特別法廷」を開催し続けた司法の加害責任を追及するたたかいであり、同時に憲法を護るたたかいでもあるという性質をもつことになったのです。

再審請求書の提出とその後の経過

私たちは、こうした国民的再審請求に関する理論的な検討を進めながら、昨年七月一日、検察庁に対して、再度、再審請求要請を行いました。検察庁が、私たちの当初の要請を拒否する理由として挙げた三つの理由が、菊池事件国賠訴訟判決で悉く否定されたのですから、再審請求権限の行使について再考すべきだと迫ったのです。しかし、予測した通り、回答期限の八月末までに反応はありませんでした。

こうして私たちは、この国民的再審請求に請求人として参加してほしいとの呼び掛けを全国に行いました。その趣旨からして、少数の請求人では、意味をなさないと考えたのです。少なくとも五〇〇人は確保したいとの私たちの思惑をはるかに超えて、九月からの二か月間で、実に一二〇〇人を超える参加者を得て、一一月一三日、前代未聞の再審請求書を熊本地方裁判所に提出しました。

裁判所は再審請求事件としてこれを受理して検察庁に対して意見照会を行っています。三者協議の開催についての具体的な目途はたっていませんが、私たちは、必ずや再審開始決定を勝ち取りたいと念願しています。

5……おわりに

菊池事件は、飯塚事件（注6）と並んで死刑執行された事件についての再審請求事件です。この事件について再審開始が実現し、F氏の無実が明らかになることは、無辜の国民を、国家が殺害したということを意味することになりますから、死刑制度の存在意義を根本から問い直すことになります。それだけに、この事件の帰趨は、死刑廃止の運動に大きな影響をもたらすことは必定であり、再審開始のハードルは決して低くないと認識しており、そのことをしっかりと覚悟して全力を尽くすつもりです。

ここに改めてこの国民的再審請求に対する皆さまのご支援を願いながら、拙稿を閉じさせていただきます。

注

（注1）菊池事件は、従来は、Fの本名を冠した形で報道されてきましたし、F氏の生存中は、ご本人もそのことを了承しておられたのですが、ハンセン病に対する偏見差別に苦しめられ続けてきたご遺族の立場を考慮して、最近は、事件の表示を菊池事件とし、ご本人の表示についても、F氏ということにさせていただいています。

（注2）このダイナマイト事件についても再審請求すべきではないかとのご指摘を受けることがあり、私たち弁護団としても、二つの事件は密接不可分であり、その必要性を十分に理解しているのですが、これまでは、再審請求に必要な新証拠が準備できていないことから留保しています。憲法的再審事由が認められれば、早急に着手しなければならないと考えています。

（注3）二〇〇五年五月に発足した「ハンセン病市民学会」は、「らい予防法」違憲国賠訴訟に参加した当事者とその支援に参加した研究者・市民とによって結成された、市民と名前の付く日本唯一の学会です。毎年五月に一〇〇〇人以上の会員が参加して交流集会を開催し、ハンセン病に関する様々な課題について調査検討して提言を行い、交流を深めること等を目的として活動を続けています。

（注4）故坂本克明牧師は、教戒師として、F氏と何度も面会を重

ねていた人であり、F氏の無実を確信して、その再審に関わり続けた私たちにとっての恩人というべき先達です。F氏の公判において廷吏として勤務した元事務官から、法廷では、裁判官、検察官、弁護人を含む関係者全員が予防着を着用し、証拠物を箸で扱う等F氏をまるでばい菌のように対応してしまったとの告白を受けた事実を公表し、「特別法廷」の非人道性を告発し続けました。最高裁判所による「特別法廷」調査委員会の調査においても、貴重な証言を行っています。坂本牧師の証言があったからこそ、最高裁判所は、「特別法廷」の誤りを認めたのだといっても過言ではありません。

牧師が生きておられたら、国民的再審請求の先頭に立たれたことだと思います。

（注5）憲法一六条は、請願権の行使主体について、「何人も」と規定しており、日本国民であることを要件としていません。そうだとすると請願権の行使としての再審請求を国民的再審請求とするのは、おかしいのではないかとの指摘を受けることがあります。確かにその通りで、請求人を募るに際して日本国籍という条件は附しておらず、外国籍の人たちも請求人に加わっていますので、市民的再審請求というべきだとは思っています。

ただ、今回の請願権の行使は、憲法一二条に依拠しての、重大な憲法違反を是正する主権者としての権利行使でもあるという点を強調するために、当面、国民的再審請求とすることにしています。

（注6）飯塚事件は、一九九二年二月に福岡県飯塚市で発生した女児二名に対する誘拐、強制わいせつ、殺人、死体遺棄事件です。犯人として逮捕された久間三千年さんは、捜査段階から一貫して無実を訴え続けましたが、死刑判決が確定し、二〇〇八年九月に死刑が執行されています。翌年九月に遺族が再審請求を行いましたが、最高裁判所は、本年四月二一日に特別抗告を棄却しました。これを受けて、遺族は、七月九日、第二次再審請求書を福岡地方裁判所に提出しました。今回の再審請求では、事件当日に事件現場付近の有料道路で、真犯人ではないかと思われる人物が運転する車両内に被害者らしい女児二名を見たとの目撃供述を得ての再審請求です。

年報・死刑廃止2021

袴田事件の差し戻し決定

2018年6月11日の東京高裁による再審開始決定の取り消しに対し、
昨年12月22日、最高裁がその決定を棄却、高裁へ差し戻した。
最高裁の決定の意味と、今後の再審の展望は。
小川秀世袴田事件弁護団事務局長に執筆していただいた。
（編集部）

小川秀世
（袴田事件弁護団事務局長）

写真提供・袴田さん支援クラブ

1……二〇二〇年一二月二二日付最高裁決定

二〇二〇年一二月二二日、最高裁は、再審請求を棄却した東京高裁決定を取消し、東京高裁に差戻す決定をした。差戻し前の東京高裁決定は、とんでもない決定であったから、当然取り消されるべきものであったが、万が一特別抗告が棄却されれば、釈放されている袴田巖さんが収監されるかもしれなかった。その危険がなくなったことでは、正直ほっとした気持ちもあった。

2……最高裁決定には特別の思いが込められている

今回の最高裁決定は、残念なことに、東京高裁への差戻しであり再審開始ではなかった。つまり、静岡地裁の再審開始決定の二つの柱であったDNA鑑定やみそ漬け実験報告書等について、いずれも再審開始の要件である証拠としての明白性を認めなかったのである。とくにDNA鑑定は、本田克也教授や、弁護団のDNA班と呼ばれていたメンバーが懸命に取り組み、それを静岡地裁が正しく評価してくれていたものであったし、それに対する東京高裁の判断は、取消決定の中でもとくにひどいところであったから、最高裁がそれを容認したことは大いに失望した。

加えて、東京高裁における録音テープなどの「遅すぎる」証拠開示によってはじめて明らかになった警察官の偽証等を理由にした新たな再審事由の申立てに対して、その東京高裁がいわば「遅すぎる」として不当にも却下していたが、それについても最高裁は判断を示さなかった。

このように、最高裁決定については、私たちには納得しがたいところがいくつもあった。しかし、それでも私たちは、この決定は最高裁の五人の裁判官の、特別の思いが込められたものであり、これまでの裁判所の判断を超えた判断が含まれていると考えている。

最高裁は、証拠の明白性を認めなかったのであるから、論理的には再審請求を棄却することもできたはずである。しかし、棄却して再度の再審請求手続きを求めるのではなく、東京高裁決定を取消した上で、さらに審理を尽くすように命じたのである。もちろん、棄却すれば袴田さんの再収監という大きな混乱が生じ、世界中から注目されることになることは避けられない。しかし、それでも今回の判断の内容は、最高裁の中での真剣な議論を経た上で、いわば袴田さんを救済するためのありうる次善の方向であったことが感じられるのである。

また、三名の裁判官による多数意見は差戻しであったが、

袴田事件の差し戻し決定

少数意見となった二名の裁判官は再審を開始すべきであるとの判断であり、しかも、少数意見の裁判官はもちろん、多数意見のうち二名の裁判官も、個別意見を書かれていた。そして、それらの中身をみると、弁護団の中でも議論がされていなかった問題も含め、最高裁の中で本当に熱心な議論行われていたことが伝わってくる内容であった。これらについては、後に述べることにする。

3……偏見にとらわれなかった最高裁

一番重要な点は、差戻し決定をみると、財田川事件の最高裁の差戻し決定のように、袴田事件は有罪とするには証拠が不足しているとの判断がなされたと読み取ることができることである。つまり、死刑事件であるこの事件について、最高裁が誤判であることをはっきりと認識したことが、今回の差戻し決定につながったと考えられるのである。これを説明しよう。

五点の衣類についての偏見

この事件は、五点の衣類が中心証拠であり、それが犯行着衣でかつ袴田さんのものであるとの認定によって有罪とされてきた。ところが、実際には五点の衣類が犯行着衣であるとする根拠などなかったのである。

五点の衣類は、事件発生から一年二か月も経過した時点で、袴田さんが住み込みで働いていた現場近くのみそ製造工場内のみそタンクの底部から麻袋に入った状態で発見された。それまで犯行着衣とされてきた袴田さんのパジャマには、目に見える血痕すらなかった。そのため、鑑定の結果、袴田さんの血液型でない型の血液が検出された（当初は発表もなかった点などから、これもきわめて怪しいが）という理由で犯行着衣であるとして逮捕され、取調べでも繰返し追及されていた。しかし、犯行着衣であれば、相当の返り血が付着していたはずである。このように、返り血が付着した衣類がないという事実は、冤罪ではしばしば問題になる論点であり、この事件でも、本当にパジャマが犯行着衣なのか大いに疑問があった。

ところが、そうした疑問が残ったまま進んでいた公判の最中に発見された五点の衣類には、多量のかつ複数の血液型の血が付着していた。被害者四人は、すべて異なった血液型であったのだ。

しかも、衣類の中にあった緑色ブリーフは、会社の同僚らが口をそろえて袴田さんのものだと供述し、さらに、突如行われた警察による五点の衣類発見直後の捜索においてズボンの共布が袴田さんの実家から発見されたというのだ。少なくとも、衣類が袴田さんのものであることは間違いないと思わせるような証拠がそろったのである。

しかし、五点の衣類が発見された時、袴田さんはこの事件の公判中で、当然、拘置所に入っていたから、みそタンクに入れられるはずがない。そのため、関係者や警察官は、本当は論理が逆なのであるが、「袴田のものなのだから……事件直後に隠されたとしか考えられないし……それなら犯行着衣だ」と思い込んでしまった。もちろん、発見直前に入れられた可能性も一応考えたかもしれないが、その場合、警察によるねつ造工作と考えるしかない。ところが、そこで「警察によるこれほど大がかりで手の込んだねつ造などありえない」という偏見が強く影響した。そのため、証拠のないまま、「発見直前に入れられた可能性は考えられない」とされ、弁護人すら事件直後に隠された犯行着衣であると思い込んでしまったのである。そのため、再審請求がなされるまで、弁護人は、犯行着衣であることを争うことすらしなかった。その結果、「衣類は袴田のものか否か」という点だけが争点となり、「犯行着衣か否か」の検討がなされないままになってしまったのである。

再審請求後の裁判所の対応

第一次再審請求申立後、弁護人は、五点の衣類は発見直前に入れられた警察によるねつ造証拠であると主張してきた。しかし、ねつ造を裏付ける決定的証拠がないと判断されてきたこともあり、その主張はずっと無視されてきた。

例えば、第一次再審請求のときの最高裁は、まったく根拠がないのに、「これら五点の衣類及び麻袋は、その発見時の状態等に照らし長期間みその中につけ込まれていたものであることが明らかであって、発見の直前に同タンク内に入れられたものとは考えられない」と証拠のないまま一年二か月前にみそタンクに入れられたと認定し、だから犯行着衣であることは間違いないとされたのである。しかし、証拠に基づかない認定がそのまま維持できるはずがない。

第二次再審請求の申立ては、この最高裁の判断をターゲットにした。五点の衣類発見時の状態は、二〇分もあれば作ることができるとするみそ漬け実験報告書を新証拠としたのである。それをふまえた上でのDNA鑑定であった。

そして、静岡地裁において、五点の衣類に付着している血痕は被害者のものでないし、犯人のものとされた血痕は袴田さんのものではないとする本田克也教授の決定的なDNA鑑定がなされた。さらに加えて合計三通のみそ漬け実験報告書等を根拠に、五点の衣類の色と付着していた血液の色からすると、事件直後に入れられたとは言えないことも明らかにされた。その結果、静岡地裁の再審開始決定は、警察によるね

袴田事件の差し戻し決定

つ造証拠の可能性が高いと認定したのである。警察によるねつ造などと言明する裁判所も、珍しいように思うかもしれないが、これは上記証拠からすれば当然の帰結であった。

ところが、東京高裁決定は、上記の二つの重要な新証拠の信用性をいずれも否定したことから、再び、五点の衣類について、単に「警察によるねつ造などありえない」という偏見だけでもって犯行着衣であると判断していた。偏見というのは、本当に根深いものであることを思い知らされたのである。

誤判であるとの最高裁の判断

今回の最高裁も、ＤＮＡ鑑定や色に関する証拠であるみそ漬け実験報告書等を、明白な証拠とは認めなかったことは東京高裁と同様だった。にもかかわらず、五点の衣類が事件直後に入れられたと認定する明確な根拠はないとして、発見直前に入れられた可能性があることを認めたのである。

これは、きわめて重大な判断であった。

第一に、これは、第一次再審において五点の衣類は「発見時の状態等に照らし長期間みその中につけ込まれていたものであることが明らか」とした最高裁の前記判断を直接否定したということである。その結果、犯行着衣とした認定の根拠がなくなったのである。

第二に、五点の衣類が発見直前に入れられたとすれば、ねつ造証拠ということになる。つまり、「ねつ造」という言葉は使用していないが、最高裁は偏見にとらわれないで、五点の衣類がねつ造証拠である可能性を認めたということであり、同時に、新証拠以前の問題として、確定判決が誤っていたと判断したということである。

死刑事件について、確定判決に誰がみても明らかな誤りがあった、しかも中心証拠の核心的部分の認定が誤っていたということである。これは最高裁にとっても衝撃であったに違いない。だからこそ、なんとかこの事件は救済すべきであると判断し、今回の差戻し決定になったと考えられるのである。

4……差戻し決定の具体的な内容

第一に、ＤＮＡ鑑定である。ＤＮＡ鑑定は、犯行着衣とされた五点の衣類と、被害者着衣について行われたものであった。再審開始決定では、本田鑑定により、犯行着衣の返り血が付着したように見える部分の血痕のＤＮＡは被害者のＤＮＡと一致しなかったし、Ｂ型ゆえに、袴田巖さんの血痕と言われていた半袖シャツ右肩上部の血痕のＤＮＡも、同人のものではないとの結論であった。だからこそ、静岡地裁は、五点の衣類が警察によるねつ造証拠の可能性があると認めたのである。

本田教授は、鑑定の前処理であるが、静岡地裁から五点の衣類には、汚染（コンタミネーション）のおそれがあるから、血痕部分の試料についてのＤＮＡ鑑定結果が、付着血液のＤＮＡであると言えないと困るという注文が出され、独自の方法を考え出し、使用したのである。それが細胞選択的抽出法である。これは、血液の細胞は他の細胞と比較して比重が大きいと考えられるから、比重の相違を利用して血液細胞を選択するという方法である。

ところが、これが本田教授の考案した新しい方法であったことから、検察官が動員した学者が、次々に疑義を呈示した。そのため、即時抗告審で鈴木鑑定が行われた。しかし、鈴木鑑定は、裁判所の鑑定事項に即した鑑定すら実施しないままに結論を出しており、証人尋問でも圧倒的に本田教授の証言に説得力があった。だから、誰もが、静岡地裁の再審開始決定が維持されると考えていた。ところが、それが取り消されてしまったのだ。

今回の最高裁は、結論的には、ＤＮＡ鑑定については東京高裁決定の判断を承認した。それは、みそ漬けになった古い血痕であるから、ＤＮＡが変性し劣化していることは否定できず、だから鑑定をそのまま信用することはできないというのだ。その理由として、同じ試料を二つに分けてＤＮＡ鑑定を繰り返しても、続けて同じ型が検出されないことが多かったこと、稀少性があり日本人には見られない型がいくつも検出されたこと、本田教授自身本件の試料にはコンタミがあることを認めていること等であった。

しかし、本田鑑定では、血痕の付着していない部分から採取したほとんどの対照試料からはＤＮＡが検出されなかった。ということは、血痕部分の試料から検出されたＤＮＡは、コンタミを拾ったのではなく、血痕のＤＮＡと判断する方が常識的な解釈である。しかも、今回の鑑定は、同一人でないことが確認できればよいのであり、一つでも型が異なればそう判断できるはずである。

また、事件当時は売血が行われていたのだから、外国人の血の入った売血がねつ造に使われたとしても不思議ではなく、そうであれば日本人にはほとんど見られないＤＮＡ型が検出されても不思議ではない。

ただし、差戻し前の東京高裁は、本田教授の鑑定の方法に、資料が意図的に処分され、あるいは隠されたなどの疑いをもったり、本田教授自身のＤＮＡによって試料を汚染させたもので、技術的に劣った、あるいはずさんな方法によって実施されたというような根拠のない不当な批判まで加えていた。しかも、東京高裁の決定をみた他の著名な刑事弁護士が、むしろＳＴＡＰ細胞事件が暴かれたことを思わせるかのように賞賛していたことには失望したし、怒りを覚えた。しかし、

袴田事件の差し戻し決定

最高裁は、そんな東京高裁の姿勢と判断に対して、本田供述の人格攻撃的な説示をしたのはあえて不適切であり不正確であるとあえて述べ強く批判したことは、とても心強く感じた。

そうは言っても、本田教授のDNA鑑定が否定されたのは不当であるし、非常に残念であった。

5 血液の色についての判断

先に述べたとおり、確定判決が誤りであったという最高裁の判断が、血液の色について審理を尽くせという差し戻し決定につながったと考えられる。

五点の衣類に付着していた血液は赤みが残っていた。しかし、一年二か月間もみそに漬かっていたのであれば、誰もが赤みが残っていることが少しおかしいと感じるのではないかと思う。同様に、五点の衣類のうちの白い生地であった白半袖シャツやステテコのみそによる着色の程度もとてもわずかなものであったから、同じようにおかしいように思われた。これらは、いずれも静岡地裁が再審開始決定の理由の一つとしたところである。

しかし、血液は、赤みが残っているか否かということで、わかりやすいこと、また、単に染色ということではなく、化学反応が影響するであろうから、論じやすいということもあったと思う。しかも、最高裁は、昭和四二年当時のカラー写真は、再現性が悪いから証拠として使用することは不適切であるという東京高裁の判断を承認したため、五点の衣類のみそによる着色の程度は問題にできないとしてしまっていた。

その結果、最高裁は、五点の衣類に付着していた血液の色だけを審理させることとしたのである。

ただ、最高裁が、血液の色によって衣類が入れられた時期が判断できると考えたのは、前記のとおり、もともと入れられた時期に関する確実な証拠が何もなかったからである。

弁護団は、即時抗告審において、メイラード反応による血液の色の褐色化を主張した。だから、一年二か月前にみそ漬けにされたのであれば、赤みが残っているはずがないと主張したのである。

メイラード反応というのは、糖とアミノ酸による褐色化の反応で、熟成によってみそが色づく要因たる反応である。しかし、メイラード反応がどのくらいの期間で、どの程度色の変化に影響するのかは、まったく不明であった。そこで、最高裁は、褐色化の原因の一つとして考えられるメイラード反応がどの程度進行していたかを含め、一年二ヶ月間のみそ漬けにより赤みが残るか否かを判断せよと指示したのである。

6……東京高裁における審理の状況

検察官の意見書

検察官は、東京高裁に、一号タンクの中のみそはメイラード反応の進行は進んでいなかったから、血液も赤みが残っていた可能性があるとの二名の専門家からの事情を聞いた捜査報告書と意見書を提出した。

しかし、メイラード反応が進行していなかったというのは、みその色が比較的薄い色であったという、五〇年前のみその色についてのみそ会社の従業員の記憶による。そもそも五〇年前の記憶がどのくらい正確か疑問である上、みその色が比較的薄かったから血液のメイラード反応も進行していなかった、だから赤みが残っていたというのは、論理の飛躍があると考えられる。みその色だけでメイラード反応の進行度合いがわかるのか疑問であるし、しかも、それがどのくらい血液の色の変化に影響を及ぼすのか、実験もされておらず、正しく判断できる専門家などいないはずだからである。なにより、次に述べるように、メイラード反応以外でも血液の色を褐色化、黒色化する要因があるのである。しかも現実に、血液は短期間のみそ漬けで、いや短時間のみそ漬けで黒くなるのである。人血の付着した布をみそに漬ける実験をこれほど繰返したのは、ほとんど我々弁護団と支援者しかいないはずである。

支援者と弁護団の繰返しの実験

一年二か月も経過すれば、常識的にも、血液は真っ黒になるのではないかと誰もが考えるであろう。ただ、みその中での化学変化等について、醸造中のみそは有機物で微生物もいるような複雑な環境であるため、どのくらいの期間ないし速度でメイラード反応を含めた褐色化の化学反応が進行するのかわかるのか、という疑問もあるのかもしれない。しかし、私たちはまったく心配していない。

五点の衣類がみそタンクに入れられた時期として可能性があるのは、事件直後である発見の一年二か月前か、そうでなければ、発見の一週間前から発見時までの期間である。その間の約一年二か月間は、八トン以上のみそが一号タンクに入っており、発見時のようにタンクの底に衣類の入った麻袋を入れることは物理的に不可能であったからである。したがって、五点の衣類がいつ入れられたか厳密に確定する必要はなく、上記二つの時期のうち入れられたのはどちらかという問題なのである。だから、その判断はさほど困難ではない。

そして、実際に私たちは、いろいろな条件、つまりみその種類を変え、熟成が進んでいないもの、進んだもの、白みそ、赤みそ、さらには水分を多くするためにみその滲出液であるたまりやそれと混合したみそなどを使い、また血液もいろいろな条件を考え、採取した直後のもの、数時間経過したもの、複数の血液型のものを混合した血液など、考えられるあらゆる条件の実験を行った。こんなに色々な条件で実験ができたのは、実験の場所に来ていただいて血液を何度も採取していただいた医療関係者の支援、さらにこちらの注文の原料で事件当時と類似のみそを造っていただいたみそ屋さんの支援によるところが大きい。そして、支援者の家に寝袋持参で泊まり込んで、みそ漬け等の時間を変え、血液の採取からみそ漬けまでの時間を変えて、実験を実施したのである。

その結果、本当にどんなものでも、どんな条件でも短時間で黒くなることが確信できたのである。

さらに、支援者の一人で、夫が医師で家庭の主婦の方が、家庭の調味料などに血液を付着させた布等を浸す実験をしてくれた。水、醤油、たまり、米酢、日本酒、サラダ油、みりん、豆乳、ポッカレモン、さらに蜂蜜まで使用して血液を付着させた布等を漬けたのである。そして、この実験によって、酸性の液体の中では布に付着した血液がすぐに濃い褐色になることが判明した。そして、調べてみるとみそは弱酸性であった。吐血が胃酸によってヘモグロビンが変化して黒くなるということは、この実験で理解できたが、これもきわめて重要な発見であった。

これらは簡単な実験であるから、誰がやっても同じである。一年二か月どころか、短期間で赤みが消えてしまうという結論は、もはや動かせないのである。それは、メイラード反応が進んでいなくても何も問題がないことになる。

現在、私たちの実験について科学的な説明を専門家にお願いしている段階である。

今後の審理の見通し

今述べたとおり、検察官の主張のように、仮にメイラード反応が進行していなくても、現実に血液は短期間で赤みが消えて黒くなってしまうのである。しかし、検察官は、メイラード反応は進んでいなかったというだけで、どのような条件があれば赤みが残るのかという指摘すらできないでいる。

そもそも、検察官自身が、差戻し前の東京高裁に提出した中西実験では、みその材料から始めて、熟成前のみそがほとんど着色していない薄い色のときでも、すでに血痕は黒っぽくなっているのである。検察官が、それはメイラード反応でないというのであれば、別の要因があるということになる。そうすると、メイラード反応が進んでいなかったという検察官の前記意見書は、何の意味もないということになるが、検察官は、それにはまったく触れていない。

こんな状況であるので、私たちは東京高裁の審理を終え、えている。

再審開始を勝ち取るために、今後さほど時間を要しないと考えている。

7……袴田さんと強力な支援者

袴田巖さんは八五歳であり、糖尿病ではあるが元気である。八八歳のひで子さんと二人の生活であるが、ひで子さんも高齢であるため、毎日、支援者の中心人物の一人である猪野待子さんが袴田家を訪問し、生活の支援をしている。待子さんは、そのために巖さんから絶対の信頼を受けており、注射を怖がり必ず拒否する巖さんに対して、待子さんだけがインシュリンの注射をすることを許されている。

巖さんは、釈放後の習慣であるが、毎日五、六時間は街の様子の見回りのため外出している。これは散歩というようなものではなく、「絶対的権力者」である巖さんが、「ばい菌」から人々を守るための仕事なのである。そして、そんな巖さんを見守るために、支援者の人たちも毎日必ず、交代でずっと付き添っている。袴田さんには日曜日も祝日も盆も正月もなく、当然、見守りも文字通り毎日である。本当に強力で暖かい支援である。そして、こうした支援の人達との交流によって、袴田さんは、ほんの少しずつではあるが、普通の生活を取り戻しつつあるところである。

浜松の街の人達も、巖さんが歩いているのを見つけると、暖かい声をかけてくれる。勉強会ないし集会も、毎月浜松市内で開催されている。ホームページやブログも次々に更新されている。心配なことと言えば、ひで子さんが、このコロナ下でも、呼ばれればすぐに全国どこにでも出掛けてしまうこと位である。ひで子さんは、本当に活動的なのである。

巖さんが釈放されたことで、こんなふうに巖さんをめぐる状況も激変した。再審無罪への道も、ずっと速度を上げることができたと思う。

私たちは支援者とともに弁護団会議を開催し、合宿も行い、そのため弁護団と支援者の共通のメーリングリストを利用して意見、情報を交換している。このような協力関係にあるから、先に述べたとおり、繰り返し行ってきたみそ漬け実験も、そのための採血も、支援者の力によるところが大きいのである。さらに、クラウドファンディングにも、全国の多くの方が賛同、協力していただき、DNA鑑定の関連を含め、幅広い弁護活動ができているところである。

こうした支援に応えるためにも、弁護団は一日も早く再審開始を勝ち取りたいし、間もなく勝ち取ることができると考えている。

「償いの色鉛筆、取り上げないで」

色鉛筆訴訟報告

黒原智宏（弁護士）

昨2020年10月26日付で「被収容者に係る物品の貸与、支給及び自弁に関する訓令の一部を改正する訓令」が出され、今年2月1日から未決及び死刑確定者の鉛筆削り、色鉛筆の房内所持が認められなくなった。獄中で絵を書くことを生きがいにしている死刑囚も少なくない。鉛筆削りで自殺者が出たことを契機にこの訓令が出たのである。この訓令の取り消しを求める訴訟について報告していていただいた。写真は没収される前に宅下げされた鉛筆削りと色鉛筆。鉛筆削りのネジは刃が取り外せないように潰してある。

（編集部）

写真提供・監獄人権センター

1 はじめに

二〇二一（令和三）年七月三〇日、死刑確定囚である奥本章寛さんにおいて、色鉛筆と鉛筆削りの使用を禁止する訓令の取消し及び色鉛筆と鉛筆削りを使用できる地位の確認を求めて、東京地方裁判所に訴訟を提起した。

本稿は、その内容を報告するものである。

2 これまでの経過

生い立ち

奥本章寛さんは、一九八八（昭和六三）年二月、福岡県の山あいの小さな集落で、男三人兄弟の長男として生まれた。小学校のころから剣道に打ち込み、中学校、高校では主将を務めるなど五段の腕前である。性格は純朴そのもので、家族への思いが強く、笑顔豊かで気遣いをよくする、心優しい青年である。

地元の高校を卒業後、二〇〇九（平成二一）年三月、奥本さんが二一歳のときに、就職をしていた先の宮崎県にて結婚、同年九月には子が誕生する。

宮崎家族三名殺害事件

二〇一〇（平成二二）年三月一日、自宅において、子、妻、義理の母の三名を殺害するに至る。その動機について、弁護側は、「義理の母からの陰湿ないじめや度重なる理不尽な暴言・暴力さらには大切に思う故郷を強くなじられたことが重なり、視野・判断が狭窄した結果によるもの」として無期懲役への減刑を求めたが、同年一二月、宮崎地方裁判所は「家庭生活に鬱憤を募らせ、すべてから逃れて自由になりたいと思った動機に酌量の余地はない」として死刑判決を下し、二〇一四（平成二六）年一〇月、最高裁で確定した。

私は、逮捕の翌日に当番弁護士として出動、その後は国選弁護人として活動をしてきた。

作画が開始されたきっかけ

宮崎地方裁判所で死刑判決が言い渡され、説得のうえで控訴審に進んだちょうどその頃、奥本さんから私の母宛てに、桜の木を色鉛

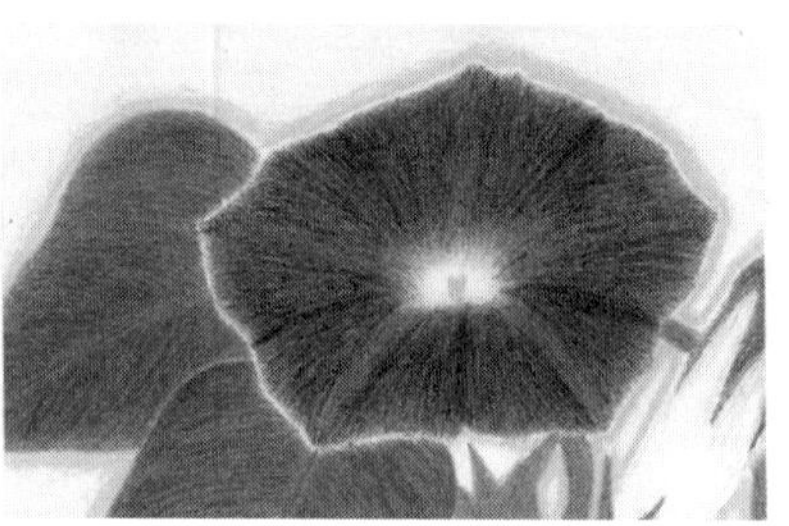

奥本章寛さんと被害者家族を支える会発行の絵はがきから

筆で描いた自作の絵はがきが届いた。純朴な彼の人柄がストレートに伝わるその絵を見て、「心がとても温かくなった、またつぎも絵を描いてほしい」と求めたのが、最初のきっかけである。

奥本さん自身は、剣道青年であったために、絵を描いた記憶は、小学校のスケッチ大会くらいのものであったようである。しかし、植物の絵を描くことで、早くから「集中するので、心が落ち着く」と述べていた。

そのうちに、私の事務所には、奥本さんが描いた数枚のはがき絵―この当時の絵は、花などの植物がほとんどである―が集まってきた。並べているうちに、「奥本さんが描いた絵を絵はがきにして販売し、収益を被害弁償として遺族に届けよう」という着想を得た。

奥本さんには、事件直後から、出身地のみなさんを中心に、奥本さんとその家族を支える会が発足、差入れする物を持ち寄り、事件や裁判の内容を報告する集会を開くなどの活動が始まっていた。

被害弁償

控訴審段階に至ると、支える会の内部で、この事件でひとり遺された遺族の方にも支援をしていきたいとの機運が高まり、上記支える会は、「奥本さんと被害者家族を支える会オークス」（以下「オークス」という）という団体となり、活動が本格化した。

一般の方も参加可能な映画上映会や、識者を招いての講演会を開催し、その際に、奥本さんの絵をもとに、絵はがきセット、カレンダー、うちわなどを製作して販売、その収益を被害弁償金の一部として遺族の方に届けることが開始された。

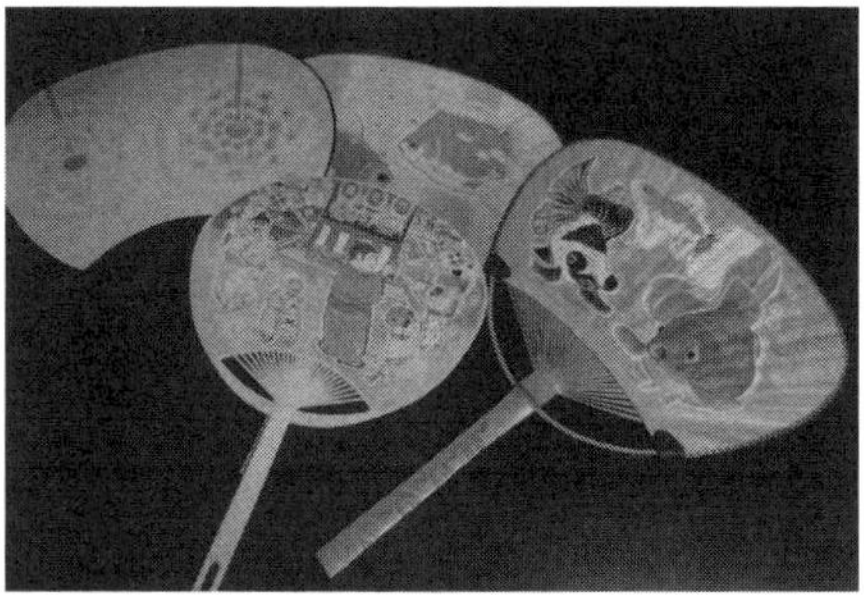

奥本章寛支援“うちわ”。2016年夏、オークス作成

求菩提山のお田植え祭り

本年六月に事務所宛てに奥本さんから届いた手紙には、「絵を描くのは、私が生きている間に少しでも多くの謝罪金を被害者御遺族にお渡ししたいためです」とあり、色鉛筆が使えなくなった現状について、「ただただ改善を望んでいます」と述べていた。

心の平穏

このように、奥本さんの色鉛筆を用いた作画活動は、当初から意図されたものではなかったものの、次第に、被害弁償に結びつくかたちに発展していった。

他方、作画活動を通じて被害弁償に繋がるとの意識は、必然に、自らが起こした事件と向き合うことを意味した。取り返しのつかない凶行を思い出すたび絶望しながらも、被害弁償に向けて作画に打ち込むことは、心の平衡感覚を保つことにも繋がっていた。

色鉛筆を用いて作画をする、その活動によって、自らの意図を実現し、自らの心の平穏を保つことにも役立っていたのであるから、奥本さんは、色鉛筆と鉛筆削りの使用を通じて憲法上保障された表現の自由（憲法二一条一項）を享受できていたというべきである。

上「故郷の記憶」死刑廃止のための大道寺幸子・赤堀政夫基金死刑囚表現展に2018年に2019年度カレンダーとして応募した12枚のうちの1枚。
下「ほくほく」は2019年に2020年度カレンダーとして応募した12枚のうちの1枚。

植物から動物・人間へ、淡色から濃色へ

桜の木から始まった作画活動は、当初、花などの植物に対象が限定されていた。その後次第に、牛や馬などの動物や、故郷の景色を描くように展開していった。最近は、人、それも小さな子どもを囲む家族をモチーフにすることが多くなった。これは、事件と向き合い、反省を深めていったことの現れではなかろうか。

そして、絵の中の色も、一つの絵の中で用いる色の数が増えていき、同じ色であっても、淡い色から、はっきりとした濃い色へと進んでいった。このような複数の色の使用や、意識して濃淡をつけることは、色鉛筆の使用が認められていればこそ、できるものである。

3……………描かれた作画から窺い知る心境の変化

序

奥本さんが描いてきた絵から、奥本さんの内面の変化も窺い知ることができる。

接見の際にも、奥本さんとは、絵そのものについて、モチーフや出来栄えなどを語り合うことが多かった。しかし、今ここで、ははたと考えた。奥本さんにとっては、作画行為の各過程、例えば、何を描くかを決め、ポーズを考え、表情を与える、その過程ひとつひとつが、反省を深め、罪と向き合うことであったのではなかろうか。

先に紹介した六月の手紙には、こうあった。「絵を描くときには、被害者の元義母と元妻、息子のことを想い浮かべていることが多く、一緒に経験してみたかったな等々と考えたりしています。こうすることでも自分が奪ったモノやコトを感じられ、想像することができます。そのため最初こそ絵は楽しんで描いていましたが、いつからか苦しく辛くなっていきました。」

奥本さんにとって色鉛筆を用いての作画行為が、自分の内面に向き合い、事件を振り返り、反省を深め、人生の意味を掘り下げる、かけがえのない重要な機会となっていたことは、疑いない。

波紋

オークスの活動は、一部で注目を得て、学校などでその活動を報告させていただく機会を得た。その活動は、多くの方々の賛助を得て、一〇年を越えて継続することができた。

そこで、これまでの奥本さんの絵画作品の多くを収録し、オークスの活動の経過を取り纏めた小冊子『波紋―奥本章寛と歩んだ十年のキセキ』を編集・発刊し、この販売収益も被害弁償金にあてることができた。

奥本さんもオークスも、色鉛筆と鉛筆削りを使用することを通じて、表現の自由を十分に享受することができていたものである。

4……色鉛筆・鉛筆削りの使用禁止へ

序

奥本さんのような死刑確定囚を含む被収容者において、収容施設内においてどのような生活行動ができるかは、「刑事収容施設及び被収容者等の処遇に関する法律」（平成一七年五月二五日制定、翌日施行）及びこれを受けた「刑事施設及び被収容者の処遇に関する規則」（平成一八年五月二三日制定、翌日施行）に定められている。

この法律及び規則を実施するために、法務省による「被収容者に係る物品の貸与、支給及び自弁に関する訓令」（以下「平成一九年訓令」という）が存在した。

この訓令に基づいて、奥本さんは、これまで、

『波紋ー奥本章寛と歩んだ十年ののキセキ』
2020年7月、オークス刊

色鉛筆（多色セットを含む）及び鉛筆削りについて、自弁（＝自ら購入）して、自らの所有物品として使用することができていた。

多色セットの色鉛筆は、二四色からなり、三で述べたように、筆圧の強弱を使い分けて色の濃淡を出すことができたほか、重ね塗りをすることで中間色を生み出すことができ、奥本さんの作画活動の前提をなしていた。

令和二年訓令

ところが、令和二年一〇月二六日、色鉛筆と鉛筆削りの自弁を認めていた上記平成一九年訓令が改正されて、色鉛筆と鉛筆削りの自弁が不許可となって、これらの購入及び使用が一律に禁止となったものである（改正されたものを、「令和二年訓令」という）。

このような訓令の改正がなされたことの背景には、鉛筆削りの刃を用いて自傷行為に出られた方がおり、そのような事態の再発を憂慮し、これを防止しようとしたものであるようである。

もっとも、色鉛筆や鉛筆削りを使用できなくなってしまうと、奥本さんにおいて、これまでのような作画活動ができない。ひいては、絵画作品を集めた絵はがき集やカレンダーの販売を通じて行ってきた、遺族への被害弁償金の支払いも不可能になってしまう。

5 訴えの内容について

序

今般、提起した訴えの内容は、以下の二点である。

訴えの内容

まず、今回の訴えでは、裁判所に対して、前述の令和二年訓令の取消しを求めている。訓令という行政組織内部の通達を対象として、この取り消しを求める行政訴訟である（以下「令和二年訓令の取消訴訟」という）。

令和二年訓令が取り消されると、令和二年訓令による改正前の平成一九年訓令に戻ることになり、色鉛筆及び鉛筆削りの自弁が可能な状態が回復する。そのため、奥本さんにおいて、これまでどおり、色鉛筆及び鉛筆削りの使用ができる状態への回復のためには、令和二年訓令の取消しを求めることがもっとも直截であると考えて、この訴訟形態を選択したものである。

もっとも、訓令は、行政組織内部の通達であって、取消訴訟の対象である、「直接国民の権利義務を形成しまたはその範囲を確定することが法律上認められているもの」（最高裁昭和三九年一〇月二九日判決）にあたらない（＝処分性が認められない）と判断され、訴え却下の門前払い判決が下される可能性がないとも限らない。

そこで、上記訓令の取消訴訟に加えて、色鉛筆と鉛筆削りを使用できる地位の確認（以下「色鉛筆を使用できる地位の確認」という。いわゆる講学上の公法上の当事者訴訟）も合わせて求めたものである。

これらの訴えを提起した先は、東京地方裁判所である。

訓令の取消訴訟と公法上の当事者訴訟の形式をとった理由

今回の訴訟形式について、色鉛筆及び鉛筆削りが使用できず、作画ができなくなったことによる精神的慰謝料の支払いを求める国家賠償請求であろうと捉えた方が少なくなかったようである。

今回、訴えを提起するにあたって、いずれの訴訟形態によるかについては、奥本さんと複数回の接見を重ね、協議した。

最終的に、先に述べたように、令和二年訓令の取消訴訟と色鉛筆を使用できる地位の確認という訴訟形式としたのは、接見の際の奥本さんの、「色鉛筆、みなさんがこれまでどおり、使えるようになるといいですよね」との言葉が決め手だった。

奥本さんは、これまで、作画した色鉛筆画を「死刑囚表現展」に出品し、本誌でも作画についてコメントをいただいていた（『年報・死刑廃止２０１９』一六六頁）。引用させていただく。

「絵画では、奥本章寛さんの作品が心に残った。一二枚の絵が描かれ、カレンダーとなっている。村祭り、花火大会、村はずれの水車など、死刑囚である自分にはもはや見ることも叶わぬ風景がきちんと描かれている。子どもの時の情景を思い出したこの種の絵に、この表現展ではよく出会う。描いた人の気持ちを思うと、胸を衝かれる。」

奥本さん自身、このコメントを何度も何度もかみしめていた。

そして、さらに、ほかの方の作品の筆致に驚嘆するとともに、それぞれの作品の奥にあるものを感じ取ろうとし、共感をし、その経験を私に話すことがしばしばだった。奥本さんは、他の方々の作品を見て、感じて、かみしめることを大切な精神活動としてきたのである。

「〇〇さんの作品、この背後には悲しみと後悔、絶望がありますよね。でもだからこそ今を生き抜いてやるというしぶとさがあると思うんですよ。〇〇さんの気持ちが、僕には

毎年出ていたカレンダーも2020年版以降出ていない
オークス http://aoka.shakunage.net/

わかる気がします」。

作品から抱いた印象を述べる奥本さんの言葉に、表現展を反射板とした無言のキャッチボールに心から感謝しつつ、これからも作画活動を通じて心の平穏を維持しながら、償いの歩みを進めてほしいと感じていた。

それゆえ、奥本さんの「みなさんが使えるようになるといい」との発言は、これまで奥本さんを支えてきた私たちには自然なものであり、そのような思いを実現する訴訟形式とすることも自然な成り行きであった。

こうした理由から、原告となる奥本さんの損害賠償請求を求める国家賠償請求ではなく、同じ立場にある死刑確定囚のみなさんにも同じ効果を及ぼすような判決の結果を得たいという観点から、令和二年訓令の取消訴訟と色鉛筆を使用できる地位の確認という訴訟形式を選択したものである。

裁判は、令和三年一〇月七日、東京地方裁判所で第一回口頭弁論から開始される。

6 おわりに

われわれの希望は、奥本さんに、再び、色鉛筆を手にとって、作画に向かってもらうことである。

奥本さんは、これまで、色鉛筆で作画した作品によって、たくさんの喜び、気づき、ぬくもりを私たちに届けてきた。そして、作画行為は、奥本さん自身の心の平穏を保つことにも役立ってきた。

奥本さんがこれまでどおりに色鉛筆を使うことができ、生き生きとした新しい作画に邁進することで、被害弁償を継続し、心の平穏を保つことができることを心から望んでいる。

2020 — 2021年

死刑をめぐる状況

死刑をめぐる状況 2020—2021

パンデミック下の死刑

死刑廃止に向けた国際的動向

中川英明（公益社団法人アムネスティ・インターナショナル日本　事務局長）

1 はじめに

アムネスティ・インターナショナルは、犯罪の種類や状況、犯罪の有無、個人の特質、死刑執行方法などを問わず、例外なく死刑に反対しています。そして、一九七七年に発表した「死刑のためのストックホルム宣言」において「死刑は生きる権利の侵害であり、究極的に残虐で非人道的かつ品位を傷つける刑罰である」と述べて以来、死刑の全面的な廃止に向けて活動を続けています。死刑は「生きる」という最も基本的な人権、生存権を根本から否定する刑罰であり、人権の問題だと考えるからです。

一九八〇年に国連が始めた死刑廃止条約を検討・起草するための作業は一〇年足らずでかたちを整え、一九八九年には国連総会で自由権規約第二選択議定書（いわゆる死刑廃止国際条約）が採択（総会決議四四／一二八）され、死刑廃止へと向かう世界的な潮流の源泉となりました。死刑廃止が国際条約で定められたということは、死刑を違法化することが国際法で定められたのだと理解すべきです。

一九九〇年に死刑制度を廃止していたのは四六か国でしたが、それから三〇年を経た二〇二〇年末の時点で死刑を廃止した国は一〇八か国にのぼります。通常犯罪に対してのみ廃止した国（八か国）と事実上の廃止国（二八か国：死刑制度を公式に廃止してはいないが、過去一〇年間に死刑執行がなく、死刑執行をしない政策や確立した慣例を持っていると考えられる国）を含めると、世界の三分の二以上にあたる一四四か国で法律上または事実上、死刑が廃止されているのが今日の世界の現実です。

2 二〇二〇年の死刑執行と死刑判決

アムネスティ・インターナショナルでは、世界各国の死刑制度と死刑執行の状況を継続的に調査し、その結果を毎年報告書にまとめて公表しています。二〇二一年四月に発表した最新の報告書「二〇二〇年の死刑判決と死刑執行」の概要を以下にご紹介します。

【アムネスティ・インターナショナルが確認した死刑判決・執行の数について】

以下の文中や図表の中で数字の後に「＋」がついている場合、例えば、イラン［二四六＋］は、イランで少なくとも二四六件の死刑執行または死刑判決があったことをアムネスティは確認したが、実際の数は二四六件より多いと考えていることを意味します。

国名の後に「＋」がついているが数字がない場合、例えば、北朝鮮［＋］は、その国で一件以上の執行または判決があったことをアムネスティは確認しているけれど、信頼に足る数値を出せるほど十分な情報を得ていないことを意味します。

世界的および地域別の総計では、年間数千件の執行があると言われている中国と北朝鮮の場合も含め「＋」は二件とカウントしています。

アムネスティが分析を行った二〇二〇年の死刑制度の適用状況は、世界の死刑判決数や死刑執行数が、依然として確実に減少の傾向にあることを顕著に示しました。特筆すべきは、今回これらの数を減らす要因のひとつとなったのが、COVID-19（新型コロナウイルス感染症）のパンデミック（世界的大流行）だと考えられることです。

二〇二〇年には、五五の死刑存置国のうち、前年より二か国少ない一八か国で死刑執行がありました。依然として、死刑を執行するのは現代の世界において圧倒的な少数派であることが示されました。

前年の二〇一九年には死刑執行があったものの二〇二〇年になかったのは、ベラルーシ、日本、パキスタン、シンガポール、スーダン、バーレーンの六か国です。これらの国々はこれまで常連の執行国に名を連ねており、二〇一八年に執行がなかったバーレーン以外の五か国では二〇一八年にも二〇一九年にも死刑執行がありました。その一方で、過去数年間にわたり執行がなかったインド、オマーン、カタールと一年間執行していなかった台湾で執行が再開されました。また、アメリカ合衆国では、州レベルで死刑停止の動きがみられましたが、およそ二〇年ぶりに連邦政府による死刑執行がありました。

二〇二〇年に死刑を執行した一八か国と執行件数を以下に示します。これら一八か国は二〇二〇年に少なくとも四八三件の死刑を執行しました。この件数は前年の二〇一九年（少なくとも六五七件）より二六％少なく、最多だった二〇一五年（一、六三四件）より七〇％減少しました。また、三年連続で過去一〇年間最少となりました。

【二〇二〇年に死刑を執行した国と件数】

中国［＋］
北朝鮮［＋］
シリア［＋］
ベトナム［＋］
イラン［二四六＋］
エジプト［一〇七＋］
イラク［四五＋］
サウジアラビア［二七］
米国［一七］
ソマリア［一一＋］
イエメン［五＋］
インド［四］
オマーン［四］
ボツワナ［三］
バングラデシュ［二＋］
南スーダン［二＋］
カタール［一］
台湾［一］

二〇二〇年に死刑を執行した一八か国のうち四か国で全体の八八％の執行が行われています。イラン［二四六＋］、エジプト［一〇七＋］、イラク［四五＋］、サウジアラビア［二七］ですが、これまでと同様に、死刑情報を国家機密扱いとする中国の数千件ともいわれる執行数および大規模な執行が行われているとみられる朝鮮民主主義人民共和国（北朝鮮）と死刑に関する情報がほとんど入手できなかったベトナムの執行数は、この数に含まれていません。

前年比二六％という死刑執行数の著しい減少の理由として挙げられるのは、これまで執行件数が多かったイラクとサウジアラビアが執行数を大幅に減らしたことのほか、パンデミックの影響による執行停止です。パンデミックによる裁判の遅れや司法手続きの停滞があったほか、パンデミックを理由とする訴訟を受けて死刑執行が保留になった例もあり、世界の死刑判決数も著しく減少しました。

その一方で、人々の生命を守るために

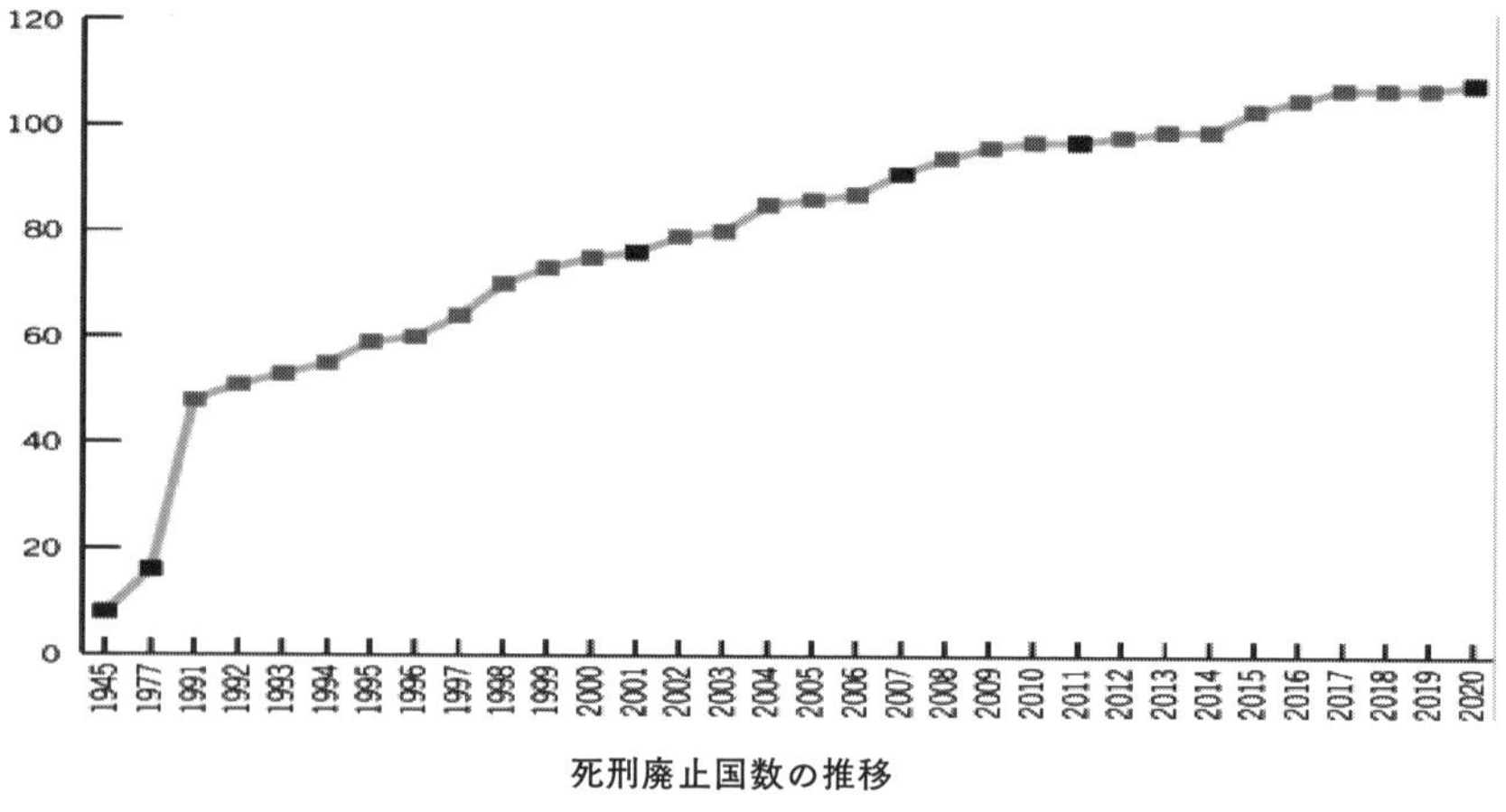

死刑廃止国数の推移

世界が新型コロナウイルス感染症拡大への対応に懸命に取り組んでいる中、インド、オマーン、カタール、台湾が執行を再開したほか、死刑執行が急増した国もありました。エジプトでは執行数が前年比で三倍を超え、米国では連邦レベルでの死刑執行をトランプ政権が一七年ぶりに再開し、五カ月半あまりの間に一〇人を処刑しました。しかしながら、このように連邦政府による死刑執行が急増する一方で、州レベルでは、感染拡大の影響を受けた執行停止や執行命令の遅滞による執行数の減少がみられ、国全体の執行件数に大きな変動はありませんでした。

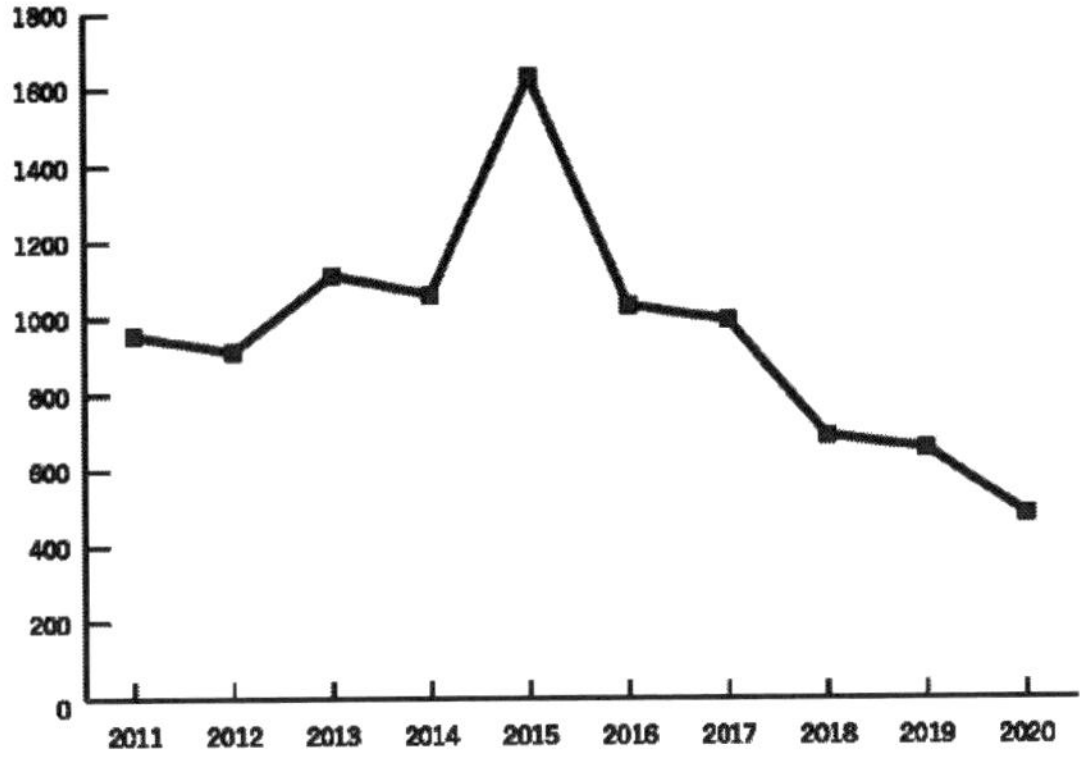

死刑執行数の推移（2011 ～ 2020）

二〇二〇年に世界で出された死刑判決数は、少なくとも一、四七七件で、前年（二、三〇七＋）から三六％、二〇一六年三、一一七＋）から五三％、減少しました。ただし、死刑判決に関して得られた情報の質や量が異なるため、国ごとの比較や評価には依然として限界があります。例えば、これまで死刑判決が多かったマレーシア、ナイジェリア、スリランカなどについて、アムネスティは死刑判決に関する公的な統計数値を入手することができませんでした。その一方で、ベトナムでは当局が情報を一部公開したため、毎年数百人が死刑判決を受けていることがわかってきました。

【二〇二〇年に死刑判決を下した国と件数】

アフガニスタン［四十］
アルジェリア［一＋］
バーレーン［三］
バングラデシュ［一一三＋］
ベラルーシ［三］
ボツワナ［一］
カメルーン［一＋］
中国［＋］
コモロ［一］
コンゴ民主共和国［二〇＋］
エジプト［二六四＋］
ガンビア［一］
ガーナ［三］
インド［七七］
インドネシア［一一七＋］
イラン［＋］
イラク［二七＋］

日本［三］
ヨルダン［二＋］
ケニア［＋］
クウェート［二＋］
ラオス［九＋］
レバノン［一＋］
リビア［一七＋］
マラウイ［二＋］
マレーシア［二二＋］
モルディブ［二］
マリ［三〇］
モーリタニア［一＋］
モロッコ／西サハラ［一＋］
ミャンマー（ビルマ）［二］
ニジェール［三］
ナイジェリア［五八＋］
北朝鮮［＋］
パキスタン［四九＋］
パレスチナ国［一七＋］
カタール［四＋］
サウジアラビア［八＋］
シエラレオネ［三九］
シンガポール［八］
ソマリア［＋］
南スーダン［六＋］
スリランカ［一六＋］
スーダン［一〇＋］
台湾［五］
タイ［三五］
トリニダード・トバゴ［二］
チュニジア［八＋］
アラブ首長国［四＋］
米国［一八］
ベトナム［五四＋］
イエメン［二六九＋］
ザンビア［一一九］
ジンバブエ［六］

死刑判決数の推移

　二〇二〇年に死刑判決を言い渡した国は五四か国で、前年の五六か国より二か国減少しました。前年に数件の死刑判決があったガイアナ、モルディブ、オマーン、韓国、タンザニア、ウガンダでは、一件も死刑判決がなかった一方で、前年に死刑判決がなかったカメルーン、コモロ、ラオス、リビアが二〇二〇年には死刑判決を下しました。

　また、死刑判決があった五四か国中、三〇か国で件数が減りましたが、そのうち数か国では、新型コロナウイルス感染拡大の影響により司法手続きが制限されたことが理由だと考えられます。

　中でも特筆すべきは、以下の国で死刑判決数が前の年よりも減少したことです。

バングラデシュ（二二〇＋→一一三＋）
エジプト（四三五＋→二六四＋）
インド（一〇二→七七）
イラク（八七＋→二七＋）
ケニア（二九＋→＋）
レバノン（二三件→一件＋）
パキスタン（六三二件＋→四九件＋）
ソマリア（二四件＋→＋）
米国（三五件→一八件）

　その一方で、死刑判決が前年より

も増加した国は一三に上りました。
コンゴ民主共和国（八→二〇＋）
インドネシア（八〇＋→一一七＋）
日本（二→三）
マリ（四→三〇）
ナイジェリア（五四→五八）

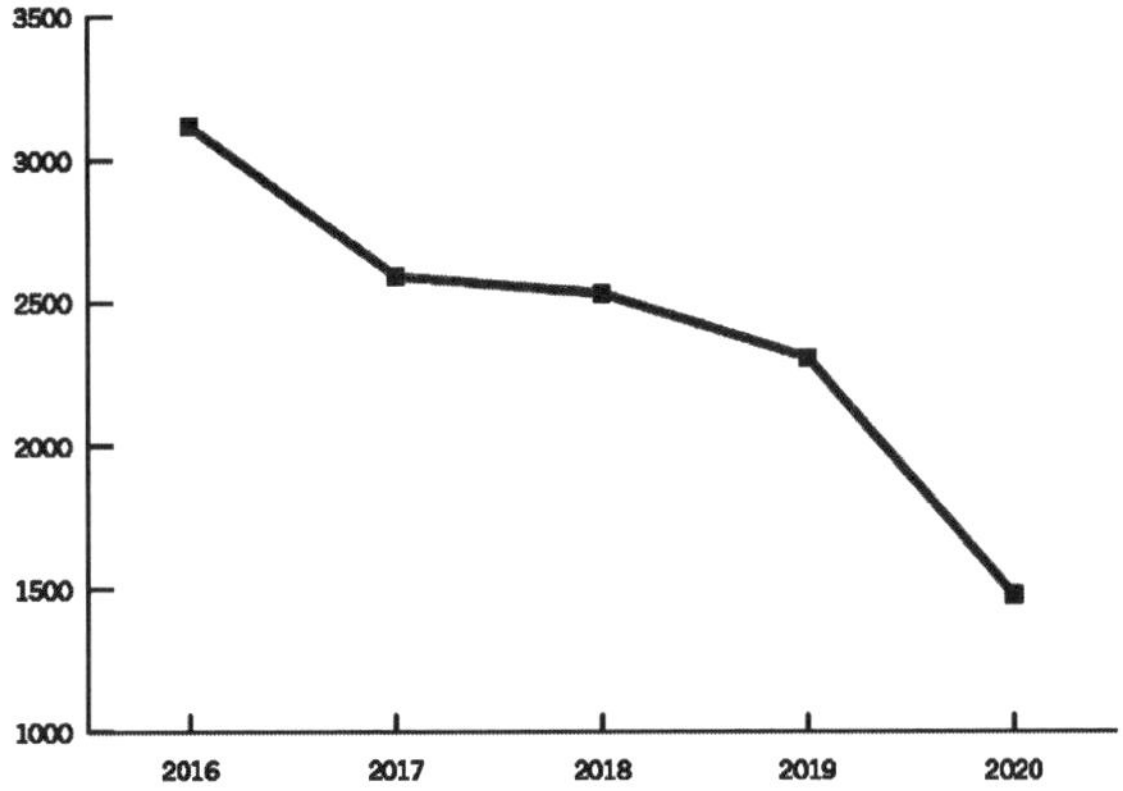

3500
3000
2500
2000
1500
1000
2016
2017
2018
2019
2020

死刑判決数の推移

パレスチナ国（四→一七）
カタール（二＋→四＋）
サウジアラビア（五＋→八＋）
シエラレオネ（二一→三九）
南スーダン（四＋→六＋）
タイ（一六＋→三五）
イエメン（五五→二六九＋）
ザンビア（一〇一→一一九）

複数の国の政府関係者が健康対策をなおざりにし、死刑判決と死刑執行に執拗なまでに固執したことは、死刑適用の冷酷さをさらに浮き彫りにしただけでなく、死刑廃止が喫緊の課題であることをあらためて示しました。例えば米国では、執行日までの限られた時間を教誨師やカウンセラーと過ごせるよう執行延期を求めた死刑囚の願いを、州と連邦政府の当局者が受け入れずに執行手続きを進めただけでなく、弁護人、看守、囚人など執行に関わる人びとを感染リスクにさらすという事態も起きました。

パンデミック対策として、刑務所への訪問や面会を制限したり、裁判手続きを停止する動きが多くの国において見られ、死刑に直面している人々が外部と接触できないまま長期間拘置されたり、弁護人との接触も制限されたりしました。死刑存置に執拗に固執する少数の国々においては、新型コロナウイルス感染症拡大は、囚人と司法手続きに関わる人びとの健康に多大なリスクをもたらしただけでなく、囚人が弁護人との接触を断たれるなど裁判の公正さを欠く事態を引き起こしました。これらの国々では、死刑制度を維持することを重視するあまり、死刑事件において非常に重要な保護措置である公正な裁判手続きを保障することを軽視する傾向があるようです。

死刑廃止に向かう世界

同時に、二〇二〇年の世界の動向は、死刑制度の廃止に向け世界が前進を続ける近年の傾向が依然として続いていることを裏付けています。五月に全面的に死刑を廃止したチャドは、アフリカでこの一〇年の間に死刑を全廃した五つ目の国となりました。カザフスタン、ロシア、タジキスタン、マレーシア、ガンビアは、死刑執行停止を維持しました。中でもカザフスタンは、九月に死刑廃止条約に署名し、一二月には批准しました。米国では、コロラド州が国内で二二番目の死刑廃止州となったほか、カリフォルニア、オレゴン、ペンシルバニアの三州で州知事による死刑執行停止が継続され、オハイオ州では、予定されていたすべての死刑執行が延期されました。バルバドスは、絶対的法定刑としての死刑を廃止する決断を一月に下し、サウジアラビアは、反テロ法関連の罪を除いては犯行時点で一八歳未満の被告人に対する死刑の適用をやめると四月に発表しました。七月にはスーダンが背教罪への死刑の適用を廃止しました。

国連では、八回目となる死刑執行停止を求める決議案が一二月の国連総会本会議で採択され、史上最多の一二三カ国の支持を得て可決されました。死刑の完全廃止を視野に入れたこの決議を国連総会が二〇〇七年に初めて採択して以来、繰り返し提出される決議案に賛成票を投じる国はこれまでに一九か国増えています。今回の決議をジブチ、ヨルダン、レバノン、韓国が初めて支持したほか、二〇一八年に行われた前回の決議において棄権または反対の意思を示したコンゴ共和国、ギニア、ナウル、フィリピンも今回は支持に転じました。その一方でイエメンとジンバブエは、これまでの棄権から反対に回りました。

パンデミックの影響による後退があり、課題もあったものの、死刑制度廃止に向けた世界の流れは、衰えることなく続いています。この流れを今後も止めないために、死刑廃止に向けたさらなる対応をあらゆるレベルで取ることが、かつてなく重要です。

3 国際法違反の死刑

二〇二〇年も、依然として国際法・国際基準に違反する死刑の適用がありました。

以下にいくつかを例示します。

・イランでは、少なくとも一件の公開処刑が行われました。

・イランでは、一八歳未満で犯した罪で三人が処刑されましたが、この他にも一八歳未満で犯した罪で死刑判決を受け収監されている者がいます。モルディブにも同様の死刑囚がいると考えられています。

・日本、モルディブ、パキスタン、米国などには、死刑判決を受けている精神障がい者や知的障がい者がいます。

・バーレーン、バングラデシュ、エジプト、イラン、イラク、マレーシア、パキスタン、サウジアラビア、シンガポール、ベトナム、イエメンなどでは、国際規準に則った公正な司法手続きを経ることなく死刑判決が下されていました。

・バーレーン、エジプト、イラン、サウジアラビアでは、拷問や虐待で強要されたと思われる自白に基づく裁判で、死刑判決が下されました。

・バングラデシュ、コンゴ民主共和国、パレスチナ国では、被告人不在のまま死刑が宣告されました。

・ガーナ、イラン、マレーシア、ミャンマー、ナイジェリア、パキスタン、サウジアラビア、シエラレオネ、シンガポール、トリニダード・トバゴでは、絶対的法定刑としての死刑が宣告されました。

・エジプトでは、軍事法廷が民間人に死刑を言い渡しました。バングラデシュ、イラン、パキスタン、サウジアラビア、イエメンでは、特別法廷で死刑判決が下されました。

死刑制度を維持する場合でも、死刑は「最も重大な犯罪」のみに制限するよう国際法は求めていますが、それに反して、死刑が故殺以外の犯罪に適用されている例があります。

薬物犯罪：次の三か国で、少なくとも三〇人（総執行件数の六%）が薬物犯罪で処刑されました（前年の一一八人に比べ七五%減少）。中国（＋）、イラン（二四六＋件中二三件、九%）、サウジアラビア（二七件中五件、一九%）。

ベトナムの数値情報は入手できませんでしたが、薬物犯罪に対する死刑判決は、八か国で少なくとも一七九件ありました。

全死刑判決数に占める薬物の死刑判決数は、国別では次の通りです。

中国（＋）、インドネシア（一一七＋件中一〇一件、八六%）、マレーシア（二二件中三件、一四%）、シンガポール（八件中六件、七五%）、スリランカ（一六件中三件、一九%）、タイ（三五件中八件、二三%）、ベトナム（五四件中四七件、八七%）、ラオス（九件中九件、一〇〇%）。

世界的には、薬物犯罪での死刑判決は少なくとも一六八件、全死刑判決件数の一二%で、前年（一八四件）より三%減りました。

汚職などの経済犯罪での死刑判決：中国、ベトナム

冒涜罪またはイスラムの予言者を侮辱した罪：ナイジェリア、パキスタン

強かん：エジプト、インド、イラン

反逆罪、国家治安に反する行為、外国機関との共謀、スパイ行為、国の方針への異論表明、反乱やテロへの参加、権力に対する武力蜂起、その他国家に対する犯罪（いずれも犠牲者の有無は問われない）：サウジアラビア、イエメン

死刑適用範囲の拡大：バングラデシュ

4　米国における動向

概況

米国以外の南北アメリカ地域の国々で

は一二年連続で死刑の執行がありませんでした。米国では連邦政府が一七年ぶりに死刑を再開しました。このことは、死刑制度が持つ恣意性と残酷性を際立たせる結果となりましたが、その一方で、コロラド州が死刑を廃止した二二番目の州となり、オハイオ州は執行予定のすべてを二年続けて先送りしました。

　さらに二〇二一年にはいり、南部州で初となる死刑廃止法案がヴァージニア州で三月に成立しました。

死刑執行

　米国では、五つの州と連邦政府により一七件の死刑が執行されました。内訳は：

アラバマ（一）ジョージア（一）ミズーリ（一）テネシー（一）テキサス（三）連邦政府（一〇）。

　死刑廃止の流れに逆行するトランプ政権下の連邦政府は、七月に死刑執行を一七年ぶりに再開し、年末までの五か月半の間に一〇人を処刑しました。この執行件数が常軌を逸したものであることは、連邦政府による過去四〇年間の死刑執行件数がわずか三件であったということ、そして、連邦政府と州の執行数を合わせた年間総数（一七件）の半数を超える死刑をわずか六か月足らずのうちに執行したということに示されています。

　一七件という二〇二〇年の死刑執行件数は、一四件だった一九九一年以降の約三〇年間で最も少ないものでした。前年の二二件から五件減少（二三％減）、二〇一八年の二五件と比べ八件減少（三二％減）しています。この記録的に低い数値は、二つの対象的な出来事の結果です。

　連邦政府が常軌を逸した死刑執行を行った一方で、州レベルでは、新型コロナウイルス感染症の影響もあり、複数の州で執行の延期や執行命令の先送りがあり、死刑執行数が減る結果となりました。市民団体である死刑情報センターによると、予定されていた執行数は六二件、延期された数は一九件で、前年（それぞれ六五件と二四件）とほぼ同数でした。特筆すべきは、州レベルでの執行命令発令の手続きが取られた件数が前年のほぼ四分の一の四九件にとどまったのに対し、裁判所が命じた執行延期件数は前年の三件減の一六件だったことです。執行が延期された一六件中の六件はパンデミックの影響を受けたものでした。執行命令発令の手続きをとった州は前年より三州少なく、感染対策による影響を大きく受けたフロリダ州では二〇〇七年以来初めて死刑執行がありませんでした。

　死刑執行が大幅に減ったもう一つの要因は、致死薬注射による執行について州内で提起されている問題が未解決であるため、予定されていたすべての執行を一時停止する決定をオハイオ州のマイク・デワイン知事が下したことです。さらに、致死薬注射による死刑執行に使用する薬剤が入手困難となったこと、また、改訂された致死薬注射実施手順に対する疑問が提起されたことにより、複数の州で死刑執行が中断されることとなりました。その中で、テネシー州では電気椅子による死刑執行が行われました。

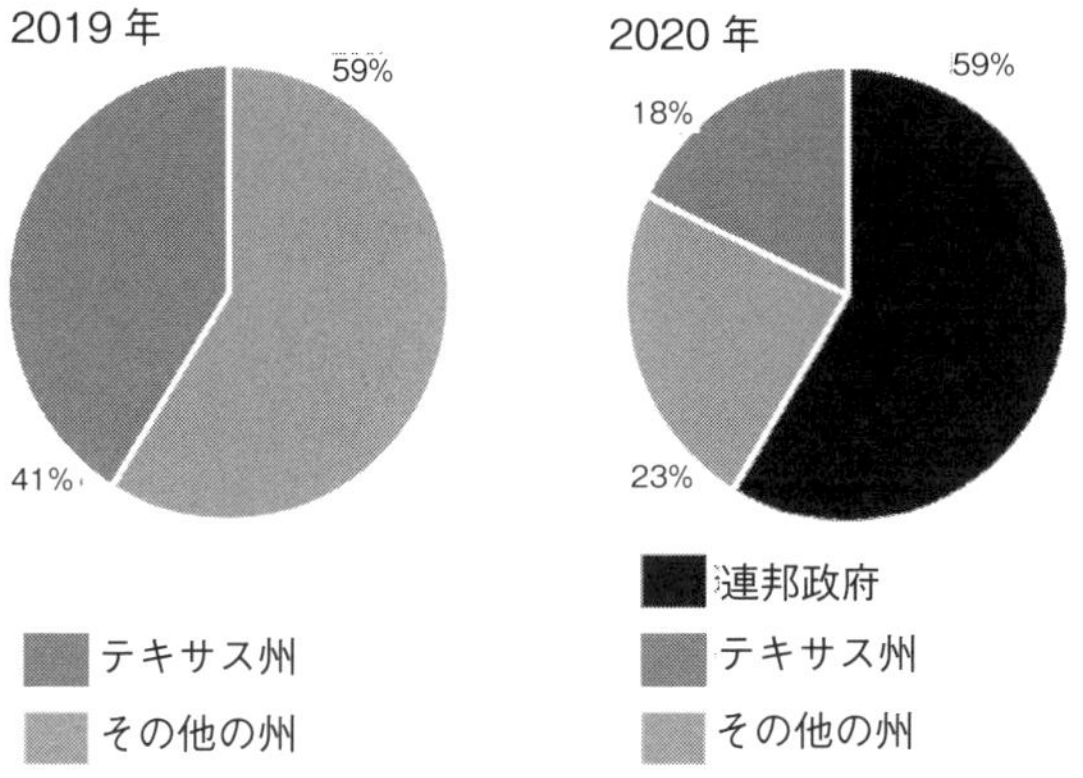

2019年
59%
41%
テキサス州
その他の州

2020年
59%
18%
23%
連邦政府
テキサス州
その他の州

米国における死刑執行数

州レベルの死刑執行数は七件と減少したものの、七件のうち三件がテキサス州で行われており、この年もテキサスは全州における死刑執行の約半数を占めることとなりました。

死刑判決

七つの州で一八件の死刑判決が下されました。

アリゾナ（一）カリフォルニア（五）フロリダ（七）ミシシッピー（一）オハイオ（一）オクラホマ（一）テキサス（二）

また、三〇州と連邦政府の管轄内に二、四八五人の死刑囚がいます。

次の八州には一〇〇人以上の死刑囚がいます。

カリフォルニア（七〇八）フロリダ（三三三）テキサス（二〇六）アラバマ（一七〇）ノースカロライナ（一三七）オハイオ（一三七）ペンシルベニア（一一七）アリゾナ（一一六）

米国の死刑判決総数は一八件で、前年（三五件）のほぼ半数となり、米最高裁が死刑を違憲と判断した一九七二年以来、最も少ない死刑判決数を記録しました。

死刑判決数が記録的に減少したことも、新型コロナウイルス感染拡大の影響が大きく、いくつかの州で訴訟手続や陪審裁判が一定期間停止されたほか、リモートでの審理が導入された例も見られました。アラバマ、ジョージア、ノースカロライナ、ペンシルバニア、サウスカロライナの五州では、二〇二〇年中に一件も死刑判決が下されず、その結果、死刑判決のあった州は前年から五州減の七州となりました。

米国の死刑

コロラド州が死刑を廃止したことにより、すべての犯罪で死刑を廃止した州は二二州となりました。残る二八州のうち一二州（カリフォルニア、インディアナ、カンザス、ケンタッキー、ルイジアナ、モンタナ、ネバダ、ノースカロライナ、

は一般的に使用されている
ネスティの考えを示すもの

地図に示した10カ国は、いずれも過去5年間、死刑執行が続いている。

数字右の「＋」は、「少なくとも」を意味し、「14＋」なら「少なくとも14件の執行があった」ことを示す。数字なしの「＋」は、1件以上あったことは確かだが、それ以上の数値を示すほど信頼できる情報がなかったことを意味する。

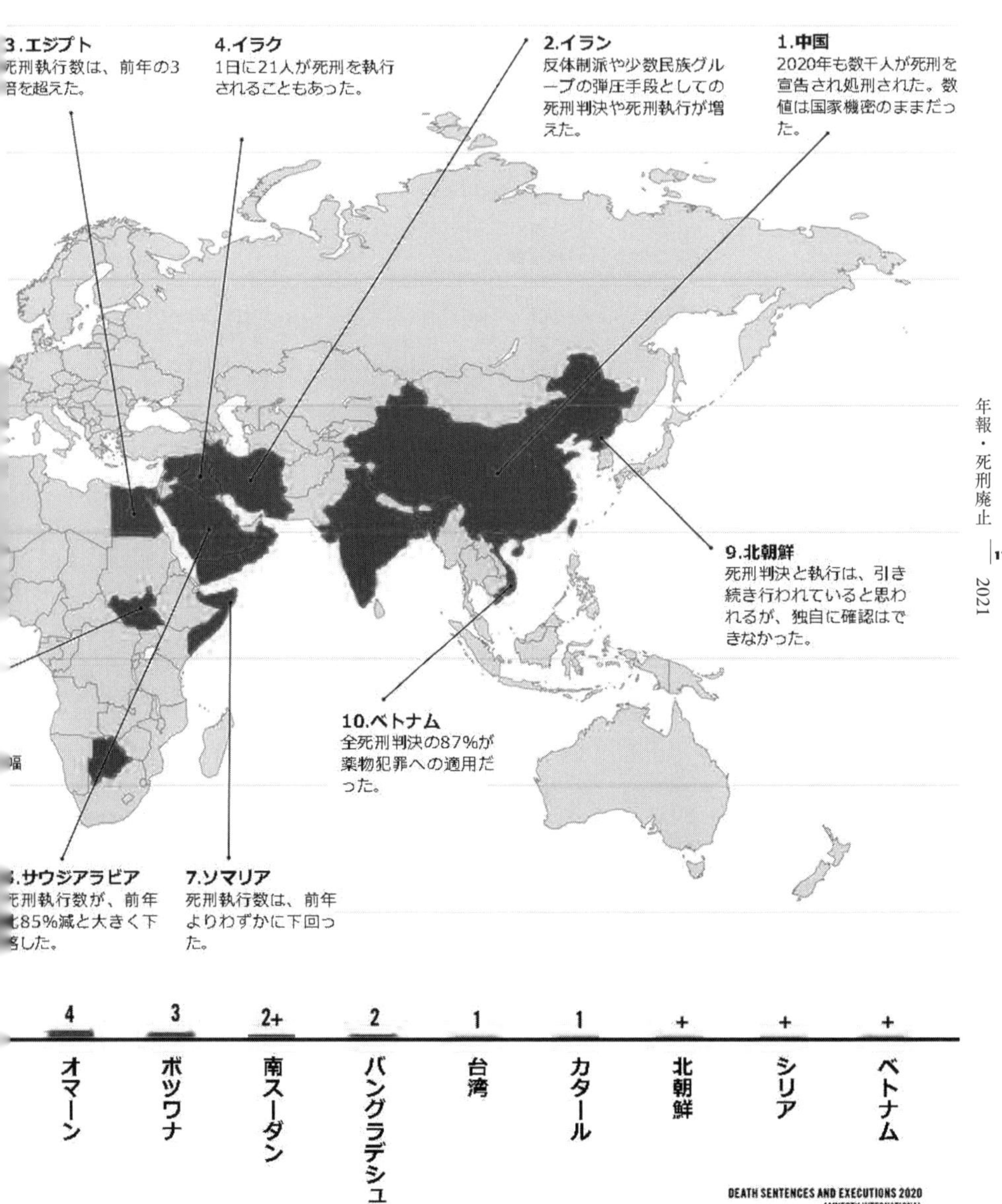

2020年死刑執行国

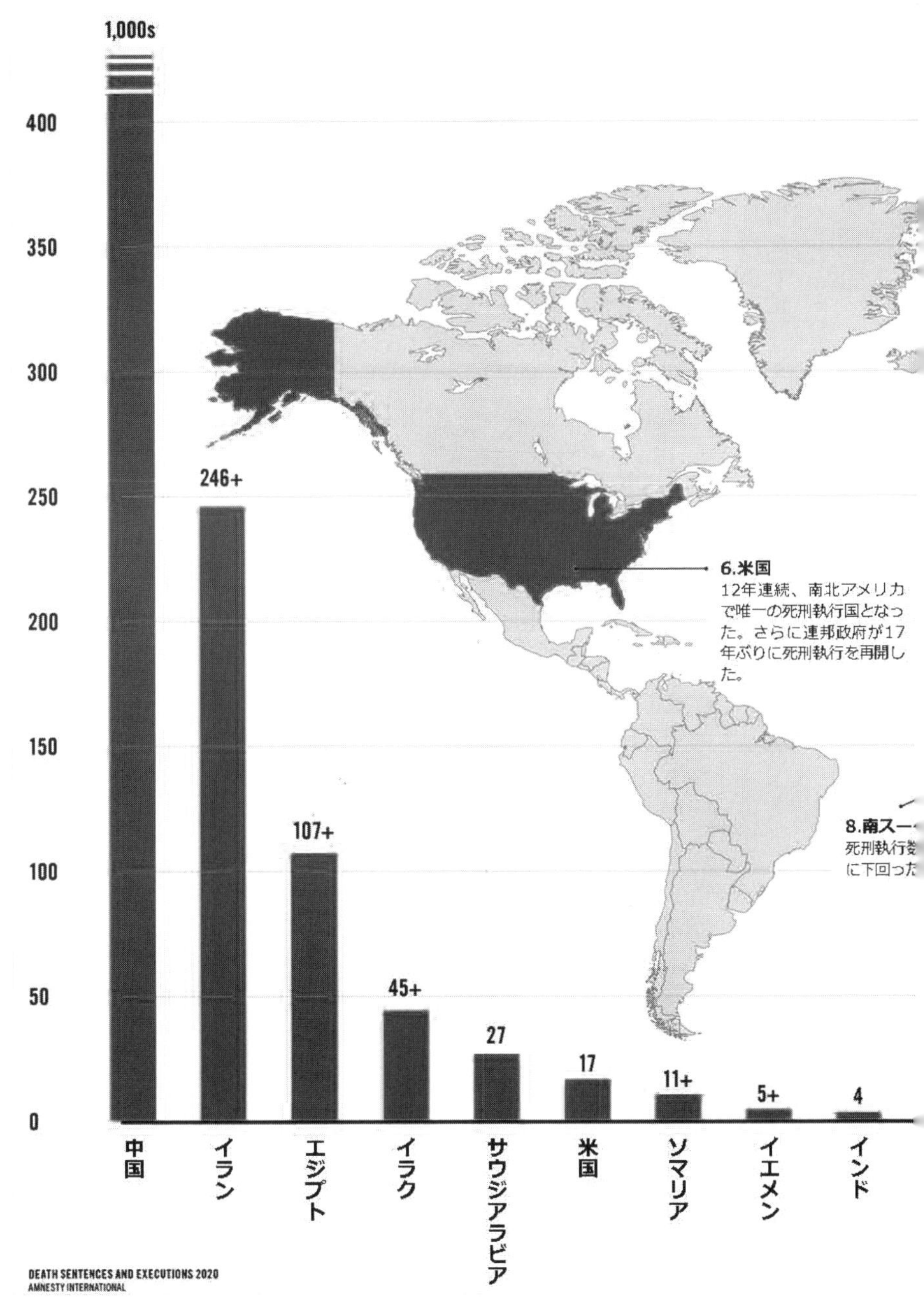
1,000s
400
350
300
250
200
150
100
50
0
246+
107+
45+
27
17
11+
5+
4
中国
イラン
エジプト
イラク
サウジアラビア
米国
ソマリア
イエメン
インド
6.米国
12年連続、南北アメリカで唯一の死刑執行国となった。さらに連邦政府が17年ぶりに死刑執行を再開した。
8.南スー
死刑執行数
に下回った
DEATH SENTENCES AND EXECUTIONS 2020
AMNESTY INTERNATIONAL

オレゴン、ペンシルバニア、ユタ、ワイオミング）では少なくとも過去一〇年間死刑執行がなく、カリフォルニア、オレゴン、ペンシルバニアの三州は、現在のところ知事命令で死刑執行を停止しています。

連邦政府が二〇〇三年以来停止していた執行を再開した一方で、米軍当局は一九六一年以来死刑を執行していません。

特筆すべき動き

米国では、新型コロナウイルス感染拡大が、死刑判決と執行面以外でも死刑囚や関係者に深刻な影響を及ぼしました。

刑務所で亡くなった死刑囚三三人のうち一五人の死因は、感染症によるもの、あるいはその疑いがあるとされています。また、全米のほとんどの刑務所当局が外部からの訪問を禁止し、囚人は長期にわたって対面だけでなくオンラインでも外部との接触を断たれました。死刑執行の日程が組まれ、一方で上訴手続きが進められる中、感染拡大は囚人の生命と健康を脅かしただけでなく、死刑が関わる裁判において特に重要な、弁護人との連絡や公正な裁判を受ける権利の障害ともなりました。

アメリカ法曹協会・死刑事件弁護プロジェクトの代表の四月の談話では、感染症対策に伴う規制により、ほぼすべての死刑囚弁護団が裁判における弁護に不可欠な調査や公判準備にほとんど着手できなかったため、裁判の過程における弁護団の持ち時間が大幅に削られたことが明らかにされました。パンデミックの中、死刑執行の延期や停止を求めた意見書では、意見書の提出に至ったさまざまな問題が指摘されており、それらの問題は、死刑囚本人と証人や家族らとの面会、精神状態の診断、専門家による分析、有罪判決後の調査など多岐にわたり枚挙にいとまがありません。

感染症から死刑囚らを保護することが喫緊の課題だったにも関わらず、ミズーリ、サウスカロライナ、テネシー、テキサスの州当局が停止の要請を受け入れず執行を進めたことは、国家による司法的殺人の残酷さを際立たせることとなりました。

ウェスリー・アイラ・パーキー死刑囚を精神的に支えた支援者は、本人の健康に深刻な問題があったにもかかわらず、執行を控えた死刑囚との面会ができず、魂の救いの一助となることができなかったと訴え、執行停止を求める手続きを取ったものの、却下されています。また、重い精神障がいを抱えるリサ・モントゴメリー死刑囚の、当初一二月に設定されていた執行予定は、助命嘆願の手続きの打ち合わせのために弁護人と面会した後で、本人が新型コロナウイルスに感染したこともあり、執行予定日の三週間前になってようやく執行の一時停止が認められることとなりました。一一月に行われたオーランド・ホール死刑囚の死刑執行では、精神的助言者や職員ら処刑に立ち会った関係者全員が、新型コロナウイルスに感染することとなりました。

新型コロナウイルス感染拡大の中、執拗に死刑執行にこだわった連邦当局は、前例のない人数の死刑執行を強行し、このことは米国の死刑制度の恣意性と問題性を一段と浮き彫りにすることとなりました。また、米大統領選挙を四か月後に控えた時期に一七年間中断されていた死刑執行の再開を決めたトランプ政権は、なぜこの時期に死刑執行を再開するのか、誰をどの順に執行するのか等についてなんの説明も行わず、死刑に関する国際法や国際規準に基づく保護措置や制限を無視するトランプ政権の姿勢があからさまなものとなりました。

裁判所が係争中の申し立てに判断を下すより前に、また、当初設定された執行日が過ぎているにもかかわらず、連邦当局は致死薬注射による処刑を進めていきました。弁護人に十分な通知を行うこともなく進められた、執行命令の再発令および執行の拙速さが際立ったものとなりました。残虐で非人道的、品位を傷つける扱いにあたるといえるでしょう。

死刑をめぐっては、人種的な偏見も影を落とし続けました。一一月一九日には、黒人男性オーランド・ホールの死刑が執行されましたが、彼の一九九五年の裁判では、当初五人いた黒人陪審員のうち四人が解任され、結局、白人陪審員全員が死刑に賛成する結果となっています。

先住民族ナバホのレズモンド・ミッチェルは、死刑の評決や執行日の決定には民族差別があるとして訴訟を起こしていました。彼の死刑執行をめぐっては、公正な裁判を受ける権利やナバホの文化的アイデンティティと自決の権利が侵害されたとして、米州人権委員会が執行の停止を求めていましたが、ミッチェルは八月二六日に処刑されました。

死刑制度にまつわる問題は、判決や執行に関するものだけではありませんでした。フロリダ州では、多数の州最高裁判事が新たに任命された後に、死刑が問われる裁判での保護措置を反故にする決定が州最高裁により下されました。州最高裁は一月、死刑が問われる裁判の評決にあたり、これまでの陪審員全員一致から多数決で死刑を決める方式に変更したほか、五月には、状況証拠のみに基づく裁判の上告審で、証拠が「無罪の合理的な仮説」と一致する場合には有罪判決は認められないとしていた基準を放棄しました。さらに、州最高裁は、知的障がいを持つと申し立てた者を極刑から保護する余地を拡大した連邦最高裁判決の判断（フロリダ州が慣行として知的能力の判断に知能指数を単純に適用していたことは適切でないと判断）を遡って適用しないと決定しました。一〇月には、州最高裁は、相対的均衡性を保証するための死刑判決の第三者審査も廃止しました。

このような逆行的な動きがあった一方で、死刑に直面する被告人の権利を保護する有意な取り組みもありました。六月五日、ノースカロライナ州の最高裁は、二〇〇九年に制定された州の人種正義法に基づいて控訴していた死刑囚の主張を支持し、死刑判決見直しの申請継続を認めました。同法は二〇一三年に廃止されましたが、人種的偏見が判決に影響した可能性があることを証明することができれば、死刑判決を受けるおそれがある被告人が減刑を申請することを認めています。さらに九月三〇日、カリフォルニア州のギャビン・ニューサム知事は、すべての刑事訴追において二〇二一年から人種差別を禁止する人種正義法に署名しました。また、陪審員の選考にあたり人種、民族、宗教、性別などに関する差別を禁止する措置が二〇二二年から取られることとなりました。さらに、知的障がい者に対する死刑の妥当性の検証にあたり、人種に基づくＩＱ調整を禁止する措置も承認しました。カリフォルニア州やオレゴン州など複数の州が、元死刑囚が一般社会での就業体験や他の社会復帰支援プログラムに参加できる機会を設けるなどの新たな取り組みを始めました。

検察側の不正、効率の悪い弁護活動、無罪や減刑に結びつく証拠の検討を妨げる手続き上の障害など、問題のある死刑判決も依然としてみられた一方で、画期的だったのは、フロリダ、ミシシッピー、ネバダ、ペンシルバニアの四州で、死刑判決を受けていた六人が無罪を言い渡されたことです。同様の事例のこれまでの累計は、二〇二〇年末で一八四件となりました。

5 おわりに

日本では二〇二〇年には死刑執行はなかったため、「慎重に慎重を重ね」という、執行命令を下した自らの判断についての法務大臣の常套句を聴く機会もありませんでした。聞くたびに思うのですが、この「慎重に慎重を重ね」との発言は、制度とその運用について述べたものではなく、刑事司法に関わる者の心構えの問題や精神論を述べているものでしかないように見受けられます。

例えば米国では、死刑を求刑する裁判においては、一般的な裁判で求められる公正な司法手続き（デュープロセス）よりも更に厳格で手厚い刑事司法手続き（スーパー・デュープロセス）を適用することが求められています。

日本では、死刑を求刑される事件における裁判手続きは、それ以外の刑事事件の裁判における手続きと同様です。死刑を求刑する裁判の手続きが一般の裁判の手続きに比べ、より厳格で慎重なものとなっているわけではありません。また、死刑確定者に対して刑を執行する際の手続きと運用に関する情報を法務省と現場の拘置所が執拗に隠匿している現状にあっては、大臣や当局が「慎重」だと称する判断や手続きが実際にはどのように行われているのかを検証する術はありません。

日本では、また、再審請求中の人に対する死刑執行が繰り返し行われてきています。しかし、国際法と国内法において確立されている刑事司法手続きのひとつである再審請求の手続きが完了しないままに死刑を執行してしまうことは、公正な刑事司法手続きを完了していない人を殺すこと、あるいは手続きを完了させないままに殺してしまうことです。法治国家を標榜するのであれば、決して許されない所業だと言わざるを得ません。

　死刑制度だけに限ったことではありませんが、日本の国内法や刑事司法手続きの規定のみならず、その運用もが、国際法や国際規準に則ったものとなっていくことが必要です。これからも、世論の支持を得るための運動と、議員や為政者に対する効果的なはたらきかけを、粘り強く続けていきたいと考えています。

2021年のWCADP（死刑廃止国際連盟）の死刑廃止デーポスター

（図表はアムネスティ・インターナショナル日本からの提供によるものです。
この論稿は筆者個人の意見を記したものであり、その所属する組織の方針やポリシーを必ずしも代弁するものではありません。）

死刑・戦争・天皇制

死刑廃止国際条約発効30年にあたって

2020—2021

太田昌国

1 現代史における死刑廃止に向けた世界的な歩み

「死刑廃止国の推移——世界現代史の中で」という課題設定を行なうと、興味深い結果が得られる。あらゆる犯罪に関して死刑を廃止している国数の推移を挙げてみる。一九五〇年と一九六〇年は八ヵ国、一九七〇年一三ヵ国、一九八〇年二三ヵ国、一九九〇年四六ヵ国、二〇〇〇年七五ヵ国、二〇一〇年九五ヵ国、二〇二〇年一〇六ヵ国……となる。ここ数十年で廃止国が急増していることがわかる。死刑制度は存続しているが、一〇年以上にわたって死刑を執行していない国を事実上の死刑廃止国に加えると一四二ヵ国になり、世界の国々の七割では死刑が廃止されていることになる（二〇二〇年末現在）。二〇二一年に入って早々には、カザフスタンでの死刑廃止も伝えられた。状況の変化は刻刻と起きている。

これは何を物語っているのだろう？ 私は、端的に言って、人権を尊重する意識が世界的に向上した結果であると考えている。国連（英語ではUnited Nationsとなるので、本義的には第二次世界大戦の戦勝国側である「連合国」を意味することは頭に入れておきたい）は安保理常任理事国の身勝手なふるまいなどさまざまに困難な問題を抱える機関ではあるが、こと「人権の確立・擁護」という観点からすれば、無視できない働きをしてきている。もとより、それは、国連そのもの、ないしは各国政府の代表が主導性を発揮して実現されたものでは、必ずしも、ない。このことは、この一月に発効した「核兵器禁止条約」をめぐる動きを振り返れば、わかる。核兵器の包括的な法的禁止を眼目とするこの国際条約の起点は、一九九六年、法律家、科学者、軍縮専門家、医師、市民活動家などから成るNGOが起草した「モデル核兵器禁止条約」にある。以後、ごく少数ながら政府代表が積極的に関わった国もあるが、基本的には「核兵器廃絶国際キャンペーン」という民間団体が推進力となって、二〇一七年に国連総会における採択、二〇二〇年に発効に必要な五〇ヵ国の批准が実現し、今回の発効に至っている。初発の動きから数えて四半世紀の歳月を必要とした。

国連の場を生かしたこのような活動は、他にもある。労働者、子ども、女性、先住民族、少数民族、老人、障碍者などの権利を確立し、擁護する国際条約の締結が、それぞれの課題に取り組む民間団体の努力を軸にして実現されてきた実例を振り返ればよい。それらはいずれも、一九六〇年代から二〇世紀末にかけて実現している。高い倫理性を持つ社会を目指すこれらの国際的な基準は、いずれも、義務的な法的拘束力を持たないとはいえ、各国の協調的な力によって未批准国に当該の問題に関わる再考を迫る。その働きかけの力は軽視できない。上に挙げた範疇に属する人びとは、社会的な地位からすれば「弱者」であることを強いられ、そのためにさまざまな不利益を被ってきたと言える。それは、任意の国家社会にあっては、「若い、活力ある男」を基準として何ごとをも価値づける「男性原理優位主義」の支配下にあったのが人類史の歩みだったからだ。その価値観からすれば、「弱者」を顧みる政治と社会の在り方を追求することなどは、論外だったのである。「若い、活力ある男」に「白人の」という条件を加えると、問題の在りかが一挙に世界性を帯びることが理解されよう。「弱者」の権利確立と擁護に向けての国際的な活動が、国家（政府）ではなく民間団体の主導性によって切り開かれ、拡大してきた秘密は、そこにある。個別国家の枠組みの中では実現が難しいことを、国家を超えた、類的な規範をつくって、徐々に実現していこうとする努力の成果だと捉えることができよう。

この一連の流れの中に「死刑の廃止を目指す市民的および政治的権利に関する国際規約・第二選択議定書（略称は、死刑廃止国際条約）」を据えてみる。同条約は一九八九年に国連総会の場で採択され、一九九一年に発効した。死刑囚とはひとを殺めたがゆえの存在だから、「弱者」として括ることについては、異論や反論があり得よう。だが、ここでは、「加害者と被害者」という観点からではなく、「犯罪と刑罰」および「刑罰としての死刑」という角度からのみ考えることにしよう。

一九四八年、第三回国連総会において採択された「世界人権宣言」は「すべて人は生命、自由、身体の安全に対する権利を有する」、「何人も、拷問または残虐な、非人道的なもしくは屈辱的な扱い、もしくは刑罰を受けることはない」と規定した。時代は、日本帝国の敗北によって象徴される第二次世界大戦の終結から間もないことに注目したい。戦争の惨禍を心に刻み、国家を挙げての「戦争」の名の下に世界各国で公然となされた人権侵害を許さないという意志が込められていよう。関連させて付け加えるなら、西ドイツ議会が死刑を廃止する決議をしたのは一九四九年で、憲法にも明文化されていた。ジェノサイドを生み出したナチス支配下の経験からいち早く学んだ結果だろう。これらの精神が四〇年有余後に「死刑廃止国際条約」に結実したのだと言える。この底流にあるのは、次のような考え方だろう。犯罪がいかに惨いものであったとしても、国家が被害者の代行をしてその実行者を死刑に処すことは、人権とひとの尊厳を著しく侵害するものだ。犯罪の背景には、犯人個人だけに帰して済む要因ばかりではなく社会が全体としてその責任を背負わなければならない時代的な特徴もあるだろう。加害者が自ら犯した行為を悔い、新たな価値観を身につけて再生する可能性に希望を託す——いわば、「人間は状況によって可変的である」という考え方に依拠して、「犯罪と刑罰」という永遠の課題に応えようとするのである。そのとき処刑する方法が、致死薬注射にせよ、ギロチンにせよ、絞首刑にせよ、電気椅子にせよ、「刑罰としての死刑」の非人道性が浮かび上がる。

このように、死刑廃止国際条約の発効に至る歩みを、現代における人権確立に向けてのさまざまな試みの中に据えると、その意義がはっきりと見えてくると思われる。

2 死刑を廃止し得ても、戦争は続ける国家

私はかねてより、死刑と戦争は、国家という「超越的な」存在を隠れ蓑にして行われる「合法的な殺人行為」であると考えてきた。個人あるいは集団によってなされる殺人行為が犯罪とされ刑罰が科されるのに比して、ひとり国家はなにゆえに免罪されるのか——自国兵士に「敵国」の兵士や民間人の殺害を命じようとも。また、看守をして死刑囚処刑の「実務」を果たすよう命じようとも。

この疑問と響き合うような「留保項目」が「死刑廃止国際条約」にはある。第2条1項はいう。「戦時中に犯した重大な軍事的犯罪に対する有罪判決にもとづき戦争時の死刑適用を定めた規定」は、締約国にも例外的に許容される。同条3項はいう。「1項の留保をした締約国は、その領土のため正当とする戦争の開始または終結を国際連合事務局長に報告する」。

ここでは、任意の国家が自ら「正当とする戦争」は起こり得ること、その戦争の中で「重大な軍事的犯罪」を犯した者には国内法の規定次第では死刑の適用も許容されるということが、前提的に語られている。戦争の「正当性」をめぐっても、「重大な軍事的犯罪」ではない通常の殺戮行為をめぐっても、「軍事的犯罪」の「重大性」の度合いをめぐっても、当事国間同士では異論も議論もあり得ようが、死刑廃止を主たる目的としたこの国際条約では、当然にも曖昧な表現に留めざるを

得なかったであろう。

私たちは、ここで問うことができる。死刑は非人道的であるという理由から死刑制度を廃止し得た国家――すでに触れたようにそれは一四〇ヵ国にも上る多数派だが、人類史の〈未踏の〉地平に踏み出している果敢な試みには違いない――は、国家（政府）の命令による戦争における死をどのように捉えているのだろうか、と。それは、「正当な」戦争の中での「敵国人」の死であることで、非人道性が消え去り、正当化され得るものなのだろうか、と。

この問いは、まずもって、EU（欧州連合）ならびにその加盟国に向けられよう。なぜなら、「欧州は人権思想の発祥の地」であると自負するEUは「いかなる場合や状況下であっても、極刑を使用することに反対しており、その普遍的な廃止を一貫して主張」しているからだ。EUは「人命は基本的人権だと考えて」おり、「死刑執行は取り返しがつかないもの」であり、「非人道的であり、不要」だとし、「司法の失策は、国家が無実の人を故意に殺すことにつながりかねない」と主張している（二〇一三年一〇月に制作された「EUは死刑制度のない世界を求めています」と題する冊子などから）。

ドイツ統一以前の西ドイツの死刑廃止が一九四九年であったことは先に触れた。他の欧州圏諸国を見ると、ポルトガルが一九七六年、デンマークが一九七八年、ルクセンブルグとノルウェーが一九七九年、フランスが一九八一年、オランダが一九八二年、イタリアが一九九四年、スペインが一九九五年、ベルギーが一九九六年、イギリスでは実際には一九六四年以降の執行はなかったが、戦時犯罪を含めて全面的に廃止になったのは一九九八年……とばらつきがある（ノルウェーはEU加盟国ではなく、イギリスは離脱した）。すなわち、欧州圏における死刑廃止の歩みも、冒頭で見た世界全体のそれと同じく、現代史のこの数十年間に集中して現実化しているのである。そして、二〇〇九年に発効したリスボン条約（改正EU基本条約）に基づいて法的拘束力が与えられたEU基本権憲章第二条が「何びとも死刑を宣告され、または執行されることはない」と定め、第九条が「何びとも、死刑執行の可能性の高い国、および拷問やその他非人道的扱いや刑罰を受ける可能性のある国へ、退去、追放、あるいは引き渡しをされない」と規定したのである。死刑廃止という人道的な措置の採用に関して、EUが率先して世界に先駆けた主導的な役割を果たしたとは言い難い。

これは、EUを貶めるために言うのではない。その域に達してもいない日本に住まう者が言えることでもない。人権確立に向けた人類史の歩みを、「どこそこが人権思想の発祥の地だ」と高言することなく、世界全体を対等・公平に見るための自戒として言うのである。そして、問題は、次のように繋がっていく。（当時の）

EU圏の諸国のうち、イギリス、フランス、オランダ、スペインなどは、死刑廃止に向けた努力を行ない、これを実現して間もない時期に、「対テロ戦争」に「有志連合」として参画してきた。「対テロ戦争」を「正当な」戦争と考えている立場の国は確かに存在しているが、その「正当性」そのものを疑い、問いただす声は絶えることはない。イランの映画監督、モフセン・マフマルバフは「(反テロ戦争の対象とされた)アフガニスタンが必要としているのは爆弾ではなく、パンや本だ」(『アフガニスタンの仏像は崩壊したのではない恥辱のあまり崩れ落ちたのだ』、現代企画室、二〇〇一年)と端的に語った。戦争の前提としての富の偏在、世界政治における小国の軽視などの構造そのものを指摘したのだ。この戦争に主導的に参画した米国やイギリスでも、とりわけ対イラク戦争に関しては、開戦の根拠(「イラクは大量破壊兵器を隠し持っている」)が根も葉もないものであったことが、事後的にではあったが明らかになった。だとすれば、あらゆる意味で「不当」だとしかいえないこの戦争で、いかに多くのアフガニスタンやイラクの人びとの命が奪われたことかと思い、茫然となる。数十万人単位に上るであろうその数を、正確に知る者は誰もいない。

この膨大な死をもたらした反テロ戦争は「非人道的な」ものではないのだろうか。死刑による死を非人道的だと考える者は、その同じ頭で、戦争の中での死は、それが「敵国」兵や民間人のものだからといって正当化できるのだろうか。「重大な軍事的犯罪」を犯して軍法会議で死刑を宣告される兵士と、戦場で「輝かしい」戦果を挙げて(それには、大勢の「敵」兵の殺戮行為も、当然にも含まれよう)、勲章・危険手当て・軍人恩給などが国家から賦与される兵士とを分け隔てるものは何だろうか。

ここで私は思い出す。死刑廃止運動の場で同席する機会のある作家・加賀乙彦氏が語ってくれたことがある。一九二九年生まれの氏は、日本帝国の敗戦直後には二十歳前後だったから、当時の時代的な記憶が鮮明だ。一九四七年に施行された新憲法が「戦争放棄・軍隊不保持」を謳った以上、同時に「死刑による死」もなくすことも当然とする雰囲気が社会にはあった、と。私は、戦争による死と死刑による死を同じ次元で捉え、双方を止めようという立場に与する。だから、自分が実感できる年齢ではなかったが、加賀氏が語るこの敗戦直後の社会的雰囲気を身近に感じる。二つの事象の背後に身を隠しているのは、いずれも国家(時の政府)である。

人権を尊重する観点から死刑廃止へと歩み出ている社会に生きる人びとは、戦争の中の死が孕む問題性をも〈潜在的には〉自覚していよう。だが、個別国家という存在は、いつにもまして、戦争廃絶という理想の前に立ちはだかる妨害物としてしか機能しないだろう。「領土のために」「国境のために」という戦争の口実は、為政者が好んで口にするばかりではなく、草の根の民衆をも巻き込んでしまうナショナリズムの魔力を秘めているからだ。それでも私は、死刑を廃止し得る境界にまで行き着きつつある人類は、いつか、戦争廃絶、その前提としての国軍(軍隊)廃絶の思想を我が物とするだろうと夢想する。ジョン・レノンが半世紀前に「イマジン」で夢みたように。

3 日本に特殊な天皇制の影

本稿冒頭で何度か「弱者」と書きながら、連想ゲームのように思い浮かべたのは、「弱者に寄り添う」姿勢がマスメディアで喧伝された前天皇・皇后のことである。ふたりが災害被災者、戦争犠牲者(ただし、加害側の自国のみの)、公害被害者、障碍者、子ども、高齢者施設……などの場所へ出かけては、膝を屈して「慰める」図は、多くの人びとの心を虜にしたようだ。そこに「偽善」しか見ない私のような者は少数派なのだろう。ところで、これらの「弱者」が通常は政治から見捨てられていることは、先に述べたように、見慣れた光景だ。したがって、ふたりは現実の政治から疎外された「弱者」を「優し気に」包摂し、もって「国民統合」を図るという、憲法に規定された自らの役割を自覚的に果たしていたのだと言える。ふたりが決して「寄り添わなかった」「弱者」もこの世の中にはいることは明らかなことだ。ひとしく「弱者」であっても、「寄り添うべき」存在と「寄り添わない」存在とを峻別するあり方も含めて、天皇制と現実政治の相互補完性をここに見ることができる。

本稿の問題意識からすれば、近代天皇制が「戦争」とも「死刑」とも補完関係にあったことも見ておかなければならない。とりわけ、明治維新以降の近代日本による侵略戦争と天皇制との結びつきは、犯された「重大な軍事的犯罪」及びいまだにそれが未清算状態にある現実ともども、忘れ果てるわけにはいかない。一九一〇～一一年の「大逆事件」に象徴されるように、「死刑」と天皇制の分かち難い結びつきも、過去の歴史として葬り去るわけにもいかない。事実、戦後過程においても「大逆罪」の復活を想起させる死刑判決はあった。いわゆる「連続企業爆破」を行なった東アジア反日武装戦線に所属した被告に対する第一審判決（一九七九年）は、天皇が乗った「お召列車」の爆破を計画したとして「国民統合の象徴たる天皇に対する攻撃」という言葉遣いで、未遂に終わったにも拘わらず、死刑判決の理由のひとつとした。二〇一八年、オウム真理教幹部一三人の死刑執行が行なわれたとき、メディアは一斉に「法務省幹部」の言葉を伝えた。「二〇一九年には天皇の退位で元号が代わり、新天皇の即位に伴う皇室の慶事が予定されている」「オウム事件は平成を象徴する事件、平成のうちに区切りをつけるべきだ」。

竹内好の言い方に倣えば、天皇制が「一木一草にある」社会なのだ、日本は。

私たちは、敗戦の翌年に坂口安吾が書いた「堕落論」「天皇小論」「続堕落論」などに書きつけられた言葉を、七五年後の今なお、心して読む必要があると思う（坂口安吾『堕落論』、新潮文庫。二〇〇〇年、に収録）。そこには、戦時中の軍部のみならず、「我々国民」もが、主体的な判断を先延ばしして、「外ならぬ陛下の命令」を待ち続け、「朕の命令」がいったん下ると、泣いて、忍びがたきを忍んでそれにひれ伏すさまが、憤怒を込めて記されている。

死刑を廃止するにも、戦争を拒否するにも、民衆の主体的な判断が何よりも重要である。重大な出来事を前に判断停止に陥り、ひたすら「上からの」指示を待ち、それに付き従う日本社会特有の在り方は、このコロナ禍の下でも繰り返されている。天皇制を抱え込んだままの日本社会が孕むこの基本的な矛盾に目を瞑っていては、何ごとも始まらないのだ。

（初出『福音と世界』二〇二一年三月号「特集＝死刑なき世界へ」）

再審請求への補助金と死刑囚の表現展の募集要項
死刑廃止のための大道寺幸子・赤堀政夫基金から死刑判決を受けたみなさんへ

死刑判決を受けた皆さんへ
2022年も作品を募集します。

1、再審請求への補助金　募集要項

⑴ 補助金は、下記住所まで、本人または関係者の方がお申し込み下さい。
⑵ 申し込み締め切りは毎年７月末とします。
⑶ なお補助金は弁護人もしくは弁護人になろうとする人（恩赦代理人を含む）にお渡しします。
⑷ 補助金は、確定死刑囚１人に対して１回限りとさせていただきます。
⑸ 優先順位は、緊急性・必要性を考慮し当方で考えさせていただきます。
⑹ 今回選定されなかった人も、次回に再応募できます。
⑺ 告知は速やかに申請者に行います。

2、死刑囚（未決を含む）表現展と優秀作品の表彰　募集要項

⑴ 死刑囚（確定囚、未決囚を問わない）による作品を公募します。
⑵ 公募する作品は、小説、自伝、エッセイ、評論、詩歌、脚本、絵画、まんが、その他、あらゆる分野の未発表でオリジナルな表現作品です。
　長篇作品は、１回１作品だけの応募に限ります
　他人を誹謗・中傷することに主眼を置いた作品は、運営会及び選考会の判断によっては、これを受け付けない場合もあり得ます。
⑶ 締めきりは毎年７月末、基金が依頼した選考委員によって優秀作品を選定し、優秀作品に賞金（３万円を予定）を贈呈します。
⑷ 応募作品は10月10日の国際死刑廃止デー前後に展示を予定しています。作品の著作権は制作者が、所有権は基金が持ち、これらの作品を死刑廃止運動に役立てるために使います。
⑸ 選考委員：加賀乙彦・香山リカ・北川フラム・嶋田美子・中村一成・太田昌国
　応募作品には必ず題名をお付けください。絵画作品の場合、裏にタイトルの明記をお願いします。

なお第18回締め切りは2022年7月末日厳守です。これまでの応募者、受賞者の応募も歓迎します。
みなさんにお送りする絵画作品応募申込書にお名前と作品名を、そして「応募作品が大道寺幸子・赤堀政夫基金運営会が主催・共催・後援・協力する展覧会などへの作品の出品、および紙媒体、ネット媒体を問わず運営会の許可するメディアへの作品の掲載を了承」するという承諾書にも署名をお願いします。

送り先
〒107-0052 港区赤坂2-14-13
港合同法律事務所
大道寺幸子・赤堀政夫基金運営会

死刑をめぐる状況

再審請求中の死刑執行国賠訴訟傍聴記

2020―2021

永井美由紀
（関西救援連絡センター）

1 再審請求中の死刑執行に対して国賠を提訴に

二〇二〇年十二月二五日、第四次再審請求中の二〇一八年十二月二七日に大阪拘置所で死刑が執行された河村（岡本）啓三氏の弁護人三名を原告とする国賠訴訟が、大阪地裁に提起された。

二〇〇四年九月十三日に最高裁で死刑が確定した河村啓三氏の刑事裁判の被疑罪名は「強盗殺人」であったが、弁護人らは「強盗と殺人の併合罪」であるとして争っていた。この点を巡って、二〇〇八年二月の第一次請求が以降、第四次まで再審請求が提出されている。

訴状は、死刑事件における再審弁護人の弁護権について、以下のように主張している。

「死刑事件の再審弁護人は、死刑以外の他の事件の再審弁護人とは全く異なる。それは、死刑の異質性に由来する。」「死刑再審弁護人の役割が特異なのは、究極の刑罰が科されようとしている再審請求人の『いのち』を預かることに」なり、「死刑再審請求人と死刑再審弁護人との間に築かれる関係は、『いのちの依頼関係』である。」「死刑再審弁護人は、死刑再審請求人の『いのち』を救うことを至上命題とされる。さらに、その実現は司法への信頼と国家社会の健全さを維持・増進することに不可欠な公益活動（公的使命）であり、無辜の者が死刑を執行された場合は勿論、誤った事実認定や法令適用によって死刑を選択され執行された場合、量刑上重大な事実を誤認したり考慮しなかった結果死刑を選択してしまった場合等に、死刑執行後にそのことが明らかになっても、生命を取り戻すことは不可能」で、「そのため、死刑再審弁護人は、死刑再審請求人の『いのちを守る』という私的使命と、『誤判を正し司法への信頼を回復する』という公的使命の両者を実現する責務を負っている。」「このような、私的使命だけでなく、公的使命を負う死刑再審弁護人の活動に、国家が最大限の保護と保障をすべきは当然である。」

また、死刑再審請求人の殺害により、「直接の体験をした唯一無二の証拠は永遠に失われ、原告らが、死刑再審請求人によって事実を証明することが不可能となり（証拠隠滅）、死刑再審請求人以外から収集・取得した証拠情報について、死刑再審請求人に事実確認をすることも不可能になった（証拠潰し）。死刑再審請求人を失ったことで、それ以上の訴訟上の立証活動が不可能になり、死刑再審請求人に対する死刑執行は、国による証明妨害行為である。」「『国』は単なる死刑執行機関だったのではなく、再審請求審における相手方であったことに鑑みると、死刑執行によって再審請求の遂行を不可能（少なくとも著しく困難）ならしめる行為であって、他方当事者（相手方）による原告らに対する著しく不正義な行為、即ち訴訟の一方当事者による他方当事者の『抹殺』であって、司法妨害の最たるものである」と被告による死刑執行の違法性を指摘する。

訴状は五八頁におよび、想定される被告の主張（抗弁）に対する原告らの反論を先行的に勘案して、国際人権規約に照らして、再審請求中の死刑執行が国際人権規約六条に違反する違法なものであることを述べている。

なお昨春、死刑関連事件を受任する若手弁護士への支援基金が立ち上げられており、この国賠訴訟が最初の対象事件となった。

2 第一回口頭弁論報告

この国賠訴訟では、異例ともいえる裁判所の訴訟指揮がある。

提訴は昨年十二月二五日だが、第一回口頭弁論は五ヶ月も期日指定が行われず、通常期日指定後に送達される訴状は期日指定前に被告（国）に送達された。また原告が請求した進行協議は、期日の一週間前に行われている。

答弁書の提出期限も、五月七日に原告らが裁判所に提出期限を定めるよう求めて、ようやく五月十四日となっている。

第一回口頭弁論は、五月二一日十時から一〇〇八号法廷で、開かれた。係属部は第十九民事部（田口治美裁判長、田郷岡正哲・丸林裕矢裁判官）。

冒頭、訴状要旨の陳述が、三名の代理人によりパワーポイントを使用して行われた。「再審請求に理由があるか否かを判断する権限は行政権（法務省／検察官）にはなく、行政権が再審請求に理由がないと判断し死刑を執行することは、司法権の簒奪にあたり、再審請求人の立場にとっては司法にアクセスする権利の侵害である」「再審請求中の死刑執行禁止は、国際的に確立したルールであり、国内法はその基準を満たすべきである」、また「死刑再審請求事件における弁護人の役割は、①死刑再審請求人の「いのち」を救うこと、②誤判を正し司法への信頼を回復することである」。

また、「日本の死刑確定者の状況は、世界の人権のグローバルスタンダードとは乖離している。再審請求中の死刑執行は許されない」「日本では、司法の救済を求める再審請求が行われている間に、再審請求の相手方である法務省によって、死刑が執行されている。司法の救済を求める申立人が殺されている。何よりも司法が馬鹿にされている」「原告代理人である私たちは、この裁判所において、日本の法律家の力でこれを改めたい」との代理人の意見陳述も行われた。

被告の答弁書は、期限ぎりぎりの五月十四日（金）夕刻に提出されたが、原告らの訴状にまともに向き合うものではなく、重要な主張の認否を拒否し、世界との乖離を主張した国際人権の事実、現在と異なり再審請求中は死刑執行を差し控えていた死刑政策の過去の事実等については無視し認否もしなかった。

そのため五月十九日、原告らは求釈明申立書を提出し、民事訴訟規則八十条「答弁書には、請求の趣旨に対する答弁を記載するほか、訴状に記載された事実に対する認否及び抗弁事実を記載し、かつ、立証を要する事由ごとに、当該事実に関連する事実で重要なもの及び証拠を記載しなければならない」に基づいて以下の点について認否を行うよう求めている。

「死刑再審弁護人の弁護権は、死刑再審請求人とは別個に存在し、死刑再審請求人が死刑執行により死亡したとしても、再審請求の決定までは存続しているという主張について」

「国際人権自由権規約違反について、証拠を引用して行った主張について」

「司法アクセス権違反として、①アメリカ合衆国の事情、②日本における再審請求中の死刑執行に関する事情として、日本の再審請求中の死刑執行開始は平成十一年であり、法務省は、従前の死刑執行はしてこなかった、③行政権による司法権侵害・司法アクセス権侵害等について指摘した事実について」。

3 第二回口頭弁論報告

第二回口頭弁論は、八月二七日午前十時から、大阪地裁一〇〇八法廷で開かれた。

五月二一日に提出された答弁書では、ほとんど認否がなされていなかったため、原告代理人から五頁にわたる求釈明書がだされており、それに応答するものとして、被告第一準備書面が陳述され、原告に対して二点の求釈明が出されている。

しかし今回陳述された被告第一準備書面にも、矛盾する認否や釈明されていないものがあり、また求釈明に対しても詳細に内容を検討した上で、次回原告側準備書面を提出することになった。

また、被告第一準備書面では、下記のゼネラルコメント自体も争うとされているため、原告代理人から提出の「訴訟進行についての意見書」で、被告に対して再度の求釈明が行われたが、被告はこれについても書面で回答すると応答している。

「自由権規約委員会第一二四会期で採択された最新の「一般的意見」である「一般的意見36」では、「特赦または減刑の要請が、意味のある考慮をされ、適用される手続きに沿って最終的に決定されるまで、判決が執行されないことを確保することを」締約国に要求するものとされている（甲C1・パラグラフ47）」

第三回口頭弁論
十一月十日十時～

第四回口頭弁論
二〇二二年二月十六日十時～

死刑廃止をめざす日本弁護士連合会の活動報告 2020―2021

小川原優之（弁護士）

1 はじめに

日本弁護士連合会（日弁連）は、日弁連会長を本部長とする「死刑廃止及び関連する刑罰制度改革実現本部」を設置しています。私は、この実現本部の事務局長を務めていますので、日弁連のこれまでの死刑廃止を目指す主な活動について報告します。なお、以下の報告で、意見にわたる部分は私見であることをお断りしておきます。

2 福井宣言後の活動についての総括

二〇一六年の日弁連の人権擁護大会における福井宣言（二〇二〇年までに死刑制度の廃止を目指すべきである）は、死刑制度を廃止するとの方針を明確に宣言したものです。二〇二〇年までに死刑制度の廃止を実現することは出来ませんでしたが、この宣言を機に、国民各層の議論が活発になり、多くの関係者の協力によって「日本の死刑制度の今後を考える議員の会」発足（以下「議連」といいます。二〇一八年一二月）、「死刑をなくそう市民会議」発足(二〇一九年六月)、ローマ教皇のミサに袴田氏参列（二〇一九年一一月）、全日本仏教会「仏教の教義と死刑が相いれないことは明白である」答申（二〇二〇年一月）、各地の弁護士会での死刑廃止決議に結びついていきました。

そして、一連の活動を通じて、人間の命は何ものよりも大切であり、国家が国民の命を奪ってはならないこと及び死刑制度が存在する限り、無辜の者が死刑執行されることを防ぐことはできないことの認識を深めることができました。

3 死刑の執行状況

二〇一九年一二月二六日の死刑執行後、二〇二一年八月現在まで自民党政権下で約一年八ヶ月死刑の執行がなされていません。コロナ禍の影響があったものと思われますが、二〇二〇年に一年間死刑の執行がなかったのは九年ぶりであり、二〇二一年三月末に死刑の執行がなかったのはコングレスの開催（三月）、また八月に執行がなされていないのはオリンピック・パラリンピックの開催（七月から九月）があり、法務省当局は、死刑執行について慎重になっているものと推測されます。

この間、日弁連も公式、非公式様々なルートを通じて法務省当局に、死刑を執行しないよう繰り返し働きかけて来ました。

日弁連は、「死刑制度の廃止を求める要請書」を取りまとめ、二〇二〇年一〇月二三日に上川陽子法務大臣に提出し、死刑制度を廃止する立法措置を講じること、死刑制度が廃止されるまでの間、全ての死刑の執行を停止することについて要請を行いました。

4 世論調査の結果

死刑制度を廃止した国々の多くは、政治家のリーダーシップにより死刑制度が廃止されているのであり、世論調査によって死刑の存廃を決めているわけではありませんが、日本では、世論調査の実施は、内閣府が担当し、世論調査の項目の作成は、法務省が担当しており、法務省の死刑制度を存置することを根拠づける有力な資料となっています。

二〇一九年世論調査の結果は、「死刑は廃止すべきである」と回答した者が九・〇%、「死刑もやむを得ない」と回答した者が八〇・八%でした。この数字だけに着目すると、国民の大半が死刑に賛成しているかのように見えるのですが、「死刑もやむを得ない」と回答した者のうち、「状況が変われば、将来的には、死刑を廃止してもよい」と回答している者は三九・九%にも上っているのであって、「将来」の死刑廃止の当否に対する態度という基準で分けてみると、廃止賛成は四一・三%、廃止反対は四四・〇%となります。また、仮釈放のない終身刑が新たに導入されるならばどうかという問いに対しては、「死刑を廃止する方がよい」と回答した者が三五・一%、「死刑を廃止しない方がよい」と回答した者が五二・〇%となっています。世論調査の結果を分析すると、「死刑もやむを得ない」と回答した者を一括りにすることはできず、将来の死刑廃止まで含めれば、世論調査の結果は、将来の死刑廃止と将来も死刑存置とはほぼ同数であることを、日弁連では、カラーのパンフを作成し広報しています。

5 死刑の代替刑

日弁連は、二〇一九年一〇月、死刑制度廃止に向けての基本方針を策定しました。死刑を廃止することに伴い、その代替刑として、仮釈放の可能性のない終身刑を新たな最高刑として導入し、死刑制度廃止の時点における死刑確定者及び以後の死刑に相当する犯罪に対して適用する刑とすることを目指すこと、仮釈放の可能性のない終身刑から、例外的に仮釈放の可能性のある無期刑に刑の変更（減刑）を認める手続制度を設けることを目指すことなどを主な内容としています。

例えば、仮釈放の可能性のない終身刑を言い渡された場合、原則として終身服役するわけですが、例外的に二〇年服役後、裁判所への減刑手続きの申立ができ、裁判所が許可すれば通常の無期刑（仮釈放のある無期刑）へ減刑され、その後一〇年を経過すれば仮釈放審査のための申し立てができるようにするような制度です。

現在の無期刑は、法制度上は一〇年を経過すれば仮釈放可能なのですが、実際には、仮釈放になる例はまれで、刑務所で死亡する人が多く、仮釈放のない終身刑化していることが指摘されています。

また世論調査の結果、仮釈放のない終身刑が新たに導入されれば、死刑を廃止した方がいいと回答した人は三五・一％存在しています。

私は、死刑の代替刑として考えた場合、法律上仮釈放があれば、被害者遺族や市民は、やはり安心できないだろうと思います。他方、現在の無期刑を言い渡された人でも、十分に反省し社会復帰可能な人もいるはずであり、そのような人はむしろ早期に仮釈放されるべきです。

法制度として、仮釈放のある無期刑と仮釈放のない終身刑の両方が必要であり、仮釈放のない終身刑ならば死刑に代替しうると思いますし、また仮釈放のある無期刑については、早期の仮釈放を実現するため社会に復帰するための中間施設の整備などが必要だと思います。ただ仮釈放のない終身刑といっても、例外的に減刑する可能性が残されるべきだと思います。

日弁連は、二〇二一年一月二一日に「『これからの刑罰制度』に関する要請書」を議連に提出し、新自由刑制度（懲役と禁錮を自由刑に一本化する制度）導入を契機として、終身刑の導入などを含めた「これからの刑罰制度」について国民的議論を喚起する場を国会内及び法務省内に設置することや死刑執行を停止することが可能な法的手続を整備することを要請しました。

6 米国の最近の状況

米国のガーランド司法長官は、二〇二一年七月一日、連邦レベルでの死刑の執行を一時的に停止するとの通知を公表しました。

米国では、現在も一部の州で死刑が執行されているものの、連邦レベルでの死刑の執行は二〇年近くにわたって行われ

$\frac{3}{38} - \frac{2}{38} =$ 日本

経済協力開発機構（ＯＥＣＤ）加盟３８か国のうち、死刑制度を存置しているのは３か国のみです。
うち、韓国では、１９９７年以降、死刑が執行されていません。
うち、米国では、５０州中２３州で死刑が廃止され、３州で死刑執行が停止されています。
今なお、国家として統一して死刑を執行しているＯＥＣＤ加盟国は、日本だけです。

国際社会は、死刑廃止に向かっています。

データは2021年6月10日現在　5 / 16　JFBA 日本弁護士連合会

ていなかったのですが、トランプ政権は、死刑の執行に関する諸規則に変更を加えた上、変更後の規則に基づいて、退陣の間際までの半年間に合計一三名の確定死刑囚に対して死刑を執行し、この大量執行に対しては、米国内でも批判が高まっていました。

他方、バイデン大統領は、選挙中から連邦レベルでの死刑廃止を公約に掲げており、前大統領時代に変更された諸規則の見直しを行い、その作業が終わるまでの間は死刑の執行を停止するというのが今回の通知の内容です。

これが米国における死刑廃止にすぐ繋がるかどうかは分かりませんが、死刑の執行停止は、死刑制度の廃止に至る過程で表明されることが多いと思います。いわゆる先進国で構成されたOECD経済協力開発機構に加盟する三八か国のうち現在も死刑を執行しているのは日本と米国の一部の州だけになっています。

日弁連は、今回のガーランド司法長官の通知を前向きに受け止め、日本政府に対し、死刑制度の廃止に向けた具体的な取組みを進めるようあらためて求める会長談話を、同年七月一六日に公表しました。

7 日豪の訪問部隊地位協定

死刑制度を持たない豪州オーストラリア側が、自国軍の兵士が日本滞在中に殺人等の罪を犯した場合に死刑になる可能性を懸念したため、日豪の訪問部隊地位協定の締結交渉が停滞していると報じられています。この点について二〇二一年三月一〇日、衆議院外務委員会において議連事務局長小熊慎司衆議院議員（立憲民主党）が質問したのですが、法務省からも外務省からも明確な答弁は得られませんでした。

日本の死刑制度が外交問題となっていることは、逃亡犯罪人引渡し条約締結の

障害となっている点が指摘されていたのですが、日豪の訪問部隊地位協定の締結についても障害となっています。日弁連では、小熊議員の質疑の内容をまとめたチラシを作成し、広報しています。

8 シンポジウム・講演会等の開催

（一）死刑制度に関する勉強会

① 二〇二〇年七月一三日、弁護士会館において、中村悠人氏（関西学院大学准教授）を講師に「無期刑受刑者の処遇について」をテーマに勉強会を開催しました。

② 同年八月一七日、弁護士会館において、相模原障害者施設殺傷事件（やまゆり園事件）の取材を行った神奈川新聞記者二名から「やまゆり園事件『植松聖』とは誰なのか」及び「『生きるに値しない命』について」をテーマに勉強会を開催しました。

③ 同年一〇月一四日、弁護士会館において、井田良氏（中央大学大学院法務研究科教授）を講師に、「死刑存廃をめぐる議論の質を高めるために」をテーマに勉強会を開催しました。

（二）国際シンポジウム「刑事司法の未来を展望する―刑事司法制度は死刑制度や弁護士への攻撃とともに共存できるのか」

二〇二一年三月一三日に、京都コングレスの開催（同年三月七日～一二日）に併せて日弁連主催のシンポジウムを開催し、約三〇〇名の参加を得ました。

「世界のあらゆる国と地域での死刑廃止を目指す―国際法における死刑制度の違法性」をテーマに、オーストラリア国立大学のドナルド・ロスウェル教授からの基調講演や国会議員等からのメッセージ、パネルディスカッションを行いました。

国会議員からのメッセージとして、河村建夫衆議院議員（自民党。議連会長）、山口那津男参議院議員（公明党代表）、福山哲郎参議院議員（立憲民主党幹事長）、関係機関からのスピーチとして、全日本仏教会戸松義晴理事長、元衆議院議員・元法務大臣の谷垣禎一氏からの参加を得ました。公明党代表は、個人的意見として死刑廃止を明言しました。

パネルディスカッションは、「この地球上のすべての国から死刑を廃止するために―国際社会は生命を限りなく尊ぶ」をテーマに、ロスウェル教授のほか、京都大学の高山佳奈子教授、映画監督・作家・明治大学特任教授の森 達也氏、国際弁護士連盟（ＵＩＡ）特別代表のマキシム・デローム氏、欧州対外行動庁（ＥＥＡＳ）人権局ポリシーオフィサーのアドリアーノ・マルティンス氏の参加を得て活発な意見交換が行われました。

シンポジウム終盤に、日弁連会長、ＵＩＡ会長及び駐日欧州連合特命全権大使の連名で、「世界のあらゆる国と地域での死刑廃止を目指す共同メッセージ」を発表しました。

（三）シンポジウム「刑罰制度の一環として死刑廃止を考える」

同年四月一二日に、名執雅子氏（元法務省人権擁護局長・矯正局長）に「新自由刑と今後の展望」をテーマとした基調講演、笹倉香奈氏（甲南大学法学部教授）に「アメリカの死刑制度の今後」と題する特別講演、小川秀世弁護士（静岡県）に袴田事件弁護団からの特別報告（先般の最高裁決定）をしていただきました。

9　今後の活動方針

（一）日弁連は、死刑制度の廃止を実現させるための「ロードマップ」に関する考え方についての意見交換を行うため、二〇二一年八月一一日、アムネスティ・インターナショナル日本、死刑廃止国際条約の批准を求めるフォーラム90、日本国民救援会、「死刑を止めよう」宗教者ネットワーク、日本カトリック正義と平和協議会、全日本仏教会、死刑をなくそう市民会議、監獄人権センター、国際人権活動日本委員会、ClimeInfo との意見交換会を開催しました。

また同日、シンポジウム「死刑廃止へのロードマップ〜米国の死刑制度の行方とわが国の死刑制度」を開催し、笹倉香奈氏（甲南大学法学部教授）から米国での動きについて報告を受け、共同通信編集委員兼論説委員佐藤大介氏から、取材活動等から見た死刑制度の今後についてのご意見をお聞きし、さらに議連幹事長矢倉克夫参議院議員（公明党）から議連の活動内容についての報告を受けました。

（二）バイデン大統領のもと米国で死刑廃止への動きが顕著であること、日豪の訪問部隊地位協定において日本の死刑制度が障害になっていること（小熊議員の国会質問）、最高裁が袴田高裁決定を取消し現在審理中であること、公明党の代表が個人的意見として死刑廃止を明言していること、法務省幹部の中にも死刑執行について慎重な姿勢を示している者が存在していると推測されること等を考えると、二〇二二年までに少なくとも死刑制度の廃止への道筋をつけること、そのために死刑の執行を事実上停止する状況をつくることを目指すべきであると思います。

そのためには各政党、国会議員、政府（法務省・外務省など関係官庁）などに働きかけると共に、米国の死刑制度の廃止の動きと連携して、国際的な視野に立って日米の国会議員が連携できるように支援する必要があります。

ともに頑張りましょう。

死刑映画を観る

「裁き」の闇と光

2020—2021

「狼をさがして」「13th」「8番目の男」

中村一成

『狼をさがして』

世界は贖われぬ不正義をその足元に埋め込んでいる。奴隷制、植民地支配、侵略と虐殺、そして新体制樹立時の処刑／死刑……その例は枚挙にいとまがない。だが「はじまりの不正」を忘れず、嘘を嘘と言う者は必ずいる。不正に塗れた現実への順応を拒み、違う世界を希求する者は立場と時代を超えていつでも存在する。なぜなら人間は人間である限り、自由と平等、尊厳を求めるのからだ。

二〇〇一年、南アフリカのダーバンで開かれた「人種主義、人種差別、外国人排斥および関連のある不寛容に反対する世界会議」で、アフリカや中東の国々が欧米諸国に対して奴隷制と植民地支配への謝罪と賠償を求めたのも、中東諸国がシオニズムをレイシズムの一形態と指弾し、ダーバン宣言への明記を求めたのもその証左だ（ちなみに、日本メディアでは「人権団体」と誤認されているシオニスト右派団体「サイモン・ヴィーゼンタール・センター（ＳＷＣ）」は、ダーバン会議を反ユダヤ主義者の集まりとし、日本などに次回ダーバンか会議のボイコットを呼び掛けている）。現代の公民権運動“Black Lives Matter”を担う者たちが、奴隷制や植民地支配で富を築いた「偉人」の胸像に「レイシスト」などと書き殴り、首に縄をかけて引き倒して海中投棄するなどしたのも、「はじまりの不正」へのまったき「否」である。

本作『狼をさがして』に登場するのも、不正の上に築かれたこの戦後日本社会の欺瞞を根源から問うた者たちだ。アイヌモシリと琉球を侵略、「ヤマト」に取り込み、台湾、朝鮮を植民地化、中国や東南アジアを占領し、大戦末期には植民地出身者を労務、戦争に駆り出しながら、敗戦後はその事実に向き合わず、米国の傀儡を務め、朝鮮での戦禍を契機に経済復興を果たした。その汚辱を自らの手で「克服」し、「生きるに値する世界」を築こうとした者たち……。だが順応を拒む「命」、真直ぐな「志」は、その純粋さ故に時として取り返しのつかない結果をもたらしてしまう。

彼らが属したのは本作の原題でもある「東アジア反日武装戦線」。一九七四年から七五年にかけ、旧財閥、軍需産業系の大手ゼネコンなどを標的に連続企業爆破事件を起こした武装闘争集団だった。

高度経済成長を経て、多くの「国民」が「豊かさ」や「安定」を謳歌していた時代、天皇裕仁をはじめとする日本の歴史的責任を問うた若者たちの思いと行動を『ノガタ（土方）』『外泊』などで知られる韓国のドキュメンタリスト、キム・ミレ監督が追いかけた。それが本作だ。彼らのような者たちがこの日本にも居た「事実」を掘り起こし、映像に刻む営為が、日本ではない韓国の作家の手でなされたことに、この日本社会の現状を痛感する。

彼らの起源は一九七〇年、法政大の学生だった大道寺将司らが始めたノンセクト系の研究会「Lクラス」にある。一九四八年に釧路で生まれた彼の自己規定がまさに「アイヌモシリを侵略した植民者の末裔」だった。一九六八年にはヤクザ二名を射殺した在日朝鮮人二世の金嬉老がライフルとダイナマイトを手に静岡県の温泉宿に立てこもり、日本社会の民族差別を命がけで告発した事件が起きている。大道寺が大学に入った七〇年は、安保闘争の年であると同時に、民族問題への無知や反入管法闘争への主体性のなさを巡り、在日華僑の青年組織「華僑青年闘争委員会」が中核派などの新左翼党派を日共同様の「悪しき政治的利用主義」などと激烈に批判、絶縁を宣言したいわゆる「華青闘告発」もあった。日本新左翼の「闘争」それ自体の軽佻浮薄が自己批判を迫られた時代だ。

自らの依って立つ思想の内実、この社会で生きる自らの罪と責任について考え、応答したのが彼らだった。「安保闘争」の敗北／挫折で退学した大道寺らは、在日史学の先駆者で、強制連行研究の第一人者、朴慶植の著書『朝鮮人強制連行の記録』や、ファノン、ゲバラの論考などをテキストに学びを重ねていく。

戦後日本社会は、かつて隣人に与えた被害を贖うどころか、自らが犯した歴史的犯罪の責任をうっちゃり、米国の世界戦略に便乗してあらゆる機会をとらまえて経済侵略を進めた。一方では国内の旧植民地出身者の国籍を喪失させ、無権利・不可視の存在としてきた。

青年たちはこの日本社会の醜悪さへの怒りを研ぎ澄ませていく。社会が安定していき、多くの人が謳歌している「平和」や「豊かさ」を根っこから問い直し、突き詰める中から次の言葉、他者と繋がれる言葉を紡ごうとするのである。それは犯罪の歴史に他ならない日本の近現代史に向き合い、「落とし前」をつける行動を求めていく。武装闘争だった。

『狼をさがして』キム・ミレ監督、2020年韓国、©Gaam Pictures

根底にはイデオロギッシュな二分法に基づく「非和解的」な認識、この社会の多数派に「語りかけること」への拒絶感があったのだとも思う。彼らは素性を隠して「地下」に潜り、爆弾闘争を具体化させていく。標的は天皇裕仁、これは小学生でもわかるリクツだ。植民地主義と侵略戦争の最高責任者でありながら、米国の都合でその罪を免れ、自死すらせずに生き抜いた恥知らずである。現実に順応し、権力に物分かり良く振る舞う者たちはその道理から目を背けているのだ。彼らにとって裕仁の処刑は有耶無耶にされた「臣民の責任」をも問う回路だった。

彼らは裕仁が八月一五日の全国戦没者追悼式に出るため、毎年前日に那須から東京に「お召列車」で戻るパターンを掴み、埼玉・東京間の「荒川鉄橋」を爆破し裕仁を暗殺して「昭和」にピリオドを打つ「虹作戦」を立案する。鉄橋なら周辺民家を巻き添えにしないと判断したのだが、準備段階で彼らは河原に数人の男がいるのを発見する。私服警官なのか、アベックの逢瀬を覗きに来た出歯亀に過ぎないのかが判断できず、計画は中止に追い込まれる。

その翌日、彼らの進路を大きく変える出来事が起きた。当時二二歳、在日韓国人二世の文世光が、韓国の「光復節」式典で朴正熙に拳銃を乱射、朴の妻、陸英修が殺されたのだった。

陸が文の弾で死んだかも含め、この暗殺未遂事件自体、真相は不明だが、〝狼〟に与えた衝撃は大きかった。同世代の青年、文の「決起」に連なりたい。彼らが急ぎターゲットにしたのは、明治以降、日本の侵略拡張政策に伴走して巨利を貪り、敗戦後も日本の経済侵略の先頭に立っていた企業群であり、その代表格たる旧三菱財閥だった。彼らは丸の内の三菱重工本社前に爆弾を仕掛ける。鉄橋破壊用の爆弾四〇キロをそのまま昼のオフィス街で炸裂させる。それがもたらし得る結果に対し、彼らの想像力を遮断したのは何だったのか。爆破予告の電話で人を避難させれば、人的被害は出ないと考えた甘すぎる計画は、それを「いたずら」と放置した警備員らの判断で狂ってしまう。結果は八人が死亡、三八五人が重軽傷を被る大惨事だった。

「結果」への驚愕と恐れか、退路を断って「落とし前」をつける覚悟ゆえだろうか、彼らは、死者は市民ではない「植民者」と断言し、イデオロギッシュな言葉で自らの行為を正当化してしまう。

「一九七四年八月三〇日三菱爆破＝ダイヤモンド作戦を決行したのは、東アジア反日武装戦線〝狼〟である。三菱は、旧植民地主義時代から現在に至るまで、一貫して日帝中枢として機能し、商売の仮面の影で死肉をくらう日帝の大黒柱である。今回のダイヤモンド作戦は、三菱をボスとする日帝の侵略企業植民者に対する攻撃である。“狼”の爆弾に依り、爆死し、或いは負傷した人間は、「同じ労働者」でも「無関係の一般市民」でもない。彼らは日帝中枢に寄生し、植民地主義に参画し、植民地人民の血で肥え太る植民者である。〝狼〟は日帝中枢地区を間断なき戦場と化す。戦死を恐れぬ日帝の寄生虫以外は、速やかに同地区より撤退せよ。〝狼〟は、日本帝国内、及び世界の反日帝闘争に起ち上がっている人民に依拠し、日帝の政治・経済の中心部を徐々に侵食し、破壊する。また「新大東亜共栄圏」に向かって再び策動する帝国主義者＝植民地主義者を処刑する。最後に三菱をボスとする日帝の侵略企業・植民者に警告する。海外での活動を全て停止せよ。海外資産を整理し、「発展途上国」に於ける資産は全て放棄せよ。この警告に従うことが、これ以上に戦死者を増やさぬ唯一の道である。

九月二三日

東アジア反日武装戦線〝狼〟情報部」

彼らは指揮系統を持たなかったという。行動に共感する者は後に続き、東アジア反日武装戦線を名乗ればいいと考えていた。だからこそ大道寺らは小集団で行動する〝狼〟と名乗ったのだろう。

続いたのが〝大地の牙〟を名乗る者たちだ。彼らの攻撃目標は大成建設だ。日清戦争以来、軍に並走しながら成長した同社は、一九二二年、新潟県の水力発電所建設工事で、重労働と虐待に耐えかねて逃走した朝鮮人労働者数十名が虐殺された「信濃川事件」の工事を請け負っていた軍需企業だった。

さらに〝さそり〟と称する者たちが呼応する。彼らの標的も軍国主義に寄生して巨大化した間組（現・安藤ハザマ）だ。翌一九七五年、〝大地の牙〟は韓国への経済進出を支える日本の機関「韓国産業経済研究所」を爆破する。日付は四月一九日。反共国家「韓国」で一九六〇年、民主化を求める青年たちが李承晩を失脚させた「四月革命」の記念日である。そこには、日本の支配と軍政の暴圧に抗い、自由と平等、民主化に命を懸ける隣国の青年たちへの思い、闘いを通じて彼らと連なりたいとの思いが込められていた。逮捕時に青酸カリを飲んで自殺した斎藤和は計四回、渡韓していたという。

　そこに二十年余の獄中生活を終えた浴田由紀子の言葉が被さる。『世界』で続いていた『韓国からの通信』を「友人たちの消息のように」貪り読んだ浴田は自らに問うたという。「闘う人々と国と世界を変え、すべての人が対等に生きられる社会をつくるためには?」。

　そんな彼らの切実な思いと行動の軌跡を発見したのは、他でもないその韓国の映像作家だった。韓国の青年たちは「反日」の一斉検挙と斎藤自殺の後も闘いを続け、光州民衆抗争や六月抗争を経て民主化を勝ち取り、事実上の死刑廃止や国家人権委員会の設立、外国人参政権の実現や戸籍制度の廃止など、東アジア随一の人権、民主社会を実現した。その韓国から来た作家の手で「連帯」を夢見た彼らの存在が掘り起こされ、記録されていく。胸が熱くなるのも確かだが、それでもやはり痛ましすぎる。今、ここにある恥を見つめ抜き、自らを切り開き、退路を断ってそのケジメをつけたい。闘いを通じて韓国の青年たちに連なり、共に自由で平等な世界への扉を開きたい。そんな思いで突き進んだ者たちが、観念的に「正しさ」を突き詰める思考や、それが行き着く自己否定(他者の否定と表裏だ)、自らの行為がもたらす結果への想像力の欠落、硬直化した敵味方の「二分法」ゆえに、本来は「呼びかけ」の対象だった者たちを殺め、結果として大道寺ら二人は死刑囚となってしまった。

　さらに言えば、「過去清算」を企図した彼らの「連続企業爆破事件」と、連合赤軍による陰惨な「仲間殺し」こそが、理想や理念に多くが「胡散臭さ」や「危険性」を感じて距離を置く、この社会で支配的な空気を蔓延させる発生源の一つになったのではないか。それは「正義の実現」や「人権」の言葉が人を突き動かし、社会を変え、政権を交代させるだけの力を持つ韓国市民社会の現在と、この爛れきった日本社会との決定的違いとなって表れているのだと思うし、「反日」の思想と行動を記録する者が、日本のドキュメンタリストではなかった一因だとすら推察できるのだ。実力闘争の歴史を踏まえた結果として採用された非暴力の「ろうそくデモ」が、「反日」が活動した時代の独裁者、朴正熙を肯定する娘、朴槿恵の政権を打倒し、三度目の進歩政権誕生を実現したことを、大道寺や斎藤たちはどう思ったのだろうと考える。

　爆破予告の電話が悪質な「いたずら」として無視されていなければ、三菱爆破は大惨事とはならなかったかもしれない。しかし本作には如何なる形でもそれを「説明」するくだりはない。ここで「弁明」を入れなかったことが、作品の深みを決定づける分水嶺だったと思う。大事なのは自らの行為が夥しい人たちの生を途絶した「結果」であり、問われるのはそこにどう向き合い抜き、事件から四〇年以上を掛けて如何なる思想を紡いだかに他ならないのだから。

代わりに刻まれるのは、独房から数十年に亘って自ら招いた結果を考え、深めていく大道寺の言葉である。「三菱重工爆破闘争は誤りであり失敗でした。攻撃してはならない人々を多数殺傷してしまったのですから。殺傷してしまった方々、その遺族の方々には深くお詫びしなければなりません。日本人は総体として、アジア、アフリカ、ラテンアメリカの被抑圧人民に寄生して存在している。日帝本国人であるという認識から、死傷者を「植民者」と誤って規定し、この爆破結果を正当化する声明文を公表したのである。当時の東アジア反日武装戦線〝狼〟部隊に問われていたことは、三菱重工爆破の誤りと失敗を率直に自己批判し、死傷者の方々に謝罪し、その上で、この作戦と同じ誤りと失敗を繰り返さないための教訓を可能な限り明らかにして、的確な反日武装闘争を続けていくことでした。これこそが真の自己批判の実践だったのです」。そして獄中で、俳句という一七文字の世界で自らの内面を深め、広げていった彼が残した俳句のいくつかが、従兄の太田昌国によって紹介される。

　危めたる吾が背に掛かる痛みかな

　加害せる吾花冷えのなかにあり

大道寺は二〇一七年五月二四日、六八歳で獄死した。キム・ミレ監督との対面は叶わず、彼の動画はおろか声すらも作中には出てこない。作品中で、池田浩士が語る暴力の非対称性を思う。八人を殺めた大道寺は死刑囚となり、骸となってはじめて「出所」できた一方で、数百万人の死に責任を持つはずの戦犯裕仁は免責され、グロテスク極まる「延命措置」の末に〝天寿〟を全うした。アジア人民の生血で肥え太った軍需企業の数々は、今も日本を代表する「一流企業」として存在している。「反日」のメンバーたちが受けた重刑は、この世界の根にある「不正」を暴露したこと、そして「暴力」が国家の独占物であるという「自明」に亀裂を入れ、暴力が支配者にのみ許された「権限」ではなく、それを行使する者の「覚悟」の問題だと示したことに対する国家の報復であるのだろう。

作品は大道寺の句で結ばれる。

　狼や見果てぬ夢を追い続け

かつて人を殺めたことを「是」とし、青酸カリを胸に忍ばせて実力闘争を重ねた者もいた「集団」である。換言すれば自らの命を「その程度」と見做していた者の一人が、途絶された独房で一人、骨髄腫の痛みに苦しみながらも、償い得ない罪を背負いながら生を全うしたのだ。自らの責任に向き合い、思考の鋳型を脱ぎ捨てる中で、それでも希求した「見果てぬ夢」、その「夢」を、私も分かち持ちたい。

『13th』

前号以降の一年で起きた死刑を巡る大きな動きの一つは、米国史上初めて、死刑廃止を公約に掲げて大統領選に勝ったバイデン氏をトップとする政権の誕生だろう。死刑を廃止している州は五〇中二三州、過去一〇年執行をしていない州を入れると全体の七割にあたる三六州で死刑がなされていない。検事出身の副大統領、カマラ・ハリスも従来から死刑反対を主張しており、死刑廃止は政権の明確な意思といえる。新政権発足後、目立った動きはなかったが、ガーランド司法長官は七月一日、連邦レベルでの死刑執行を停止すると発表した。

バイデンが死刑廃止を訴える大きな理由は「冤罪」だ。背景には有色人種、特に黒人に対して厳しい判決が出る司法での人種差別の問題がある。ガーランドも七月の通知文章の中で、「死刑の適用には恣意性があり、非白人に差別的な影響を及ぼす」として、連邦レベルで大量執行を強行したトランプ政権時代に変更された諸規則の見直し作業が終わるまでは執行をしないとした。司法判断が人種差別に左右されている現状を認めたのだ。

実際、昨春の段階で人口の十数パーセントの黒人が、死刑囚の四割強を占めている。裁判もなく警官に射殺される黒人も年間数百人に達する。その少なからぬ者は丸腰である。まさに公務員による私刑／処刑が横行しているのだ。そして冤罪である。前号で紹介した『黒い司法』でも描かれたが、警官などによる証拠の捏造は被疑者／被告が黒人の場合に跳ね上がるとの研究報告もある。米国の刑事司法はレイシズムに汚染されている。

それは死刑に留まらない。有期、終身刑を含め刑務所内の黒人の比率は極めて高い。二〇一八年でいえば、全米人口の一三%程度のアフリカ系米国人が、刑務所人口の三割を占める。六割の白人とほぼ同比率である。それでも減少傾向なのだ。背景には継続する奴隷制と、それを支えるレイシズムの存在がある。ドキュメンタリー『13th（サーティーンズ）』は、その構造を丹念に掘り下げた一本である。二〇一六年の作品だが、Netflixで視聴可能だ。

映画の起点は、大量収容と、囚人におけるアフリカ系の異常な多さだ。同じアフリカ系米国人の女性監督、エイヴァ・デュヴァーネイ監督（『グローリー／明日への行進』）は、その根を奴隷制時代にまで遡る。タイトルは修正憲法一三条を指す。リンカーンの奴隷解放宣言から二年後、南北戦争終結の年に成立した条項だ。そこにはこう記されている。

「第1節　奴隷および本人の意に反する労役は、犯罪に対する刑罰として当事者が適法に宣告を受けた場合を除き、合衆国内あるいはその管轄に属するいずれの地にも存在してはならない」。
問題は、「犯罪に対する刑罰として当事者が適法に宣告を受けた場合を除き」という「除外規定」だ。南北戦争敗北と奴隷解放で南部の経済は破綻した。一方で南部にはおよそ四〇〇万人の解放奴隷がうまれた。ここで威力を発揮したのがこの「除外規定」だった。仕事に就けず、放浪していた者たちを警察が逮捕、刑務所に送り込んだ。なぜか？　重労働現場に囚人を貸し出し、タダ働きをさせるためである。

浮浪黒人たちを奴隷貿易時代の人間狩りのように次々と逮捕する。それらの捕り物が社会に振りまくのは「犯罪者」「ワル」「怖い存在」としての黒人イメージだ。これは公の差別煽動だった。本作では言及されていないが、元より米国南部の警察組織とは、黒人奴隷の叛乱や逃亡を取り締まるための「自主的パトロール組織」に根を持つ。黒人を牛馬以下の存在と見做し、「白人優位の社会」を維持するための機構、レイシスト集団なのだ。

デュヴァーネイは作品で、そのイメージを決定付けたのが『國民の創生』（G・W・グリフィス、一九一五年）だと指摘する。映画史上初の長編映画であり、クロスカットやドリー撮影、クローズアップの使い方など、その後の映画文法のアイデアが詰まった作品である一方、クー・クラックス・クラン（KKK）を正義の味方として描いたレイシズム映画だ。

差別と歴史改竄の上に咲いたこの毒花のような映画は、当時もあった上映反対運動をあざ笑うように公開され、歴史的ヒットを記録した。なぜか？　南北戦争を経て言い難くなっていた白人キリスト教徒たちの多くの本音と欲望をこの映画が体現していたからだ。当時のウッドロウ・ウィルソン大統領はホワイトハウス（これも「白」だ）で鑑賞会を開き、「ここに本当の歴史がある」と絶賛したという。白装束や、KKKの象徴ともいえる十字架を燃やす威嚇行為は、グリフィスの演出だった。KKKの運動スタイルもこの映画の産物だった。

作品は消滅状態にあったKKKを復活させ、「生意気な解放奴隷」へのリンチが横行する。一九七〇年代終盤、黒人警察官がKKKに潜入捜査をした嘘のようなホントの話を基にしたフィクション映画『ブラック・クランズマン』（スパイク・リー、二〇一八年）で、公民権運動家でもある歌手、ハリー・ベラフォンテ演じる老活動家が語ったリンチ殺人一九一六年の「ジェシー・ワシントン事件」は、最悪の意味でのその「嚆矢」だった。

本作でも、惨たらしく殺され、木から吊るされた黒人の死体が次々と映し出される。そんな例は幾らでもあった。当時、南部から北部への黒人移民が急増したという。北部社会に「豊かさ」を求めて渡った黒人もいたのだろうが、何よりも南部に留まれば「殺される」と思ったからだ。北部移民は、国内の政治難民が実態だったと作品は言う。

リンチの時代の後は、「ジム・クロウ法」と総称される南部の合法的人種隔離体制の確立だ。投票税や識字テスト、事前申し込みの導入などによる投票権の剥奪や、「分離すれども平等」に象徴される、公共空間などにおける人種隔離である。ちなみにジム・クロウは、白人が顔を黒く塗り、間抜けで滑稽な黒人を演じる「ミンストレルショー」の有名なキャラクターに由来している。黒人を貶める「笑い」は鑑賞する労働者階級の白人たちに人種的優越意識を植え付け、自分たちは貧しい白人だが、あそこまで間抜けで惨めな存在ではないというたぐいの自己イメージを形成させた。人をバカにし、蔑む笑いがなぜダメなのかの代表的な例だが、翻って日本社会では同様の行為がさして問題にもならない。

映画は、奴隷解放宣言、修正憲法第一三条が成立した後も、「囚人貸出制度」として奴隷制は続き、選挙権は実質的に奪われ、州法によって人種隔離の対象とされたことを容赦なく描き出していく。公民権運動を経て、選挙権剥奪とアパルトヘイト体制は表向き終焉するが、次に表面化していくのがニクソン体制におけるバックラッシュである。「法と秩序」を強調する彼は、犯罪との闘い、とりわけドラッグ問題を“Public Enemy”（後のラップバンドがこの名を冠した理由を考えて欲しい）と名指して「麻薬戦争」を打ち出し、その根絶をアピールすることで大衆の支持を集めようとした。「人種問題の犯罪問題へのすり替えだった」と、黒人解放運動のレジェンド、アンジェラ・デイヴィスは監督のインタビューに答える。

右派政治家の主張の根底にあるのは「公民権運動」が放任主義を招き、犯罪の増加を招いたとのメッセージである。公民権運動を「ニガーの我儘」と敵視する南部の保守票取り込み策である。公民権運動や女性解放運動、ゲイ・リブ運動を敵視していたFBI長官、ジョン・E・フーバーとの二人三脚だったのだろう。

その「政策」を実行に移したのは、同じ共和党のロナルド・レーガンだったとデュヴァーネイは喝破する。彼は一九八二年以降、「クラック」を対象にした大規模な取り締まりを推進していく。クラックとは煙草に入れて吸引可能なコカインの塊である。白人の上流階級が、ガラステーブルの上に撒いた白いコカインの粉末を剃刀の刃でとりわけ、ストローで吸う場面は映画の定番である。クラックは同じ成分だが粉末のコカインより安いため、より貧しい層（＝黒人などの有色人種）に流通していたのである。

次々と並べられるファクトが不正を証明していく。保守政治家が利用したメディア映像が、彼らの推進したレイシズム政策の証拠となるのはある意味、皮肉である。

レーガン政権下では、白人や富裕層に使用者が多いコカインに比べて、貧しい者たちが使用しているクラックの量刑を圧倒的に重くする法改定がなされた。警官隊がアジトに踏み込み、使用者や売人を摘発する姿がテレビメディアのコンテンツになっていく。大抵は黒人である。これは狂暴、凶悪な犯罪者、薬物中毒者としての「黒人像」、とりわけ少年犯罪者のイメージを振りまいていく。日本のテレビで定期的に頻繁に放送される警察や入管への「密着モノ」もそうだ。当局に許可を貰い、OKの出た場面だけを撮り、編集する。地道な取材や工夫など必要ない。犯罪や外国人を対象に、視聴者の恐怖や不安を煽り、かつ権力機関をヨイショし、今後の取材で何らかの便宜を図ってもらおうとする卑しいやり方だ。権力の横暴や違法行為の監視という自らの役割を投げ捨て、媚びへつらうのだから。

一九八五年には、米国の刑務所人口は七二年の倍以上、七六万人近くに達した。犯罪者への「強硬姿勢」で大衆の支持を得る「必勝法」が確立され、強硬策を売りにする共和党政権が続いた。収容者は一九九〇年には一一八万人近くに膨れ上がる。リベラル系を売りにする民主党(奴隷制時代は逆だったが)は支持を得られない。一九八八年の大統領選に出馬したマサチューセッツ州知事で死刑反対が持論だったマイケル・デュカキス氏もその姿勢を「犯罪への弱腰」とするキャンペーンを張られ、ジョージ・W・ブッシュに敗れた。

「敵」を見つけて叩き、排除する。前回も書いた「処罰ありき」の発想である。この思考が人々の心を荒ませ、いかに社会全体を頽廃させていくかは、この日本を省みれば分かると思う。一九九〇年代中盤以降だけでもいい。核、拉致問題を通し、この国の権力とメディアは「北朝鮮、朝鮮総連叩き」に血眼になってきた。それは子どもたちの通う教育機関へのなりふり構わぬ弾圧に繋がっている。同じ社会の成員を「二級市民」「例外的存在」「何をしてもいい、どんな目に合わせて

もいい存在」とする発想がこの社会をどれだけ内部から腐らせてきたか。とりわけ「拉致」をエンジンに首相に上り詰め、計九年近く権力の座に座って来た安倍自公政権の言動がどれだけこの社会を退廃させたか。「敵」を措定し、攻撃する発想は、人倫を内側から破壊する。死刑制度とはまさにその一つに他ならない。

米国においては、この流れは民主党の退廃をもたらした。ビル・クリントンと、副大統領で、今は環境活動家として知られるゴアの二人は、死刑制度支持をアピールして政権に就く。これは民主党にとっての路線転換だった。共和党の上を行く強硬な刑事政策を打ち出し、連邦法を「整備」していく。一定以上の刑を二度受けた者が三度目の有罪を受けると自動的に終身刑となる「スリーストライク法」はその典型だろう。仮釈放がなくなり、重刑化や死刑該当犯罪の種別も増えた。訴追の権限を持つ地方検事の九五％が白人である。陪審員だって白人主流だ。警察の重武装化もクリントン政権時に進んでいった。

二〇〇〇年には受刑者数は二〇一万五三〇〇人になり、翌年の受刑者の八七万人が黒人だったという。当時、人口の六・五％だった黒人が、受刑者の半数近くを占める。ヒスパニックなどを含めると有色人種の比率はさらに上がる。なぜここまで酷くなったのか。黒人の力自体が弱かったことを指摘し、アンジェラ・デイヴィスは言う。「指導者潰しが繰り返されてきた」と。明け方に踏み込んできた警官にハチの巣にされたブラック・パンサー党のイデオローグ、フレッド・ハンプトン、キューバに政治亡命したアサータ・シャクール（早世した伝説的ラッパー、トゥパックの叔母だ）……。アンジェラ自身、他でもないロナルド・レーガンの横車でＵＣＬＡを解雇され、彼女名義の銃で裁判所襲撃の手筈を整えたとして獄中生活を強いられている。彼女はすべての嫌疑で無罪を勝ち取った。フレームアップだった。

膨張する刑務所人口、その背景に何があるのかに監督は迫っていく。規制緩和と民営化を進めたレーガン時代、刑務所にも民間会社が入り込んでいく。詳しくはぜひ作品を観て欲しいが、証言や事実から導きだされるのは、運営会社が儲けるために権力が囚人の安定供給をしていたこと。そして、彼ら囚人の無償労働、あるいは苛烈な搾取で企業が生産活動をしていた事実である。南北戦争後の貸し出し制度が現在は大量収容という政策を通じてなされているのだ。背後にあるのは資本の利益である。そこで現代の奴隷とされるのは黒人をはじめとする有色人種、彼らを「人権の無い存在」として扱う根拠が憲法に記されている。保釈金が払えないために収監される者の数が異常に多いことや、生計主を獄にとられた家庭が困窮し、崩壊していく構造、さらには驚くべき数の逮捕者が、司法取引に応じて裁判を受けないまま獄に入っている

『13th（憲法修正第13条）』エイヴァ・ディヴァーネイ監督、2016年米映画　CJNetflix、

データなどが示される（これはまさに驚愕と言う他ない）。レイシズムを基盤にした「産獄複合体」の実態はおぞましい。すべてが白人キリスト教徒らマジョリティーの経済的利益の追求で回り、その割を食うのは黒人ら有色人種なのだ。有罪判決を受けたアフリカ系米国人が刑務所に行く確率は白人の五倍でヒスパニックの二倍、死刑判決を受ける割合も高いという。これが全人口の一割程度のアフリカ系が死刑囚の四割を占める実態に繋がっている。

日本語字幕付きDVDはまだ出ていないが、ネットフリックスでは鑑賞できる。本作の「続き」である監督インタビューも鑑賞できる。トランプ政権前に本作を世に問うた彼女は言う。「どんな状況下でも可能性はある。人々の声こそが状況を変える」と。現実に鍛えられた「楽観主義」こそが、この稀有なドキュメントの根っこにある。

『8番目の男』

韓国映画では「ファクション」という言葉がある。“fact”と“fiction”を合わせた造語で、ある「事実」に依拠したフィクション作品のことを指すという。

本作もそんな一本だ。二〇〇八年一月、韓国史上初めて行われた「国民参与裁判」をネタに、作家の想像力を自在に飛翔させ、裁判や法、ひいては社会の在り方を問うた好作である。

「国民参与裁判」とは陪審員制のこと。対象は二〇歳以上の韓国民で、一定以上の犯歴がある者と軍人、警察官、裁判所や検察の職員、マスコミ関係者は除外される。裁判所は事件ごとに、住民登録に基づき作成した候補者名簿から約一〇〇人を呼び出し、陪審員を選考する。本作

「８番目の男」ホン・スンワン監督、2019年韓国、

の設定とは違うが、人数は法定刑が死刑、無期の場合は九人、その他は七人（否認事件でない場合は五人となる）で、弁護士と検察官には「好ましくない」と判断した者を忌避できる。奇数にしているのは最終的に多数決を取るためだ。そして大きなポイントは権限だ。本作でもドラマの要素となるのだが、最終的に裁判体は、陪審員の議決と違う判決を言い渡すことも出来る。

物語は開廷日の朝に始まる。裁判所には初物好きのメディア記者が詰めかけ、出勤してくる裁判官たちに手当たり次第にぶら下がる。社会的な注目が集まる一方で、現場を仕切る「法のプロ」たちは気が気ではない。おそらくは政権肝煎りの政策である。うまく使えば司法制度へのイメージ向上の格好の契機なのだが、「素人」を集めて「適正な判決」を導き出すのだ。正直、何が起こるか想像もつかない。大失態を演じれば自らの出世にも差し障る。

八人の陪審員が選定されるのだが、実は八人目はマスメディア関係者だった。裁判所側の「身体検査」の不徹底である。とはいえ既に選考して不採用の結論を出した者は呼び戻せない。通知を無視した者たちを再度、呼び出すことになる。その一人が、自分の発明で起業を夢見る優柔不断で要領の悪そうな青年、クォン・ナム（パク・ヒョンシク）だった。新開発したらしい胡散臭い防犯グッズの特許申請に裁判所を訪れていた偶然も重なり、取り急ぎ彼の面接が始まる。

「有罪と無罪が半々の場合、どうしますか？」

「たとえ一〇人の犯罪者を逃がしても一人の冤罪を作ってはいけないとの考え

をどう思う?」。厳かな空気の中で書記官が問う。刑事司法の大原則「疑わしきは被告人の利益に」への認識を訊かれているのだが、ナムは真逆の回答を重ねる。「国民参与」への懸念を体現する人物だった。刑事事件一筋一八年、法学部出身ではないが、ソウル中央地方法院の部長（日本で言えば東京地裁の部長だろう）を務める職人裁判官、ジュンギュム（ムン・ソリ）がいささか呆れながら「質問」と称する「説諭」をする。要するに「無知な若者」への説教である。

クォン・ナムさんはなぜ法が必要だと?」

「罪人を罰するため?」

「法は人を罰しないためにあるのです。罰する時には冤罪を防ぐために基準が要る。むやみに処罰できないよう設けた基準が法なのです」

刑事司法制度の根幹でありながら現実には蔑ろにされているこの大原則が、本作の通奏低音である。これを堂々と掲げ切るのがフィクションの力、もっといえば権力との緊張関係の中で、「あるべき社会像」を探求してきた韓国映画の底力だと思う。

ジュンギュムにとっては「不採用」の一択だが、他の候補者は面接に間に合わない。彼が「8番目」として採用されることになる。彼らが担当するのは殺人事件だった。「犯人が罪を認めているので、あとは刑を量定するだけになります」「みなさんは懲役年数を決めるだけで結構です」。陪席裁判官が陪審員たちに説明する。国民参与裁判一件目ゆえ、当局は「安全運転」で選んだのだろう。その後は記念撮影だ。まさにセレモニーである。担当する裁判官キム・ジュンギュムに対して、上司（クォン・ヘヒョ）が言う。「無事に終えれば君は高裁の部長で、私は最高裁判事だ」。

フラッシュのなか陪審員が入廷する。事件は年老いた母と団地で暮らしていた息子カン・ドンシク（ソ・ヒョヌ）が、公的扶助の申請を巡る対立から母を撲殺、ベランダから落として事故死に見せかけた事案という。凶器のハンマーも押収されており、向かいの棟にいた警備員もドンシクが母を突き落とすのを目撃した。本人も自白したという。

検事は公的扶助欲しさの犯行と決めつける。極貧の母子家庭に育ち、幼少時、母が仕事に出ていた時の火事で顔と手に大やけどを負い、仕事が出来ぬ被告が、安定した生活保護欲しさに「扶養者」である母を殺したとの筋書きだった。まだ刑法に尊属殺人規定が存在する韓国では金目当ての親殺しは死刑判決もあり得た（韓国は金大中政権以降、死刑執行がない「事実上の廃止国」だが、その後もメディアを賑わした猟奇的殺人や、軍隊内でのシゴキに起因した銃乱射事件などでは死刑判決が出ている）。母親の申請を巡って彼が福祉事務所に押しかけ、大暴れしたことも「傍証」にされた。母親に収入がある限り、あるいは親子関係を断絶しない限り扶助を受けられない法の規定が、社会の片隅で生きている母子をセーフティネットから排除していた。まさに「法」によって踏み躙られて来た者たちだった。

被告は直後に階段から落ち、脳手術を受けていた。自白の動画からは朦朧とした被告を誘導している線も疑えたが、弁護士はまるでやる気がなく、最初から陪審員に情状酌量を訴える始末である。誰もかれもが好き放題に「極悪息子」の像を作り上げていく中で、証人として出廷した福祉事務所職員は被告の書いた家族関係解体の事由書を提出する。

縁切りの「理由」として、ドンシクが抱く母への恨みつらみを書いた内容だった。検事はそれを陪審員に朗読させるのだ。心証形成のパフォーマンスだった。ここに至って、それまで押し黙っていたドンシクは絶叫する。「お前らが書かせたんだろうが!」。縁切り状を通すため、彼は職員からそう書くように指示されていたのだという。返す刀でドンシクは、事件について「覚えていない」と主張する。事実上の罪状否認である。量刑を決めるだけのはずだった国民参与裁判は一転して、有罪無罪を見極める高度の判断の場となる。

審理の中で証拠にも疑義が浮上してくる。死体清掃業者を三〇年務めた6番(キム・ホンバ)は現場経験からハンマーでの撲殺はあり得ないと主張、法廷内での発言はできないというジュンギュムの訴訟指揮を無視して不規則発言を繰り返す。彼は退廷させられてしまうのだが、迎えた評決、他が全員有罪を投じる一方で、「疑わしきは被告人の利益に」の原則を理解していなかった8番が一人、提出を拒むのだ。有罪か無罪か「決められない」と。

あとの展開はぜひ映画を観て欲しい。蛇足だとも思うが、本作は法廷ドラマの名作で、このジャンルのフォーマットでもある『12人の怒れる男』(シドニー・ルメット)へのオマージュである。やはり親殺しの犯人とされた黒人少年の審理で集められた陪審員の中で、ただ一人疑義を呈した最初の一人はまさに8番(ヘンリー・フォンダ)だった。冒頭の制度説明でも記したが、実際は奇数の陪審員をあえて八人にしたのもそれが理由だろう。だが密室での劇だったルメット作品とは違い、本作のカメラは裁判所内を縦横に動き回り(そんな場所に入れるわけがないだろうという場所も含めて)、作品をドラマチックに構築していく。そしてこの映画史上のフォーマットが示すのは、死刑廃止の根拠であり、芸術の前提である人間の「可変性」だ。だからこそこの型は幾度となく映画、演劇化されてきたのだろう。

「他人の人生への責任」を自覚した一人の、揺れながらも踏みとどまる勇気が波紋を広げ、日常生活と経験に埋没していた「プロの法律家」を含めた他者を覚醒させ、本来あるべき法治社会の姿が

「8番目の男」ホン・スンワン監督、2019年韓国、

顕現していく。いわば「取るに足らない人物」が「正義を実現」していく様はまさにフィクションの面白さであり、韓国映画の定番だ。貧困層である被告人の悲劇や、生活に追われて、エリートの「常識」を知らない「8番」の姿を通して、格差社会の実相を抉っているのも目配りが聞いている。このようなストーリーが娯楽映画のフォーマットで語り切られる（そして大ヒットした）こと自体に私は、良心や倫理、民主主義への希求が社会を動かしてきた、そして動かす力たりえる韓国市民社会の厚みをも感じてしまう。

作品における思考の土俵、与えてくれる「問い」が「冤罪か否か」にとどまっていることには物足りなさを感じる部分もあるが、それは命を奪う刑罰が実行され続けている国、日本と、止まっている国、韓国の違いでもあるのだろう。実際に金目当てに母親を殺した「極悪非道な人物」なら殺してもいいのか、「こんな奴」でも殺してはいけない、社会から抹殺してはいけないのか、その問いに向き合う映画は、日本でこそつくられるべきなのだと思う。

（中村一成（なかむらいるそん）ジャーナリスト。著書に『映画でみる移民／難民／レイシズム』影書房、二〇一九年、『ルポ　思想としての朝鮮籍』岩波書店、二〇一七年、『ルポ　教徒朝鮮学校襲撃事件　ヘイトクライムに抗して』岩波書店、二〇一四年、『声を刻む　在日無年金訴訟をめぐる人々』インパクト出版会、二〇〇五年がある）

2020—2021

『「差別と分断」のなかの死刑制度』開催にあたって

第一〇回死刑映画週間

太田昌国（フォーラム90・死刑映画週間チーム）

ドナルド・トランプは、米国大統領選挙への立候補の準備を始めた五年前から、その異常な言動が際立った人物だった。実際に大統領に就任して以降の四年間の言動がどんなものであったかは、今さら説明するまでもないだろう。末期を迎えて、それは自滅的な方向をたどった。今回の大統領選挙は不正なものだったとの訴えを、明白な証拠もなしに各州裁判所に起こしたが、すべて却下された。すると議会による新大統領承認がなされる一月六日当日には、連邦議会議事堂に集結するよう支持者に強烈に訴えた。それに煽られた人びとによって、あの議事堂突入と占拠・破壊行為が行なわれた。それは、多くの人びとが目撃したあからさまな出来事だ。

だが、これと比較すると、ひっそりと行なわれた「暴挙」もある。連邦政府による死刑の連続的な執行である。米国では全五〇州のうち二八州と連邦政府が死刑制度を採用している。連邦最高裁は一九八八年に死刑再開を容認したが、二〇一六年にトランプ政権が成立するまで実際には三件しか連邦レベルでの死刑執行はなされず、二〇〇三年が最後だった。二〇一九年七月、トランプ政権の司法長官は「議会は死刑を明確に承認しており」、「司法省は法の支配を守る。司法制度が認めている刑を執行するのは、被害者と家族のためでもある」と語り、実際に二〇二〇年七月、一七年ぶりの執行を行なった。加えて、この政権の異様さが際立ったのは、政権移行期に一気に処刑が行なわれたことである。

大統領選挙の結果が判明し、新旧大統領が入れ替わるまでの数ヵ月間の「移行期」には死刑執行は行なわないという不文律があって、一三一年ものあいだ続くしきたりになっていた。民間団体「死刑情報センター」(Death Penalty Information Center) → https://deathpenaltyinfo.org によれば、それは、次期大統領への円滑な引継ぎが求められる「レームダック（死に体）」政権は、積極的な権力の行使を控えるという伝統に由来するものであり、トランプの方針は「米国の歴史が積み上げてきた価値観から大きくそれた」ものであるうえ、「新型コロナウイルスが拡大するなか、執行チーム・弁護士・宗教者ら関係者が刑務所で一堂に会することのリスクを冒すものでもある」と批判している。ところが、死刑維持論者・トランプは、この「移行期」も含めて、執行再開以降の半年間で一三人もの死刑囚の執行を強行したのである。

新大統領の下で、死刑制度をめぐって米国で今後起こり得る「変化」に注目したいが、「一三人」の執行で思い起こすのは、足元・日本での出来事である。二〇一八年、上川陽子法相（現在の法相でもある）の下で、オウム真理教幹部一三人の死刑執行が二回に分けて行われた。この時「法務省幹部」の言葉として無批判的にマスメディアを通じて流されたのは「二〇一九年には天皇の退位で元号が代わり、新天皇の即位に伴う皇室の慶事が予定されている。オウム事件は平成を象徴する事件だから、平成のうちに区切りをつけるべきだ」というものだった。仮に死刑制度を容認する立場に立つとしても、この執行理由が不当なものであることは自明のことだ。曲がりなりにも維持されてきた価値観や伝統をなきものにするトランプ的な言動は、彼岸にのみあるのではない。そのことに自覚的でありたい。

新型コロナウイルスの世界的な蔓延のさなかに、優れたシェイクスピア研究家、スティーブン・グリーンブラットの『暴君―シェイクスピアの政治学』（岩波新書、二〇二〇年）を読んだ。「混乱の時代に頭角を現し、最も卑しい本能に訴え、同時代人の深い不安を利用する人物」をシェイクスピアは巧みに描いた、とする著者の文章に激しく同意した。内外の、あれこれの政治家たちの顔が思い浮かぶ。私たちが、当然にも抱える、コロナや自分たちの未来に対する不安につけ込む権力者たちに騙されまい。今回上映する映画作品群は、そう考える私たちを後押ししてくれるだろう。

（初出・映画週間パンフレット）

ゲストのトークから

まとめ 可知亮

東日本大震災そして福島原発事故から一〇年目の今年、第一〇回死刑映画週間を開催した。

昨年の第九回はコロナ禍始まりの時期と重なり、入場者数が一昨年より三割減った。今年もコロナ禍は収まっておらず、一月七日に始まった二回目の緊急事態宣言がいつ終息するかもわからなかった。二月に入っても緊急事態宣言が継続するなか、開催することに躊躇する思いもあったが、ユーロスペース側の配慮もあり開催することとした。ただし、トークがある回は入場者を半分とすることが要請された。結果としては、昨年より入場者は増えて一〇〇〇人を超えた。上映した八作品のうちで『プリズン・サークル』と『処刑の丘』の入場者数が一番多かった。『処刑の丘』上映後のトークはなかった。

『コリーニ事件』 木村草太さん

「映画の冒頭で起こる殺人事件（ナチスに父を殺されたコリーニが起こす殺人）こそが、死刑そのものを表している」と木村さんは語った。「死刑は犯罪被害者の名において行われる復讐殺人となっているからだ」と。

ドイツと日本の刑法の違いについて話された後、憲法学者として日本国憲法と死刑についての関わりを話された。

「一九四八年の最高裁判決では死刑は合憲とされたが、今ではその考えは変わってきている。憲法一九条の『思想及び良心の自由は、これを侵してはならない』は絶対的な保障である。国が人の命を奪ってしまっては、それを保障できず憲法違反となる。憲法三六条は『公務員による拷問及び残虐な刑罰は、絶対にこれを禁ずる』とある。眼を潰したり腕を切り落としたりする刑罰は残虐であるとしながら、なぜ命を奪うことが残虐でないのか」と、死刑制度が憲法違反であることを語った。

（二〇一九年ドイツ、監督＝マルコ・クロイツバイントナー）

『プリズン・サークル』 坂上香さん

この作品は、刑務所の中で受刑者同士が語り合うこと、TC=Therapeutic Community（セラピューティック・コミュニティ）を描いている。

使用写真 ©Constantin Film Produktion GmbH

坂上さんは「映画を撮りながらも、いつも考えの奥底には死刑の問題がある」と話し始めた。死刑を考えるきっかけとなったのは、本人は拷問を体験し息子を殺されたという酷い経験をした女性との出会いがあったからだという。その女性は犯罪被害者でありながら死刑に反対していた。「息子を殺した加害者を死刑にしても何の解決にもならない。なぜこれが起きたのか、ということこそを知りたい」と彼女は語ったという。

坂上さんはその後アメリカでの犯罪被害者団体「和解のための犯罪被害者の会」のジャーニーオブホープという活動を取材した、この団体も死刑に反対だ。そんな経験の中で死刑に対するアメリカと日本のメディア報道の違い等を痛感してきたと語った。死刑について、メディアも含め積極的な議論、情報公開がこの国には必要なのだ。

（二〇一九年日本、監督＝坂上香）

8番目の男

李泳采さん

映画で描かれている国民参与裁判制度が二〇〇八年から始まったこと、日本での裁判員制度との違いなどが語られた。韓国の国民参与制度は被害者が希望しなければ行われないこと、陪審員の判断は裁判官の判決の参考でしかないこと、などが続いて話された。

その後、韓国映画がいかに韓国の政治状況に影響しているかを語った。二〇〇三年公開『シルミド』や二〇〇四年公開『ブラザーフッド』はこれまで知られていなかった朝鮮戦争等の真実を伝えてくれた。死刑に関しては二〇〇六年の『私たちの幸せな時間』という映画は、その時起きた連続殺人事件で死刑執行再開を求める世論に対して死刑執行の残酷さを訴えた。韓国映画は、それまで国民の多くに知られてこなかった歴史的事実を教えてくれる歴史教科書でもあり、韓国社会のタブーに挑戦するものでもある、と語った。

（二〇一九年韓国、監督＝ホン・スンワン）

粛清裁判

池田嘉郎さん

「この映画は一九三〇年代初頭のソ連での見世物裁判の記録である」と話され始

めた。

「映画を見ていると、何が真実なのか全く分からなくなる。歴史的事実としては、裁判の罪状は全くのでっち上げで、被告人は実際の技術者たちであり学者たちである。判決も事実です。しかし、事件自体は国家的な嘘です。日本でも国家的でっち上げの大逆事件があったように、この問題はロシアだけの問題ではないことを前提にお話しします」と前置きされた。

　そして、次のように話されていった。

　ロシア帝政時代末期の一九一一年に、ユダヤ人を殺人犯にしたベイリス事件というでっち上げ裁判が先駆けとしてあった。

一九一七年の一〇月革命以降、それまで死刑には反対していた革命家たちが、政権を取る中で反対者たちを処刑するようになっていく。権力を取ったレーニンの革命政権が暴力を抑えるために暴力を使用していった歴史がある。そしてスターリン時代にこの映画に描かれているような大粛清時代がくることになっていった。

（二〇一八年ロシア・オランダ、監督＝セルゲイ・ロズニツァ）

ウォーデン　消えた死刑囚

村山木乃実さん

映画の舞台は、一九七九年のイスラム革命以前のパフラヴィー王朝時代であることを最初に話された。

「イラン映画は結末をはっきりしないものが多いが、本作品はきちんと描かれていてよかった」「映画に出てくる女性が帽子を被っているが、当時は被らなくても問題なかったが、今のイスラム政権下では女性は髪の毛を出してはいけないので、映画の中であっても髪を出さないように帽子を被っている」等、イスラム革命前後の時代の違いを語られた。

　メディア報道のイランは、核問題とか、米との間でしか出てこないが、実際のイランは違ってもっといろんな部分がある。イランはイスラム文化だけでなく、長い歴史を持つ古代ペルシャ文化の影響や近代西洋文化の影響を受けた時代も経ているので、たいへん複雑なものをかかえている、と話された。

（二〇一七年イラン、監督＝ニマ・ジャウディ）

使用写真 ©Iranian Independents

アメリカン・プリズナー

柳下毅一郎さん

死刑が多いテキサス州で、女性の犯罪心理学者が死刑執行を目前にした殺人犯に会って話を聞くこの映画のスタイルは、『羊たちの沈黙』以来の一種のクリシェになっている、と話し始めた。

「この設定は、もともとはFBIが、有名な殺人鬼をプロファイリングしていった事実があったことから始まっている。その原作が『羊たちの沈黙』となった。それ以降はこのスタイルが、本映画にまで踏襲されている」と続いた。

「この映画はいろいろ問題もあるが、いいところは最後の薬殺シーンがきちんと描かれていること。ここまできちんと薬による死刑執行シーンを描いたのは、なかなかないのではないか」。柳下さんの死刑映画週間ゲストトークは三回目であった。今後この映画週間が続くとすれば、上映作品に関しても相談していきたい。

（二〇一七年米、監督＝ティモシー・ウッドワード・Jr）

菊とギロチン

太田昌国さん

「この映画は話の窓口がいくつもあるが、今回はたった一つの窓口からの話をします」と前置きしてトークは始まった。

「映画はギロチン社に集うアナキストの若者たちと、女相撲の女性たちが出会うことで起こることを描いています。時代的背景としては、一九二三年九月に起こった関東大震災があります。大震災のような自然災害がどのような悲劇をもたらすかというのは、神戸の大地震や東日本大震災を経験している私たちは知っています。しかし関東大震災はそのような悲劇だけではなく、もう一つの悲劇を生んだ。それは朝鮮人の大虐殺が生れた、ということです」と続けた。朝鮮人の大虐殺が生れたその根本的な理由がいまだにきちんと検証されていないことなどを詳しく話された。映画の中では、韓英恵が演じる女力士・十勝川を描く中で、この問題を鋭く表現していったことを語った。

（二〇一八年日本、監督＝瀬々敬久）

2020—2021

執行数と速度が増す中で「死刑囚の表現」の現在

第16回死刑囚表現展を終えて

太田昌国

執行の速度と処刑される人の数が急増した

二〇一二年以降七年八カ月の長きにわたって続いた安倍政権下で死刑が執行された人は三九人に上った。安倍氏は持病の悪化を理由にようやく退陣したが、後継者には前政権を官房長官として一貫して支えた人物が就いた。法相には、前回の在任中に16人もの人びとの死刑執行を命じた人物が就任した。

このように、死刑制度の廃止を願って活動している私たちにとって、状況は決して望ましいものではない。「死刑廃止フォーラム」の活動開始から三〇年、死刑囚表現展を運営する当「基金」が刻んだ歳月もすでに一六年――長続きすればするほど、それは、私たちが活動目標を実現できていない歳月に等しいことを意味するわけだから、その過程を振り返ることは心理的に厳しいものにならざるを得ない。

そんな複雑な思いを深めつつ、死刑囚表現展第16回目に当たる二〇二〇年度の応募作品に触れた。従来は、平均すると、死刑囚（確定・未決の双方を合わせて）のうち一五%から一八%程度の人びとからの応募があった。今回は二三名からの応募で、死刑囚の二〇%を超える割合に相当する。それは、この間の執行の速度と処刑される人の数とが急速に増したことを意味している。

この事実は、応募する死刑囚の心理に微妙な影響を与えている。石川恵子は、毎年、日常の光景を（とはいっても、それは、狭い獄中に幽閉された身から見た、あるいは想像した光景なのだが）技巧的にではなくさり気なく詠む俳句や短歌で、〈読ませる〉人だ。今回も、

老いらくの情事惜しくも夢だった

冷え切って骨格標本の気分

などの忘れがたい句があった。だが、私たち選考委員に宛てた手紙で彼女は言う。「執行が現実味を帯びてる為に、残されていま

す"生"を狂うほどに大切にしているという切迫した時間を、再審に全力を注ぎたい」ので「創作意欲が減退しています」と。客観的にはそうは見えない。再審のための努力と、表現を続けようとする意欲が合流する地点を、これからも諦めずに見つけてほしい。

執行が迫りくる危機意識を顕わにした作品が目立つ

上田美由紀も例年の熱心な応募者だが、表現される言葉が他者に開かれていないので、空回りする。自分から発して自分に舞い戻っていくばかりだ。彼女も、選考委員に対してなのか、これでも自分なりに頑張っているのに「頑張れ!!」とよく言われるけれど……

上田美由紀「待ちわびている手紙をひろってくれようとしている小鳥さん」

この言葉って重いよ」と書いてきている。池田浩士選考委員の評にあるが、「もうひとりの自分」を空想して、対話を試みるだけで、別な可能性が開かれるのではないか。

何力の今回の作品には、昨年末、同じ中国人の死刑囚が処刑されたことで、自らにも執行が迫りくる危機意識を顕わにした作品が目立つ。その思いを綴った一連の作品が優れているとは思わないが、切迫した心情は伝わってくる。また、何力の従来の作品には希薄であったと思うが、事件の被害者に対する自責の思いを込めた作品が今回は目立つ点に注目した。とりわけ、聖歌詞「生まれ変わりし喜びは」には、「誰でも結構ですので作曲してみてもらいたい」の添え書きがあって、外部とのコミュニケーションを求める切実な声だと思った。また、一度送った作品中の誤記などを訂正する手紙を弁護人や支援者に何度も送ってきており、外国語である日本語の習得に懸命に努力している様子が窺われる。

風間博子「命　弐〇弐〇之壱（獄窓パラダイス）」

昨年、病を得て入院し、絵を描くことが叶わなかった風間博子からは、文学（俳句）と絵画の双方の応募があった。とりわけ、「獄の風（春夏秋冬）二十八句」と題された俳句作品の様態に注目した。季節ごとの七句が、端正な文字で書かれている台紙には自らの手になる彩色が淡く施されていて、色紙のようである。それも含めた総合的な表現を行なおうとする姿勢に打たれる。

蛇穴(へびあな)を出でて渾こん沌とんつきぬけし
羅うすものの袖を十字に風通る

など、具象的にも抽象的にも情景が浮かび上がるような句に目が留まった。

昨年病を得たといえば、音音(ねおん)もそうだった。今年も、「沿病譚」と題して闘病記録としての「誑歌」を応募している。事実を淡々と記しているだけのような簡明な歌だが、それがかえって、病に向き合う作者の果敢な姿勢を示しているかのようだ。差し入れられた前年度の選考会の議事録に介入して、随所に自らの思いを綴った「かんしょう録」もある。

ユーモアに包まれた表現には「余裕」すら感じられるが、背後に読み取るべきは、もちろん、コミュニケーション願望だろう。優れた「死刑囚の表現」をなし、近年処刑された「勇気ある」人びとの名を挙げて、それとの対比でいえば、自らは「難しいことには踏み込まず、自身をも誑かすある種弱腰の作品が多い」という自己評価の文章が、肯定・否定の感情を超えて、作者の在り方を示すものとして心に残った。

多種多様な作品を今年も寄せた加藤智大

加藤智大は、今年も多種多様な作品を寄せている。コマ撮り動画を思わせる「海が見える山を買って」や、パズルやイラストロジックの作品には、ひとが一点に集中して何ごとかをなすときの「痕跡」がくっきりと残っていて、印象的だ。

加藤智大「海が見える山を買って」

だが他方、文章作品を読むと、それは（昨年の作品からも窺われたように）、母親の厳重な管理・監視の下で、自らを「社会と隔絶された独房で暮らした」かのような小学生時代に「迷路、パズル、すごろく等を作っては」ひとり遊びに興じた過去からの延長線上にある表現だ、と知れる。それは、子ども時代を回想した「自画像」と題する絵画作品が描く「孤独」にも通底していて、見る者の心を波立たせずにはおかない。

同時に、表現展の選考委員に対して、読み手に対して、「世間」に対して、今　まではひたすら挑戦的だと思えた加藤の表現に、或る変化が生じたのかと思わせられた作品も散見される。

差し入れの現金深く感謝する
外の暮らしも大変だろうに
職員の口には出せぬ親切を
目から読み取り頭を下げる
全国に点在したる支援者を
巻き込まぬようもうテロはせぬ

高田和三郎のエッセイ「現代世情の懸念事項」は、自らの生活体験に基づいて書かれていた従来の作品とは異なる。乳幼児虐待という、現代社会の前面にせり出てきている深刻な問題を取り上げながら、評論家的な立場で論じる場所に作者は留まっていてほしくない。かつて、石川三四郎と同郷だとさり気なく触れていたことがあったが、戦前の農村部の貧しさの中で成長した自分の体験に根差した表現をこそ、この人生の大先輩には期待したい。

檜あすなろは、今回は「街おこし」という作品で、労働力不足に悩む町へ、死刑囚を更生の意味合いも込めて送り込むという行政プロジェクトをテーマにしている。毎回のテーマはすぐれて現代的で、問題を掴む視点の鋭さをいつも思う。だが、如何せん、肝心の中身の叙述が生きていない。毎回のように言っているが、冗漫な会話も叙述も思い切って捨て去り、核心のみを書くことに力を注いでほしい。その時、作者の在り方も、作品の中身も、何かが変わると思う。

山田浩二「すぐに終わるから」

山田浩二の応募作品数は数多いが、何を言いたいのか、ほとんど理解できない。辛辣に言えば、書く動機（モチーフ）もなく、ただ言葉を書き連ねているように思える。唯一僅かなりとも手応えを感じたのは、当初から入れられていた大阪拘置所と、途中から移送された東京拘置所の、さまざまな違いに触れた日記風の文章だ。獄中生活の在り方、食事の内容、視聴できるラジオ・テレビ・ＤＶＤ――それらの事実を丹念に記録することは、意外なまでに、獄中の現実を外の人間に伝える。絵の応募作品も多く、自らが絞首される情景を描く作品は、巧拙を超えて、痛く目に焼きついてしまう。

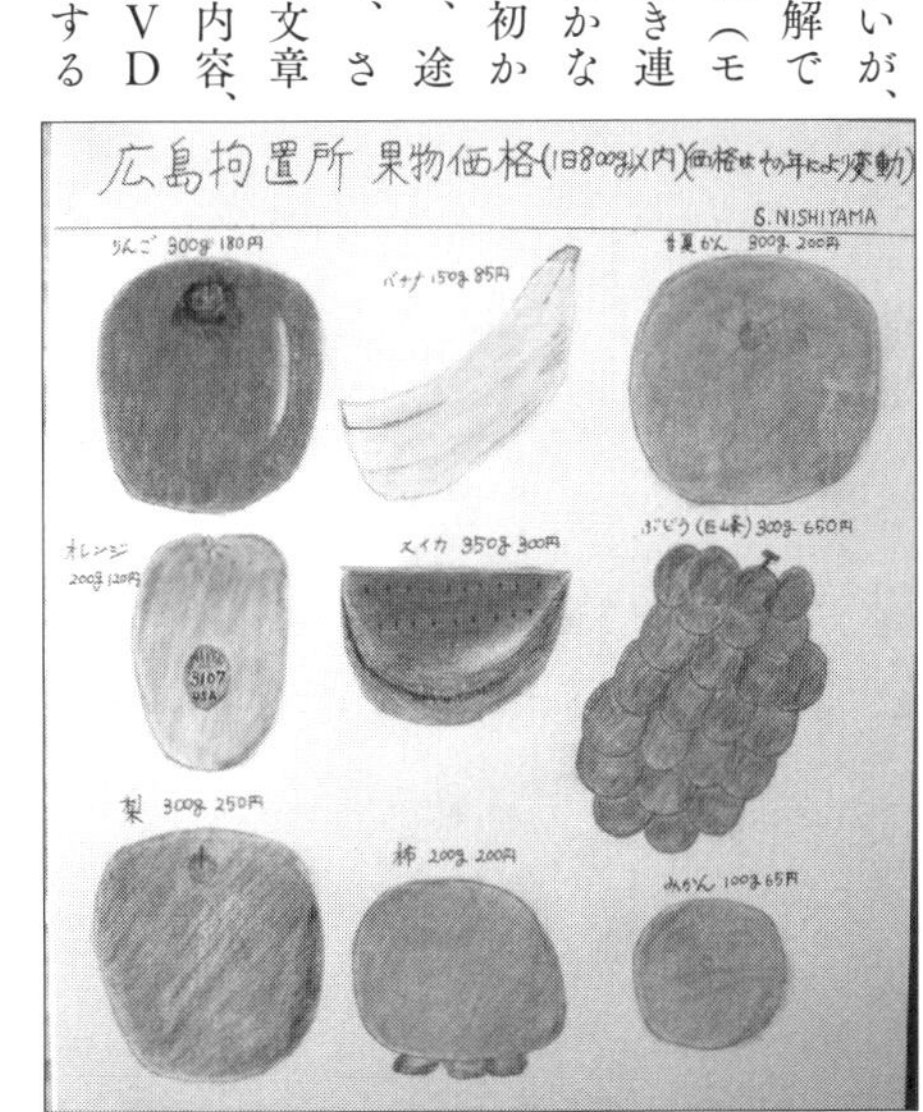

西山省三「広島拘置所果物価格」

川崎竜弥は、抱える目の疾患ゆえに拘置所が規定する動作を順守していない（できない）がゆえに閉居罰などの懲罰を連発されている中で、何かを伝えようと、俳句や短歌をつくる。勢い、怒りの言葉が生のままほとばしり出る。正直な怒りの言葉をどこかで濾過してほしい。怒りをまろやかにする、のではない。批判の言葉を鍛えるのだ。

音音「東京拘置所昼夜食メニュー 201908 ～ 202006」（表紙を入れて 23 枚）掲載したのは 2019 年 8 月

北村真美の俳句や詩は、見たままを感じたままを、言葉にしている。そのままでは、他人に伝わる表現にはならないことを知ってほしい。見て感じたことを、一度自分の身体と心に潜らせると、それは変型した言葉となって溢れ出てくるはずだ。

北村孝は、毎年変わることなく、無実を訴えている。表現方法は俳句に移行したが、この切なる言葉に訴求力をもたせるためには、さらに表現を積み重ねなければならないと思う。

西山省三の作品は、拘置所内で購入できる果物の絵に価格を添えている。

先に触れた音音（おんね）も、拘置所で食した一年366日の昼食と夕食の献立を、図入りの品書きで表わした克明な記録を寄せている。

後者は、B5ノートの見開き2頁を使って、曜日・日付ごとに区分けしたスペースに記入されていて、さながら、獄外の私たちが使う手帳のようだ。私たちは、この規則的で丹念な仕事から、獄中の生活の在り方の一端なりともを、及ばずながら想像できる。生身の人間の存在を実感できる、獄中記録の大事な方法だと思う。

持論をつづった植松聖の作品

植松聖は、「より多くの人が幸せに生きる

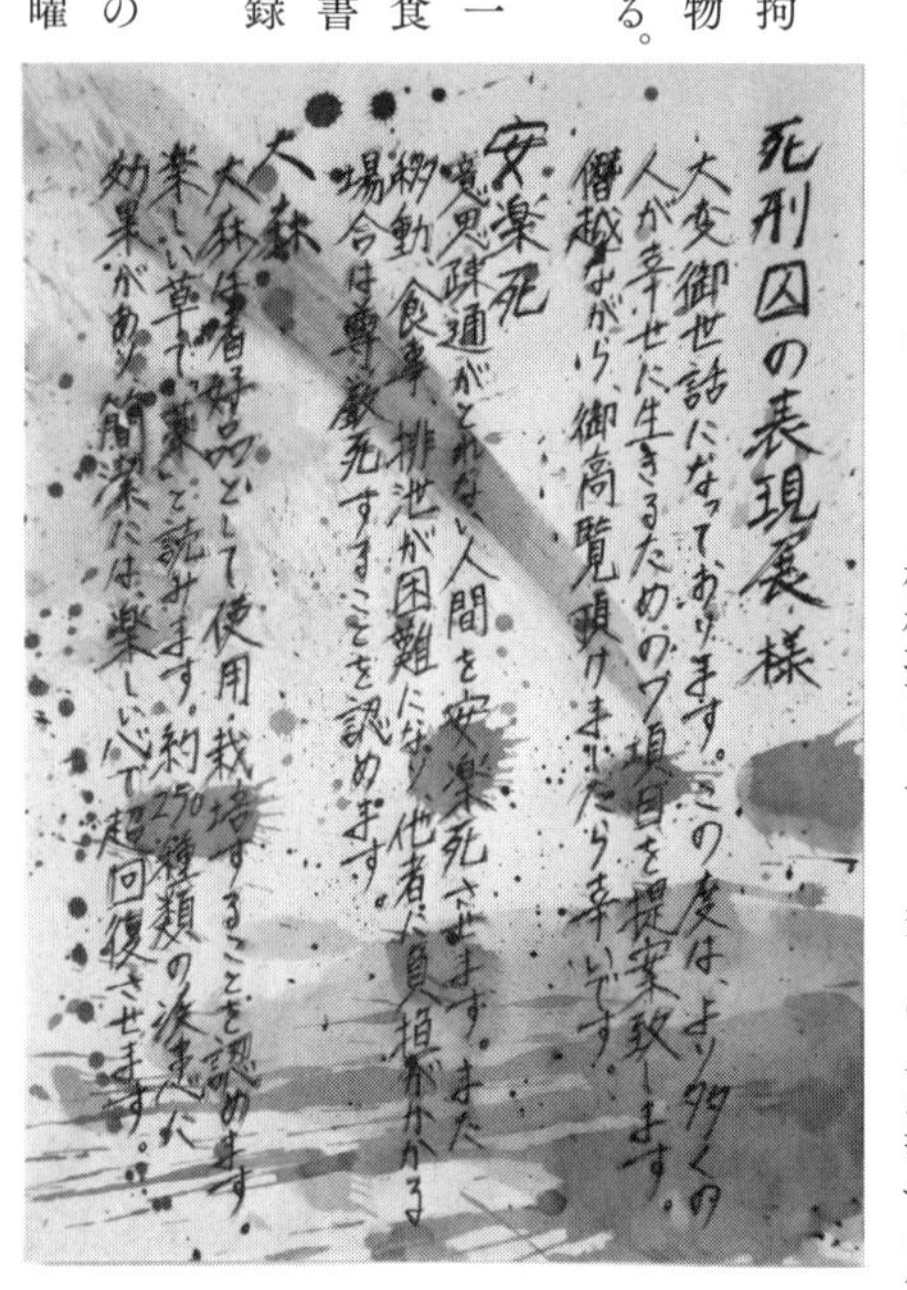

植松聖「より多くの人が幸せに生きるための７項目」（４枚組 -1）

ための7項目」と題して、角2の封筒に箇条書きを認めている。安楽死や尊厳死を認めるなど、彼の持論が述べられているが、断定命題が綴られているだけで、論理的展開はない。犯行直前の言葉を思い起こせば、彼は、トランプ大統領や安倍前首相など、排外主義的な言動で「敵」を外部に作り、もって国内の民意を統合する政治家に大いなる期待を寄せていた。人権意識を欠く人物が一国の政治リーダーになって、差別と分断を煽動する現代のありふれた光景の中に、植松聖は「自己確信を持って」立っている。障害者の排除を合理化する「異様な」言動を繰り返す彼は、「孤立した個人」ではなく、その犯罪も彼岸のものではない。現在の社会的な雰囲気と彼は密接に繋がっていると捉えないと、問題の本質から遠ざかるばかりだ。

以上、文章作品ならびに文章・絵画の双方のジャンルの応募者に触れてきたが、これからの絵画作品に応募者について触れよう。

井上孝紘が描く絵の細密さはどうだ。いつもながら、描く対象への凝視力の強さに圧倒される。

金川一の絵に変化が現われた。「ふじさん」で、石垣が積み上げられたように細かな区切りで描かれた山と空、白黒の濃淡で表現された陰影。この丁寧な手仕事を見ながら、金川

井上孝紘「積恋霊関扉小町桜乃精　薄墨乃図」（本絵・月岡芳年）

金川一「ふじさん」

が一九八七年、三六歳の時に書いた生い立ちの記「施設・少年院・刑務所だけの人生」や、当表現展の初回（二〇〇五年）以来たゆまず応募し続けてきた静かなたたずまいの幾枚もの静物画を思い出した。金川が、他の誰のものでもない独自の表現を積み重ねてきたからこそ、この独特の「ふじさん」の絵が、いま、私たちの目の前にある。

応募者の一人は一〇月、拘置所で病死した

西口宗宏は第12回の表現展に絵を初応募して以降、多様な作品を多数寄せて、表現展の場を活性化してきた。今回は「恐怖」一点だけで、執行の朝「おう、行くか！」という影姿の看守の声に「ドキ！」と怯える自画像を描いている。構図も表現も、変わることなく巧みだ。もっと描いてほしい。

西口宗宏「恐怖」

流山都は初応募で、「怒鬼心」と題した2枚の絵だが、何を表現したいのか、まだよくは見えない。絵の下部に記された「限りとて別るる道の悲しきにいかまほしきは命なりけり」という『源氏物語』桐壷更衣の歌の先に、作者が本当に表現したい世界があるのかもしれなと予感する。たゆまず表現してほしい。

高尾康司は、以前は農村の風景をはじめ多様なテーマを、多色を用い、端正に描く人だった。いまは、背景である白い紙の上に黒だけを走らせた作品が多い。黒は、実は、けっこう手強い色だとよく言われるが、この変化と、その先に生まれてくるものに注目したい。

謝依俤が描く絵と久しぶりに出会えることはうれしいが、描き方が少し寂しい。かつてのような、雄渾なエネルギーに満ち溢れた世界に再会したい。

原正志は、ヌードの女性の周りを、党派の機関紙から切り取ったかのような政治的スローガンで埋め尽くす絵を一貫して描いてきた。今や、ヌード女性の姿は薄ぼんやりと抽象化され、スローガンも大幅に消えた。北川フラム選考委員は「相当な域に来たと思う」と語ったが、確かに、具象性が消えることで不思議な雰囲気が醸

露雲宇流布（長谷川静央）「可愛い少女と迷想」

堀慶末「作家の顔」

し出されることになった。
堀慶末は、最新の雑誌からの模写だろうか、タレントや芸能人の顔を巧みに描く。加賀乙彦選考委員に「ちゃんと（対象の）性格の差を捉えている。一生懸命描いていて、大したものだ」とまで言わしめた。
露雲宇流布は、一部作品は大家の名画の力を借りながら、自らの人生を振り返る絵巻物をつくったかのようだ。華やかであった「若かりし日の思い出」、いま噛みしめる「果てしない孤独」――その人の人生を知らずとも、さまざまなイメージを喚起する作品群だ。

今年の受賞者は、以下のように決まった。
風間博子／総合表現賞（全体的な表現に対して）
加藤智大／新境地賞（文字作品）
露雲宇流布／敢闘賞（絵画作品）
金川　一／芽吹いたで賞（絵画作品）
原　正志／技術賞（絵画作品）
堀　慶末／加賀奨励賞（絵画作品）

今回の応募者のひとり、高田和三郎が一〇月一七日、東京拘置所で病死した。享年八八。死刑囚には高齢者や病者が多い。たとえ刑死に至らずとも、生と死は隣合わせだ。表現展選考会議事録やもろもろの講評は間もなく応募者に送られるが、それを受け取る前に、高田は亡くなった。こころから哀悼する。（文中、敬称略）

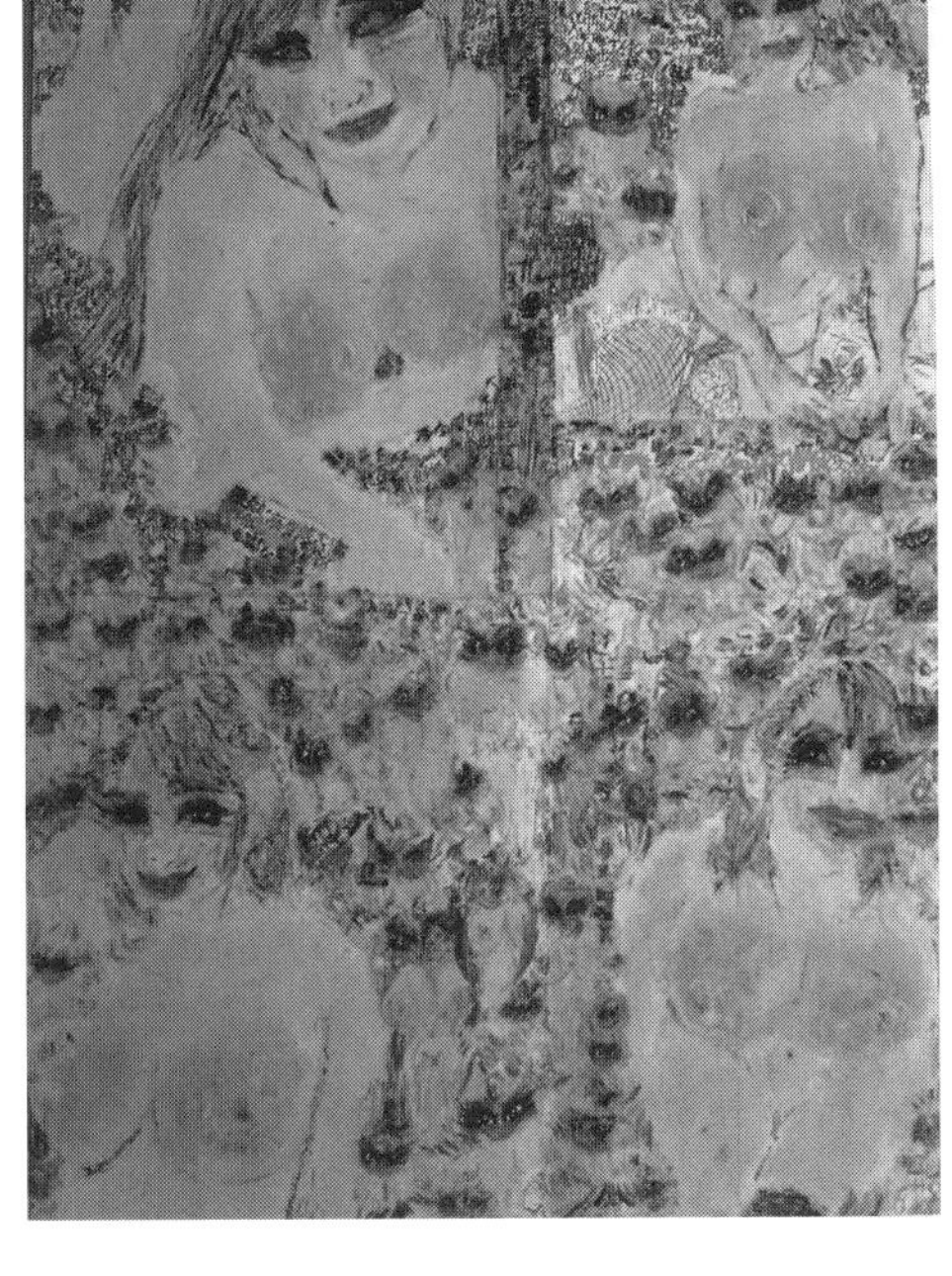
原正志「Icup パイズリ Rion 手篭めにされし Gcup 少女・nice Body Icup 少女・Sisexy angel と priqua・塔の上の Rapunteul と魔女の花・佐賀維新祭・One piace と森の仲間―愛と平和・絆」

死刑囚表現展２０２０報告

死刑廃止のための大道寺幸子・赤堀政夫基金・運営会

一〇月二三日（金）から二五日（日）の三日間、東京八丁堀の松本治一郎記念会館にて「死刑囚表現展２０２０」を開催した。二一日の神奈川新聞「植松死刑囚が作品出展」という記事がネットに掲載されたのがきっかけで、私たちの予想を超えた形で情報が拡散していく。前日からマスコミを中心に取材が殺到し、二三日二一時からのテレビ朝日系インターネットテレビ ABEMA TV に太田昌国・基金運営委員が出演したため参観者が急増、二三日三七九人、二四日七六七人、二五日八三九人、計一九八五人の人が会場に詰めかけた。二〇代を中心に若者が目立つ。そして死刑囚の絵画を初めて見る人や、死刑について考えたことのない人も多い。

来場したなかの三六九人がアンケートに記載してくれた。年齢別に見ると一〇代二五人、二〇代一一一人、三〇代七七人、四〇代八五人、五〇代四三人、六〇代一七人、七〇代一一人、八〇代一人。圧倒的に二〇代を中心とした若者が多く一〇代の方も参加している。初めての参加者は一四五人おり、九割近くの人が死刑囚の作品の初体験だった。

「この作品たちの背景にとてつもない恐ろしい事件があったことを考えると見ていていたたまれなくなりました。それと同時に死刑を待つ日々がどんなに不安でこわい毎日か、考えるだけでも精神がおかしくなりそうです。」「殺した人間が殺されるのを待つ日々をこうして作品になると、テレビの向こうのただの映像が『人間』であることを実感することができた。」

このように作品を通して生身の死刑囚の存在を感じ取る。そして「事件の背景を知ると、果たして死刑で良いのか減刑が良いのではないかという感情と共に、残された被害者達の気持ちは救われるか」「自分がいざ死を目前にすると許しを請う作品を見ると、貴方がこの作品を描いた手で奪った命と面と向かって同じ事を言えるのか……被害者にも死刑囚にも関わる人々にも沢山のしあわせが待っていたハズだ。死を目前にしてどんな気持ちで筆をとり、色をつけ、作品を作っていくのか、いつくるかわからない宣告を抱えながら作る作品は異質を感じた」と被害者にも想いを馳せ、罪と罰について考える。

一時間近く作品を見て、時間をかけて感想を書く。会場には事件内容を公示しないので観覧者はスマホで検索し、凄惨な事件と彼らの作品との落差に愕然とする。

「死刑になるような大きな犯罪を犯した人たちなのにとても絵や文字がていねいでキレイなことにおどろいた。何かがちがっていたら、作品を上げているのが私で彼らが見に来る人になっていたかもしれないと思うほど案外『フツウ』の人なのかもな…と思った。」

死刑存置の意見の人もまた作品に相対し考え込む。

「自分は死刑を廃止すべきとは思わない。親を殺されたら、その犯人を殺したいと思うから。なのでこの主催とは意見が合わないが、死刑囚の表現を知り、死刑囚になったらどのような精神状態にいたるのか、どういう生活を送るのかを知ることができてとてもよかった。また絵画展を見に行きたいと感じた。」

「死刑廃止には賛同できませんが、このイベントは続けていくべきだと思います。この度はありがとうございました。心ない人達に負けずにがんばってください。」

そして絵画展の存続を望み「もっと多くの人にこの会が知れ渡ればいいですね」と言う。

「やはりアートはコミュニケーションツールだと思いますし、死刑が決まっている人たちの表現が見られる場所は、まちがいなく必要だと思います。長くこの活動を続けてほしいです。」

今回、植松聖さんの作品が展示されることが報じられたために、多くの人の興味を引いたことも事実だ。

「植松聖作品が出品されることを知り、来場しました。私にも障がい者の子どもが居るので、相模原の事件は平成で最もショックな出来事でした。」

また「7・26追悼アクション有志」から運営会に、「優生思想を自らの『信念』として無抵抗の人々への大量虐殺を実行した」「U死刑囚の主張に場を提供することは『死刑囚表現展』そのものが命の選別に加担することに他ならず、その延長として死刑囚の命を否定し死刑制度を肯定することに繋がるのではないかと考えるものである」。「虐殺によって表現を奪い取られた人たちが居る一方で、彼らから表現を奪ったU死刑囚が表現の機会をわざわざ作ってもらえるという、このあまりに非対称なありさまは、我々の感性からすると吐き気を催させるほどに異様な事態だ」という回答を求める意見が一一月九日付けで寄せられた。

運営会では一一月一六日付で「『死刑囚表現展』に対する疑問・批判について」との文書で回答とした。双方の全文および、表現展で回収したアンケートは『フォーラム・ニュース』一七四号に掲載しているので見て欲しい。

私たちは、死刑囚表現展2021を同じところで一一月五日から七日に開催する。

2020―2021

死刑関係文献案内 二〇二一年

前田朗

一……刑罰権イデオロギーを問う

宮本弘典『刑罰権イデオロギーの位相と古層』（社会評論社、二〇二〇年）

治安維持法と闘った風早八十二、「昭和」の悪法反対闘争をリードした吉川経夫、中田直人、小田中聡樹、「平成」治安法と闘い続ける足立昌勝と内田博文に学び、自由主義と人権保障の近代民主主義理念としての刑事法原則を断固として擁護し、その回復をめざす理論を希求しつつ（予めその不可能性を視野に収めながら）、宮本は歴史を遡行し現在を撃ち抜く。

共謀罪、特定秘密保護法、刑訴法改悪に始まり、死刑制度と死刑冤罪、暴力行為等処罰法を配備し、法科大学院設置、裁判員制度を点景とするニホン刑事司法の絢爛豪華な舞台装置は、「良き市民」による「良き制度」の合理的システムを聳立させる。悪意も悪人も必要ない。清潔な舞台、煌びやかな装置、整然たる行列が静かに理念を縊り殺す。純真な理論、無垢な学者、廉潔な官僚が価値を葬り去る。微笑みながら、荒涼たる血の海で祝宴の時を迎える。決して偽善でもなければ偽悪でもない。ただ単にみじめなニホン刑事司法である。

宮本は「予防国家における予防刑法が先制的な暴力装置として非常事態法＝戦時法の相貌を帯びつつ、法－権利の宙吊り状態を意味する例外状態の恒常化を創出する道具に転化する」と表現する。

この混迷と錯綜を宮本は「国家に対する安全から国家の中のあるいは国家による安全へ」の転換と見て、規範確証を求めるエネルギーが規範の否認の否認という矛盾を手繰り寄せ、メビウスの輪に自己幽閉してしまうメカニズムを追跡する。暴力を飼いならしながら、穏やかに、しかし着実に抑圧を合理化する粛清権力のドラマである。

宮本は制度史や立法史や学説史ではなく、刑事司法の担い手の思想と行動の歴史に挑む。日本型司法を作動させるイデオロギーの再生産構造を天皇制国家の司法官僚と御用刑事法学の楽園形成の論理として暴き出す。その中軸は法務・検察であり、とりわけ思想検察と戦時刑事法の精神である。

家永三郎や内田博文らの研究を踏まえて、宮本は「検察優位が確立していた敗戦前の旧司法省による裁判（官）統制は、刑事司法の戦時体制下とともにその極致を迎え、モラル司法ともいうべき思想司法を牽引する官僚制検察官司法として結実した。したがってまた高度国防国家を標榜するファシズム体制下の権威主義国家において、特に思想犯／政治犯における刑事裁判の顕著な形骸化を招来したのも必然であったろう」と言う。

宮本弘典『刑罰権イデオロギーの位相と古層』
（社会評論社、20年12月）

行為者の思想を裁くのではなく、被害を惹起した行為に着目して裁くという近代市民刑法の理念にもかかわらず、ニホン刑事司法では一貫して思想そのものに焦点を当てて裁き、思想改善・善導のために転向政策がとられた。そのイデオロギーは戦後も消失することなくさまざまに形を変えつつ温存された。治安維持法、思想犯保護観察法、戦時刑事特別法、国防保安法、改正治安維持法によって確立した「思想犯／政治犯処理の重罰化を伴う迅速化・効率化・簡略化」が基軸である。

転向強要司法と刑事法学をつくりあげたエリート官僚と御用学者の系譜は見事に太く強靭なパイプで現在に直結している。道徳劇としての裁判の役者たちは、例えば司法相・原嘉道、平沼騏一郎、林頼三郎をはじめ、検察出身の小原直、皆川治広、泉二新熊、池田寅二郎、長島毅、横田国臣等々であるが、「戦時思想司法のエートス」として筆頭に掲げられるのが池田克であった。「池田を抜きにして戦前の治安維持法の運用を語ることができない」と言われる思想検事・池田は、敗戦と戦後改革の激動、公職追放の嵐を巧みに乗り切って、最高裁判事に就任し、戦後司法に戦時司法の大黒柱を叩き込んだ。

日本国憲法の理念を活かそうとする試みや勢力がなかった訳ではないが、表向きは戦後民主主義の風潮の中、知られざる権力闘争の末、政治司法がルネサンスを迎え、日本型刑事司法の構造と骨格と肉付けが果たされた過程を、宮本はさまざまな証言とエピソードを織り交ぜながら追跡する。

二……凶悪犯罪と死刑

西角純志『元職員による徹底検証　相模原障害者殺傷事件』（明石書店、二〇二一年）

社会学研究者で、二〇〇一～〇五年に津久井やまゆり園に勤務経験のある著者による裁判傍聴記であり、被告との対話の記録である。やまゆり園内部の施設状況を知る著者らしく、はなホーム、にじホーム、つばさホーム、いぶきホーム、すばるホームごとに、職員の調書、公判の証言、意見陳述等を駆使して、事件の再現を試みる。被告の友人や交際女性たちの証言も踏まえて、被告の人間像に迫ろうとする。

　やまゆり園事件は二〇一六年七月に発生した。事件から五年の歳月を経て、二〇二〇年三月の死刑判決が確定したため刑事司法的には事件は終結したが、何が終結したのか、何が終結していないのか、何をこれから議論すべきなのか、まだまだ議論が必要である。

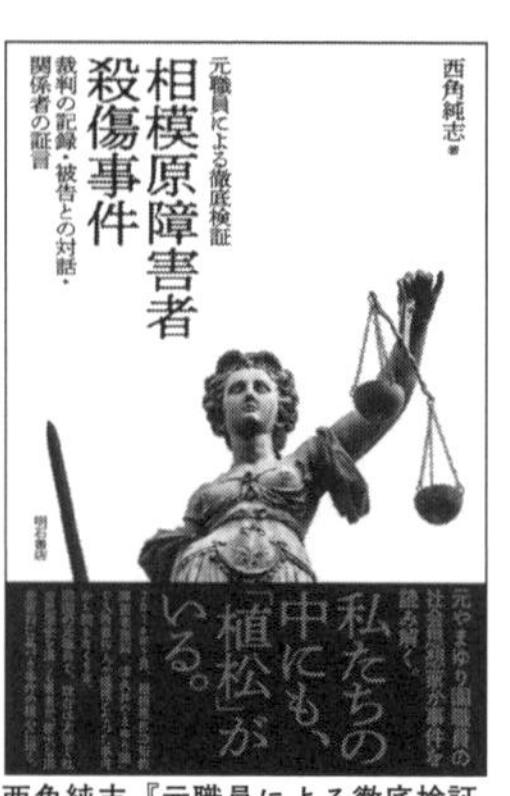

西角純志『元職員による徹底検証 相模原障害者殺傷事件』（明石書店、21年5月）

　朝日新聞取材班『妄信――相模原障害者殺傷事件』（朝日新聞出版、二〇一七年）、月刊『創』編集部編『開けられたパンドラの箱――やまゆり園障害者殺傷事件』（創出版、二〇一八年）、月刊『創』編集部編『パンドラの箱は閉じられたのか――相模原障害者殺傷事件は終わっていない』（創出版、二〇二〇年）、朝日新聞取材班『相模原障害者殺傷事件』（朝日文庫、二〇二〇年）をはじめ多くの著作がすでにあり、さまざまな視点から論じられてきた。

　著者は、人間社会の「根源悪」という切り口で事件を分析するとともに、「社会科学者としての責任」を自分自身に突きつける。コロナ禍の状況に寄せて、感染症という「見えない敵」が単に「外部」に存在する邪悪な何かではなく、邪悪なものを自分の「外側」につくり出す思考のありように着目し、人間社会の内にある「根源的な悪」としての「内なる優生思想」に目を向ける。それゆえ、著者は「証言するということ」の意味を問い直し、安楽死・尊厳死をテーマに取り上げ、最後に根源悪と人間の尊厳を、ハンナ・アーレント、カント、ニーチェを参照しながら考察する。

　「人は、なぜ、匿名の暴力をふるうのか。自分の行っている行為が正義や善であることを疑わず、自分の外に不正や悪が存在するとして、その悪と闘うことで自分の存在を正当化する思考方法こそ『根源悪』に他ならない。／誰もが心に『根源悪』をもつ。これをゼロにすることは不可能である。なぜなら生来のものであるからだ。『根源悪』は『エゴ』ともいえるかもしれない。『根源悪』は絶え間ない『内省』によって自ら律することでコントロールするしかないのではないか。心の内なる『根源悪』の存在に自ら気づき、自己の卑小さに謙虚に向き合うこと。人格の陶冶、自己と同様に他者を尊重し、徳性を涵養することだ。実に孤独な作業であるが、一生をかけるに値する努力であろう。」

雨宮処凛『相模原事件裁判傍聴記』（太田出版、二〇二〇年）

新型コロナ感染が増加する中、相模原やまゆり園事件の刑事裁判が、二〇二〇年一月八日に横浜地裁で始まった。二月一九日までに一六回開かれた公判のうち、作家・活動家の著者は八回を傍聴した。本書は傍聴及び収集資料を基に再構成した傍聴記である。

冒頭で著者は「あの事件と日本社会の『空気』」に言及する。「障害者を生かしておく余裕なんかない」と言う、「異常な」犯行の「異常な」被告人・植松聖の発言が、「しかし、私たちの日常に溶け込んでもいる」と言う。「この二〇年以上、生産性が高く、役に立つ自分を全方向にプレゼンし続けなければ生きる価値がないという強迫観念に、多くの人が苛まれている。毎日、毎分、毎秒。そんな中、『怠けて楽して得している』ように見える『誰か』へのささやかな殺意が本人も無意識のまま、胸の中でくすぶりながら肥大し続けている」。

雨宮処凛『相模原事件裁判傍聴記』（太田出版、20年7月）

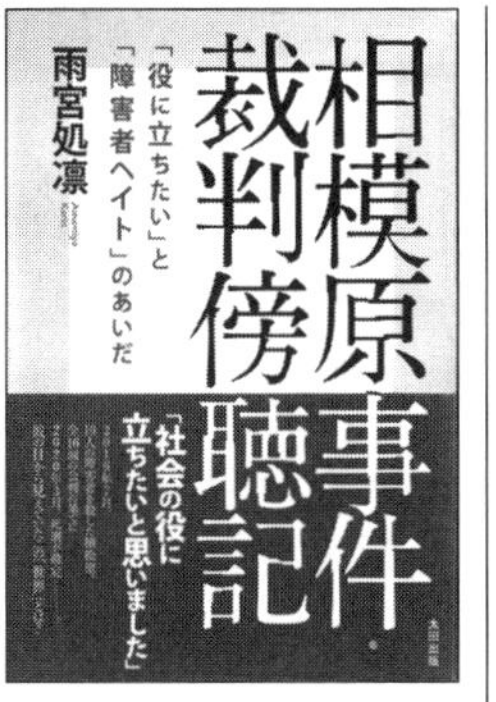

「障害者は不幸を作ることしかできない」という被告人の言葉を、新型コロナ禍で命と経済を天秤にかける政府や世論の風潮に重ね合わせて、著者は事件を通してこの国に向き合おうとする。

三月一六日、事件から三年八カ月、横浜地裁は「被告人を死刑に処する」と言い渡した。弁護士が控訴手続きを取ったが、三月三〇日、本人が控訴を取り下げ、三一日、死刑が確定した。

「彼にとって、確定死刑囚は生きる意味のない存在だ。死刑囚が長期間生きながらえているのは税金の無駄だから早期に執行すべきと手記などで主張してきたのだ。その死刑囚になった今、彼は早期執行を望むのだろうか。」

四月七日、確定死刑囚となった元被告人・植松は横浜拘置所から、刑場のある東京拘置所に移送された。植松被告は、これまで多くのマスコミ関係者と面会して、自分の主張を伝え、「予言」を繰り返してきた。日本は滅びる、首都圏は壊滅する、横浜に原子爆弾が落ちる等の予言である。だが、確定死刑囚となるとこれまでのようにマスコミと通常の面会をすることはできない。著者は、予言が実現せず、「世界は終わらず、死刑執行までの長い長い時間が続き、『忘れられた』存在となったら」と問い、「その時彼は、初めて事件と向き合うのかもしれない」と言う。

「本当は、役に立たなくても、生きているだけで価値があるのに。何もしなくて

も、命には価値があるのに――」。

「お花畑」と嘲笑されても、著者の思いは変わらない。ぎりぎりの限界で「生きさせろ!」の叫びとともに、開き直った生存闘争の重みを問い返し続ける。

森達也『U――相模原に現れた世界の憂鬱な断面』（講談社現代新書、二〇二〇年）

「そもそも僕は反応が鈍い。初めての映画作品である『A』は、地下鉄サリン事件から半年が過ぎてからオウムに対して撮影の交渉を始め、実際に撮影を始めたのはそれからさらに半年後だ」と自認する森は、ジャーナリズムには速報性が重要だが、自分は必ずスタートが遅れると言う。「多くのメディアがスクラム的に押し寄せているときには聴こえなかった小さな声や見えなかった光の薄い明滅が、潮が引くようにピークを過ぎたあとに聴こえたり見えたりすることがある。うろうろと歩きながら僕はそれらを拾い集める」。

相模原やまゆり園事件の犯人とされた植松聖への面会も、一審死刑判決が下された二〇二〇年三月一六日の翌日に思いついて、月刊『創』の篠田博之編集長に依頼して植松に連絡を取って、実現した。植松は非常に多くのメッセージを発信していたし、多くのメディアが溢れんばかりの情報を伝えていた。それまで森は植松への面会を必要と感じていなかったが、死刑判決が確定すると面会できなくなるため、遅ればせながら篠田の協力を得て、面会に漕ぎつけた。「事件の解釈はこれでよいのか。動機の捉え方はこれで間違いないのか。法手続きや捜査手法に問題はなかったのか。そもそも裁判のありかたはこれでよいのか」。小さな疑問に引かれるように、森は事件に改めて向き合うことにして、「面会室で植松と初めて対面することができた。これが最初の面会であり、そしてもしかしたら、これが最後の面会ということになる」。

数々の疑問を感じながら事件を考え直そうとする森の一つの視点は刑事裁判における精神鑑定と責任能力の問題である。多くの重大凶悪犯罪の被告人が精神鑑定の対象とされたが、秋葉原事件、池田小事件、土浦連続殺傷事件など、ほぼ例外なく責任能力が認められてきた。それでは責任能力とはいったい何なのか。森は、一九八九年の宮﨑勤事件と一九九七年の神戸連続児童殺傷事件を素材として『M／世界の、憂鬱な先端』（文藝春秋）を執筆したノンフィクション作家の吉岡忍に質問を繰り返し、宮﨑事件、オウム真理教事件などにおける精神鑑定の在り方について吉岡との対話を続ける。麻原彰晃の鑑定をした六人の医師がそろって「訴訟能力はない」と結論付けたが、それを

森達也『U　相模原に現れた世界の憂鬱な断面』（講談社現代新書、20年12月）

受けて裁判所が実施した正式鑑定では、西山詮医師は「訴訟能力がある」とした。だが、西山鑑定書はおよそ説得力がない。植松に対する精神鑑定や死刑判決も同様である。「本気ですかと言いたくなる。植松にではない。青沼裁判長に対してだ」と言わずにいられなくなるほど、粗雑な論理で責任能力を肯定し、被告人に死刑を言い渡している。結論ありきにしか見えない。

　精神鑑定も死刑判決も、被告人がなぜあれほどの凶悪事件を起こしたのかに答えようとしない。答える気が最初からないように見える。加害者への関心が薄いのか、取材もおざなりだし、鑑定書もずさんである。動機も背景も軽んじたまま死刑判決が出されるとわかっているから、精神科医も本気で鑑定しないのではないか。

　それでは植松にいかに向き合うべきか。相模原事件が提起する何かを言語化するために、森は発達支援教室「るりえふ」代表の郡司真子にインタヴューする。精神科医はＡＳＤ（自閉スペクトラム症、アスペルガー症候群）や知的障害におけるスペクトラムなど発達障害についての知識を十分に持っていないという。

　続いて森は篠田博之と裁判員裁判をめぐって対話する。多くの凶悪犯罪について取材を重ね、死刑と死刑囚に向き合ってきた篠田は、メディアへの批評性を含めて森とスタンスがかなり近いという。裁判員制度そのものの意味や限界にも触れられるが、植松を裁いた裁判員裁判では、結審後に辞任した裁判員が二名いたこと、植松の成育歴について裁判では言及されなかったことなど具体的な疑問が示される。裁判所もメディアも何を恐れているのか、森と篠田の疑問は膨らむ。

　そして森は再び精神鑑定問題に立ち戻り、国立精神・神経医療研究センター薬物依存研究部長の松本俊彦にインタヴューする。裁判員裁判における精神鑑定の一つの役割はわかりやすさである。そのために「人格障害」という納得しやすいが、何も言っていないに等しい言葉が用いられる。市民である裁判員が読んで理解できるように、鑑定書はごく簡略化される。すべてをわかりやすくするが、それで何を理解したことになるのか。

　最後に森は『やまゆり園事件』（幻冬舎）を出した神奈川新聞取材班の記者の石川泰太に取材して、メディアの役割を再考する。世間を震撼させたやまゆり園事件だが、途中からメディアの関心が小さくなった。世間の関心が急激に冷えたからだ。それはなぜなのか。成育歴の分析もなされないまま死刑へのレールが敷かれていた。

「事件や事故は日々起きる。それを知ることは大切だ。つまり情報。でももっと大切なことは、その情報をどのように解釈するか。これは歴史も同じ。だからこそメディアの存在は重要だ。大切なことは多面的に多重的に伝えること。だって早急に結論を出さずに悩むこと。

世界は多面的で多重的で多層的なのだから」。

だが、世間は変わらないだろう。植松も他の死刑囚と同様に静かに処刑され、世界は変わらないかもしれない。

「世界は動いている。息づいている。でも植松が社会に提示しようとした無慈悲で歪な世界の断面は、多面的に多重的に多層的に解釈されないまま、東京葛飾区にある拘置所の一室で今も閉じ続けている」。

三……………冤罪と死刑

浜田寿美男『袴田事件の謎——取調べ録音テープが語る事実』（岩波書店、二〇二〇年）

二〇一五年、袴田事件再審において、死刑囚とされている袴田巖の取調べ過程の録音テープが存在することが判明し、弁護団に開示された。取調べが録音されたのが一九六六年のことである。半世紀近くにわたって秘匿されてきた録音テープは、取調べの全過程を録音したものではなく一部に過ぎないというが、袴田逮捕から一九日間、取調室における詰問の様子が三〇時間ほど、そして取調べの二〇日目、袴田が犯行を認めさせられた日の様子が一一時間近く、収録されている。

「この録音テープから、たしかに袴田が取調べ過程で自白に落ちたことは確認できるが、問題は単に自白したという事実ではない。その自白が長い否認の期間を経てどのように引き出されたのか、自白転落後の袴田の語りがどのようにして自白調書にまとめられたのか、そして、その袴田の語りがはたして清水事件を犯行体験者として語ったものと言えるかどうか。そこにこそ問題がある」。

右に「清水事件」とあるのは一般に袴田事件と呼ばれている事件——一九六六年六月三〇日未明、静岡県清水市（現在の静岡市清水区）で発生したみそ工場専務宅殺人放火事件のことである。元プロボクサー袴田巖が死刑囚とされているが、二〇一四年にいったん再審開始決定が出て、袴田は釈放された。再審開始決定はその後取り消されたが、裁判所も法務省も袴田釈放の現実を是認せざるを得ない状況に追い込まれながら、しつように再審無罪を妨害し、引き延ばしている。著者は事件名を袴田事件ではなく、発生地にちなんで「清水事件」と呼ぶべきだと考えている。一般には袴田事件が通用しているので、本書表題も袴田事件とされている。清水事件とはみそ工場専務宅殺人放火事件であり、袴田事件とは「無実の袴田が誤判・冤罪によって死刑の危機

浜田寿美男
袴田事件の謎
取調べ録音テープが語る事実
岩波書店

浜田寿美男『袴田事件の謎　取調べ録音テープが語る真実』（岩波書店、20年12月）

にさらされ続けてきた事件」を意味するであろう。

『自白の心理学』『自白の研究』『自白が無実を証明する』『もうひとつの「帝銀事件」』『名張毒ぶどう酒事件——自白の罠を解く』などで供述メカニズムに鋭く光を当ててきた著者は、その虚偽自白研究の集大成として『虚偽自白を読み解く』（岩波新書、二〇一八年）を公にしている。①足利事件、②狭山事件、③清水事件（袴田事件）、④日野町事件、⑤名張事件を主な例として、虚偽自白の実例を解析している。袴田事件と名張事件が死刑事件であり、狭山事件も一審は死刑判決であった。

著者の基本的スタンス（方法論）は、供述に至る過程を綿密に分析することによって「自白調書」なるものの中に、供述者が虚偽自白に陥る過程と心理が表現されていることがあり、その虚偽を見抜けないと冤罪被害が再生産されていくというものである。

本書では自白調書だけではなく、録音テープを分析対象とするが、著者の問題意識は同じである。

「取調べの場で袴田が頑強に否認を繰り返し、そして最後に自白に落ちて、犯行内容を語る過程が、一部とはいえ、文字通りに生の問答として録音テープに収められていることの意味は大きい。じっさい、もし、この自白が真に犯人のものだったとすれば、そこには犯行体験者の語りであることを示す徴がなんらかのかたちで刻まれているはずであるし、逆に、もし袴田がその主張のとおり無実だったとすれば、その無実者の語りを示す痕跡がなんらかのかたちで残されているはずである。」

本書は清水事件における三つの謎を取り上げて、これに挑む。

第一の謎は、犯行時着衣ではないとされた「パジャマの血」の追及で自白に落ちたことである。パジャマに血がついていたことを突き付けられて自白に追い込まれたはずだが、判決では翌年発見された「五点の衣類」が犯行時着衣であるとされた。だが、五点の衣類は本当に犯行時着衣なのか。細すぎて穿けないズボンは袴田のものだったのか。何よりも、パジャマの血とはいったい何であったのか。なぜ袴田は事件と関係ないパジャマの血で自白することになったのか。

第二の謎は、全面自白後に犯行筋書きが日替わりで大きく変遷したことである。自白転落初日から容疑のすべてを認めながら、犯行の流れが二転三転した。犯行動機が次々と変遷し、犯行プロセスの供述も変遷した。体験者でなくても語れる部分は一貫しているが、体験者でなければ語れない部分は不自然に変遷している。

第三の謎は、任意性を欠く警察取調べと並行して行われた検察取調べに任意性が認められたことである。法廷に提出された四五通の自白調書のうち四四通については任意性が否定され、証拠排除されたが、一通の検察調書が証拠採用され、これに基づいて有罪認定がなされた。その取調べの経過や、供述内容と調書の記載内容の照合が繰り返されてきた。任意性を否定されるような厳しい警察取調べと並行してなされた検察取調べの任意性なるものはいかなる事態なのか。

この三つの謎は、袴田が真犯人であるとしたときにはじめて「謎」として浮かび上がる。袴田が犯人ではないと考えれば、どこにも謎は生じない。著者は本件事案の証拠及び供述調書（二次的データ）をもとに供述分析を行ってきたが、あらたに提出された録音テープ（一次的データ）の分析を加えることによって、袴田事件の真相に迫る。事件の真相に分析のメスを入れる過程は、あまりにスリリングであり、読者にとって驚きである。その先に袴田の無実証明という光があらためて見えてくるが、それ以上に袴田事件の闇は日本警察捜査の闇であり、日本刑事裁判の闇であることが見えてくる。

かくして著者は「三つの謎の背後にあるもう一つの謎」を提起し、その解明に向かう。確定判決は「事実の認定は、証拠による」という法の大原則を踏み外し、正当化できない循環論に陥っているのではないか。自白を抜きに証拠に基づく事実認定を行うのではなく、有罪前提で自白をもとにストーリーを描き、これに見合った証拠を並べて見せる。この手法は事実認定のあやふやさを浮かび上がらせるだけでなく、捜査員による証拠捏造疑惑を濃厚にする。

「清水事件」はすでに迷宮入りとなり、真犯人はその罪を逃れ、一方の「袴田事件」はいまだ冤罪が晴らされないまま、いつ終わるともわからぬ迷走をつづけている――暗澹たる現実を前に、著者は弁護団とともに真相解明への営為を続ける。

四……戦犯死刑囚教誨師

田嶋隆純編著『わがいのち果てる日に――巣鴨プリズン・ＢＣ級戦犯者の記録』
（講談社エディトリアル、二〇二一年）

忘れられていた「幻の書」の復刊である。

田嶋隆純は一九四九年六月、米軍管轄下の巣鴨プリズンの二代目教誨師となり、戦犯死刑囚の助命嘆願運動に尽力した。収容者から「巣鴨の父」と慕われたという。田嶋の教誨師時代の約一〇年に、処刑された戦犯の数は千名近く、その中にはＡ級戦犯のみならず、大多数のＢＣ級戦犯が含まれていた。

巣鴨の戦犯死刑囚については、その遺書遺稿七〇一通を収録した『世紀の遺書』が同じ一九五三年に出版されたが、その「序文」は田嶋の手になる。つまり同じこの年に田嶋は戦犯死刑囚たちの遺書遺稿をまとめた『世紀の遺書』と、自分自身の教誨師としての体験を綴った本書を出版したのである。米軍管理下にあって、日本でもその実態が知られなかった巣鴨プリズンの実態を世に明らかにする著書二冊は田嶋の手によるものであった。

『わがいのち果てる日に』は一九五三年出版だが、その後ほとんど忘れられてきた。『世紀の遺書』や、花山信勝『平和の発見――巣鴨の生と死の記録』（朝日新聞社、一九四九年）は何度か再刊されてきたが、『わがいのち果てる日に』は今回、戦後七十有余年を経て復刊された。

田嶋の生涯については、田嶋信雄編著『田嶋隆純の生涯』（私家版、二〇〇六年）があり、それが山折哲雄監修により『巣鴨の父　田嶋隆純』（文藝春秋企画出版部、二〇二〇年）として出版されたという。

本書は「序」「巣鴨の教誨師となるまで」「『死の喜び』よりも『生の喜び』を」「処刑の立会」「刑場への道」「拘引記」「罪業感と戦争観」「最後の晩餐」「死刑囚の面会」「死刑囚と仏教」から成り、その後に「遺書集」が収録されている。

田嶋隆純編著『わがいのち果てる日に』（講談社エディトリアル、21年7月）

「戦争はたしかに罪悪だ。仏徒として、私は飽くまで戦争を嫌悪し否定する」という田嶋は、一九四一年六月、「米国各地に平和維持の遊説の旅」を続けたが、「不幸にして私の微力は何の支えともなり得なかった」という田嶋は、次のように続ける。

「しかし、たとえ戦争が罪悪であったにしても、ひとたび国を挙げて死命を争うに至った以上、当時の日本国民として怨敵必殺の信念に燃えたことは当然である。果たして、これを個人の罪に帰して足れりとなし得るであろうか。／仏教では戦争は共業所感の結果と見做している。戦争はまさに全人類が負うべき責任であり、罪であらねばならぬ。一部の者が因縁によって戦犯に問われたのであって、全国民もまた罪の一半を負わなければならぬと私は信ずる。」

一九五三年のこの言葉が何も註釈なしに繰り返されている。戦争は罪悪であるとしながら、「怨敵必殺の信念に燃えたことは当然」と反転して戦争を全肯定する。

他方で、個人の罪を否定し、「全人類が負うべき責任」と飛躍し、「全国民もまた罪の一半を負わなければならぬ」と言う。一億総懺悔のススメであり、全人類総懺悔の思想となる。こうして国家の責任は全面解除される。戦争を開始した政治家も、戦争遂行した軍人も、残虐行為を恣にした兵士も罪を免れ、全国民に責があるとされる。ここから田嶋は戦犯助命嘆願運動に奔走する。死刑という刑罰に対する省察は見られないが、冤罪による戦犯処刑への批判のみならず、たとえ悪逆非道の戦争犯罪者であっても助命をという主張は、それなりに死刑廃止論への道を用意してはいる。

国際社会は田嶋の思考とは真逆の道を歩んだ。戦争肯定の国際法を改鋳して、国連憲章、世界人権宣言、国際人権規約を踏まえ、国際人道法においてジェノサイド、人道に対する罪、戦争犯罪を処罰するシステムを徐々に形成し、一九九八年の国際刑事裁判所規程に結実した。戦争犯罪に手を染めた個人の責を追及する一方、一九八九年の死刑廃止条約によって死刑廃止の方向性を明示し、国際刑事裁判所規程も死刑を排除した。こうした現実を抜きに田嶋の著書を評価しても説得力はないだろう。戦争と死刑を必要とする国家権力を思想的にいかに解体するかがポイントとなる。

五　死刑と文学

池田浩士編『深海魚――響野湾子短歌集』（インパクト出版会、二〇二一年）

響野湾子（本名・庄子幸一）は二〇〇一年の大和連続主婦殺害事件で、〇三年、横浜地裁で死刑判決を言い渡され、〇四年、東京高裁で控訴棄却、〇七年、最高裁で上告棄却となり、死刑が確定した。獄中で短歌を詠み始め、〇六年の「死刑廃止のための大道寺幸子基金」（後に大道寺幸子・赤堀政夫基金）による「第二回死刑囚表現展」に応募して以後、若干の中断を除いて同表現展に作品を応募し続けた。短歌のみならず、俳句や不定型詩を応募したこともあるが、主に短歌で同展の優秀賞等を受賞し続けた。

二〇一九年八月二日、庄子幸一（響野湾子）は東京拘置所において死刑執行された。享年六四歳である。それから二年後の二一年八月二日、本書発行の運びとなった。一三年の間に同表現展に届いた短歌の総数は計六三二一首であり、本書にはそのうち九一二首が収録された。

大和連続主婦殺害事件は、短期間に三件に及ぶ金銭目的の強盗強姦殺人事件であり、犯罪の残虐さと悲惨さは判決文に明らかである。上告審では、死刑は残虐な刑罰であると主張したものの、犯行事実の存在については争っていないようであり、おおむね判決文通りの凶行に及んだものと考えられるという。「この犯人は、あろうことか同棲する女性に手伝わせながら、残虐無残な凶行を冷酷無比に、それも一度ならず実行し、被害者たちに筆舌に尽くせぬ恐怖と苦痛と絶望を与え、被害者を愛する人たちに深い衝撃と怒りと癒すことのできぬ悲しみをもたらしたのです」と言う編者は、さらに次のように述べる。

「この一冊の歌集に収められた短歌は、そのような、いわば天人ともに許さぬ一人の人間によって詠まれました。あるいは、同じ一人の人間の二つの姿がこの一冊の歌集のなかに生きている、とも言えるでしょう。そして、そのうちの一人が詠んだ短歌は、短歌としてどれほど優れ

池田浩士編『深海魚――響野湾子短歌集』（インパクト出版会、21年8月）

たものがどれほど多くあろうとも、もう一人の卑劣で残忍な所業を免罪することなどないでしょう。短歌がなし得ることは、それらを詠んだのがまさしくこの悪逆無残な一人の人間であるという客観的事実を読み手に伝えることでしかないでしょう。この一冊を編むにあたって私が自分に課した目標は、そのような客観的事実をとりわけありありと痛切に描いた作品を、読者に届けるということでした」。

最初期の二〇〇六年の作品群は「深海魚」と総称され、本書の表題となっている。その一八首から次の七首が収められている。

死刑囚安らぎの無き夜の七時
　賜わる花の向きかへて寝る

今朝もまた人吊る訓練ありしとふ
　刑死無き夜の紫の蜩

春は黄の福寿草より秋の紅曼珠沙華
　咲く死囚は無色

天界に登る梯子のあるならば
　月の駱駝にまずは乗りたし

土壇場の明日あるかも知れぬ夜に
　命いとひて風邪薬飲む

罵りの一つが欲しく法廷に
　死囚は立てど静寂の時

上訴審棄却賜わる今朝よりは
　光り届かぬ深海魚となる

大半の作品は、死刑囚として独房に置かれた作者の心象風景を詠ったものである。獄中生活そのものというよりも、獄中生活を通して作者が受け止めた世界を言葉に定着させる際に独特の文学的変容が加えられている。生い立ちや家族の暮らしが主題とされることは少なく、自らが犯した罪悪を詠うこともないが、自ら犯した罪と向き合っていないのではない。罪に向き合い、自分に向き合いながらも、歌は閉ざされた獄窓に縁どられた心象風景に還ってくる。

本書に「収録」されなかったが「編者あとがき」で紹介された作品には次のように、大道寺将司のことと判明する作品がいくつもあるようだ。作者と大道寺の出会いや交流の詳細は不明だが、ここから読み取り、考えるべきことは少なくないだろう。

命より友裏切らぬ喜びを得たりぬ
　「残の月」を読みつつ

癌闘の囚兄より我励まされ
　賜ひし句集にプライド芽吹く

獄中で骨身を削り上梓せる
　革命家より句集賜わる

他方、世相や時代を反映した作品も見ることができる。

三万余自殺者今年もありしてふ
　死刑囚として生きをるが恥ずかし

放射能ありてふ空と言ひしもが
　独房より出れば甘くかほれり

どこまでが被曝地なのか判からずに
　獄中で食ぶ初苺かな

沖縄を知らず日本に暮らし居て
　終戦記念日疑わずゐし

フクシマに悪魔のやふな火を残こし
　誰も気付かぬ振りする恐怖

二〇一八〜一九年になると、死刑執行

が迫ってきた予感に促迫された作品が目立つようになる。収録された最後の七首の色調と音感は静けさに満ちている。

遠くない日だと想ふが刑場に
　黙して佇てる狂れまだ持てず
降りしきる細雨に濡れてみたき手を
　静かに出だす獄窓なく寂しき
遠くなき日の処刑死を想ひつつ
　五種の薬を今日も飲み終ふ
塊りとなりて悲しき座わり胼胝
　ただ処刑待つ二十年目の冬
この獄の霊安室は地下なりき
　この夕焼けの届かぬも悲しき
五月雨の中生きて来し想ひして
　灰色の空灰色の独房
それからがまだ想い湧かぬ人生を
　風が静かに時を流れむ

六……死刑廃止を求めて

菊田幸一『新版死刑廃止を考える』（岩波ブックレット、二〇二一年）

死刑廃止運動の先陣を切って一九九〇年に初版が出た著作の新版である。

「日本政府は、凶悪犯罪抑止や被害者遺族らの報復処罰感情の観点から、国民世論の多数が死刑を支持しており、存続もやむを得ないとしています。しかし、第二次大戦後七〇年近くにおよび平和を堅持してきた日本は、世界に先駆け死刑廃止を実現すべきところ、国家権力の名のもとに凶悪犯罪者を殺している現状は悲しい限りです。」

著者は、自然現象である新型コロナ禍と、人為的制度である死刑とはまったく「次元」が異なるものの、「人の命を守るという視点」から共通の課題があるとし、国際的視野での協力の重要性にも説き及ぶ。

菊田幸一『新版　死刑廃止を考える』
（岩波ブックレット、21年2月）

死刑存廃論については「世論の支持をどう考えるか」「死刑は凶悪犯罪防止になるか」「死刑は被害者感情を癒すか」「誤判・冤罪は避けられない」「日本国憲法は死刑を認めているのか」「なぜ国連は死刑廃止を求めているのか」「死刑に代わる刑罰はあるのか」と、手堅く議論を進める。

「巻末資料」では、死刑廃止を求める運動の現況を紹介する。「死刑執行停止連絡会議」、「死刑廃止国際条約の批准を求めるフォーラム90」、「死刑廃止議員連盟」をはじめとする取り組みの歴史を踏まえて、特に日弁連の動きと「死刑をなくそう市民会議（CCACP）」の発足を紹介する。

日弁連は一六年の人権大会で、二〇二〇年までに死刑制度を廃止するとの声明を出し、「死刑廃止実現本部」を設置した。

①無期懲役受刑者に対する仮釈放の適用の適正化を行い、かつ、仮釈放のない

終身刑導入を視野に入れた刑罰制度の改革を行うこと――刑としての終身刑採用を検討すること

②死刑廃止につき、国会において十分な審議を行い、その審議による結論が出るまでは死刑の執行を停止すること――終身刑を設けるにしても、仮釈放や恩赦の適用の設計が検討されるべきこと。

一方、「死刑をなくそう市民会議（CCACP）」は二〇一九年八月三一日、設立総会を開いた。日弁連の死刑廃止宣言を受けて、市民が死刑廃止を呼びかける趣旨で、宗教家、学会、マスコミ等、関心のある個人・団体が参加し、日弁連委員も個人として加わった。本書出版もその活動の一環に位置づけられている。

呼びかけ人は、政治家から村山富市（元内閣総理大臣）、横路孝弘（元衆議院議長）、二見伸明（元衆議院議員、初代死刑廃止議員連盟事務局長）、不破哲三（元衆議院議員）。

舞台映画芸術関係者から山田洋次（映画監督）、湯川れい子（音楽評論家・作詞家）、平田オリザ（劇作家・演出家）、神田香織（講談師）、大石芳野（写真家）、森達也（映画監督）、イーデス・ハンソン（タレント）。

作家から中山千夏（作家）、平野啓一郎（作家）、雨宮処凛（作家・活動家）。

法務関係者から八田次郎（元少年院院長）、伊藤由紀夫（NPO法人非行克服支援センター相談員・元家裁調査官、故人）。

ジャーナリストから篠田博之（月刊『創』編集長／日本ペンクラブ言論表現委員会副委員長）、鎌田慧（ジャーナリスト）、佐高信（評論家）。

冤罪被害者また被害者家族から袴田秀子（袴田巌再審請求者の姉）、免田栄（「免田事件」元冤罪死刑囚、故人）、赤堀政夫（「島田事件」元冤罪死刑囚）。

大学関係者・学者から平川宗信（名古屋大学名誉教授）、デイヴィッド・ジョンソン（ハワイ大学教授）、笹倉香奈（甲南大学法学部教授）、加藤久雄（国際犯罪学者）、玉光順正（東本願寺・元教学研究所長）、白取祐司（神奈川大学法学部教授）、佐々木光明（神戸学院大学教授）、福島至（龍谷大学教授）、高橋哲哉（東京大学教授）、朴秉植（韓国東国大学教授）、石塚伸一（龍谷大学法学部教授）、西嶋勝彦（袴田事件再審弁護団長）、新倉修（青山学院大学名誉教授・弁護士）、指宿信（成城大学教授）、浜矩子（同志社大学大学院教授）、西村春夫（元国士舘大学教授、故人）、宮澤節生（神戸大学名誉教授）、姜尚中（東京大名誉教授）、葛野尋之（一橋大学教授）。

宗教関係者から高見三明（カトリック長崎大司教区大司教）、雨森慶為（東本願寺・宗教者ネットワーク）。

人権活動家から組坂繁之（部落解放同盟委員長）。

弁護士から中本和洋（前日本弁護士連合会会長）、海渡雄一（弁護士・元日本弁護士連合会事務総長）、安田好弘（弁護士・フォーラム90）、田鎖麻衣子（弁護士）。

共同代表世話人は片山徒有（被害者と

『福音と世界』3月号「死刑なき世界へ」
（新教出版社、21年3月）

司法を考える会代表)、瑞慶覧淳（日本国民救援会副会長)、中川英明（アムネスティ・インターナショナル日本事務局長)、藤本泰成（フォーラム平和・人権・環境共同代表)、村井敏邦（日本刑法学会元理事長)、柳川朋毅（「死刑を止めよう」宗教者ネットワーク)、平岡秀夫（元法務大臣)、菊田幸一（明治大学名誉教授）である。

なお、**雑誌『福音と世界』二〇二一年三月号**が「特集＝死刑なき世界へ」を組んでいる。

「刑事司法制度としての死刑を考える」田鎖麻衣子、「主権権力から別の赦し」守中高明、「黒い水」市野川容孝、「死刑・戦争・天皇制」太田昌国、「究極的な差別としての死刑制度とフェミニズム」清末愛砂、「修復的正義は死刑なき世界への道となり得るか」石原明。

死刑判決・無期懲役判決（死刑求刑）一覧

菊池さよ子
救援連絡センター

2020—2021

死刑をめぐる状況

□は死刑判決
▽は無期懲役判決（死刑求刑）
△は有期刑判決（死刑求刑）
◇はその他の判決

◇一月九日名古屋高裁 （堀内満裁判長）

夫婦殺人事件で強盗殺人罪の成立を否定した一審判決を破棄・差し戻す判決

名古屋市南区の住宅で八〇代夫婦を殺害して財布を奪ったとして、強盗殺人の罪に問われた無職松井広志さん（四五歳）に対し、無期懲役とした一審判決を破棄、名古屋地裁に審理を差し戻した。

殺害の動機が強盗目的だったかどうかが争点。事実認定に誤りがあるなどとして、死刑を求刑した検察側と弁護側の双方が控訴していた。

判決は「被告は当時借金を抱えており、夫婦宅に金銭があると思っていた。一審判決はこれらの事情を総合的に考慮していない」とした。

一審名古屋地裁の裁判員裁判判決は「金品目的なら広範囲を物色するのが自然だが、バッグを物色し財布を持ち去っただけにとどめている」とした上で「被害者側の言動に怒りを覚え殺害した後、金品を盗もうと思い立った可能性を否定できない」とした。

高裁判決は「強盗目的でも現場の状況などから、物色の範囲が限定されることはあり、被害者側への怒りと相反するものではない」「強盗目的を前提に改めて裁判員裁判で審理を尽くすのが相当だ」とした。

一審判決によると、被告は一七年三月一日、八〇代の夫婦宅で夫婦の首を刃物で刺して殺害し、約一二〇〇円が入った財布を盗んだとされる。

この高裁判決に対して弁護側は上告したが、二〇年九月一四日最高裁は上告を棄却した（一八九頁参照）。

▽一月二七日大阪高裁 （村山浩昭裁判長）

淡路島五人殺人事件で一審死刑判決を破棄・無期懲役判決

兵庫県洲本市（淡路島）で男女五人をサバイバルナイフで刺殺したとして、殺人と銃刀法違反の罪に問われた平野達彦さん（四五歳）に対し、「妄想性障害による心神耗弱状態だった」と認め、死刑とした一審神戸地裁の裁判員裁判判決を破棄し、無期懲役を言い渡した。

裁判員裁判の死刑判決が破棄され、二審で無期懲役に減刑されたのは七件目。

一七年三月の一審判決は、精神鑑定結果などから、被告に五年間の向精神薬の乱用歴による精神疾患があったと認定。その上で「病状はそれほど悪化していなかった」とする鑑定医の証言を基に「疾患の殺害行為への影響はほとんどない」と完全責任能力を認め、求刑通り死刑を言い渡した。その後弁護側が控訴した。

二審は、死刑事件のため責任能力の判断に万全を期す必要があるとし、新たに精神鑑定を実施。判決は「被告は妄想性障害に罹患し、犯行時に病状が悪化し妄想が非常に活発だった」との二審鑑定を「病状の特徴から説得的だ」とし、「妄想でしか動機を説明できず、病気の影響はきわめて大きい」「犯行を思いとどまる能力が著しく減退していた」とした。

検察側は、犯行後に被告が母親に「裁判になるのでもう会えない」などと伝えたことから、殺人が違法行為であることを理解し、善悪を見分ける能力はあったとして控訴棄却を求めていた。

◇一月二九日最高裁第三小法廷（宇賀克也裁判長）

中国人姉妹殺人事件で上告棄却決定＝地裁に差し戻すとした高裁判決が確定

知人の中国人姉妹を殺害したとして、殺人や死体遺棄などの罪に問われた無職岩崎竜也さん（四一歳）の上告を棄却する決定をした。懲役二三年（死刑求刑）とした一審横浜地裁判決を「不適切な量刑資料を基に判断している」との理由で破棄、地裁に差し戻した二審東京高裁判決が確定し、改めて裁判員裁判で審理

2020年死刑判決

判決日	裁判所	裁判長	被告	現在
3月16日	横浜地裁	青沼潔	植松聖	控訴取下げ確定
9月8日	最高裁第3小法廷	林道晴	土屋和也	確定
12月11日	鹿児島地裁	岩田光生	岩倉知広	控訴審
12月15日	東京地裁立川支部	矢野直邦	白石隆浩	控訴取下げ確定

されることになった。

一、二審判決によると一七年七月、中国人姉妹（当時二五歳と二二歳）が住んでいた横浜市中区のマンションに侵入し、二人の首を圧迫して殺害。遺体を神奈川県秦野市の山林に遺棄したとされる。

一八年七月の一審判決は、被告が凶器を使っていない点を重視し「被害者が複数いる単独犯の殺人で凶器のない事件は、裁判員裁判では死刑や無期懲役になっていない」として有期刑を選択した。

しかし一九年四月の二審判決は、裁判所内部の量刑検索システムで過去の事例を検討。一審が判断の根拠とした過去のケースはいずれも親族間の事件で「今回とは全く類型が異なる」と指摘した。

被告が相当の力で二人の首を圧迫したことなどから「凶器を使う場合と、危険性に質的な違いはない」とも判断。適切な量刑資料を使って裁判をやり直すべきだとした。

高裁判決を不服として被告は上告したが、上告が棄却されたことで横浜地裁で差し戻し審が行われ、二一年七月二九日、横浜地裁の裁判で検察側は無期懲役を求刑した。

□三月一六日横浜地裁（青沼潔裁判長）

相模原やまゆり園殺傷事件で死刑判決

相模原市の知的障害者施設「津久井やまゆり園」で一九人の障害者を殺害し、二四人の障害者と職員を殺害しようとしたとして殺人・殺人未遂などの罪に問われた植松聖さん（三〇歳）に求刑通り死刑判決を言い渡した。

判決は責任能力について、完全責任能力があったと認めた。

【責任能力】弁護人が依頼した鑑定医は、被告は大麻精神病であり、犯行にはその影響が深く関与したと判断した。診断基準として指摘したうち、被告が大麻の長期常用者であったことは証拠上、容易に認められる。だが、被告の思考が病的な思考や思考障害によるもので、幻覚や妄想もあったとした点、言動には能動性の逸脱があり、動因逸脱症候群であるとした点については採用できない。犯行動機は、意思疎通できない重度障害者は不幸で、家族や周囲も不幸にする不要な存在であるから、自分が殺害することで不幸が減り、賛同が得られ、自分は先駆者になれるというものだ。

弁護側鑑定医は、了解できない思考への飛躍・逸脱があるとするが、重度障害者の存在に否定的な内容という点では方向性が同じで、不自然とは言えない。思考の形成過程についても、到底是認できない内容だが、障害者施設での勤務経験などに基づき、病的な飛躍があったとは言えない。被告の考えは了解可能であり、弁護側鑑定医の判断は不合理だ。被告に幻覚や妄想があったことは否定できないが、程度は強くなかった。

犯行時、被告は一貫して重度障害者の殺害という動機に沿った言動をしていた。他方で殺害行為の間に周囲の状況に対応して行動を柔軟に変更するなど、動機と矛盾しない言動もとっていた。能動性の逸脱はなく、動因逸脱症候群を伴う大麻精神病に罹患していた疑いはない。

裁判所が選任した鑑定医は、大麻使用障害・大麻中毒を罹患していたとする。動機の了解可能性、犯行の計画性、一貫性、合目的性、違法性の認識に照らすと、犯行に特別不合理な点は見受けられない。大麻の影響は考えられず、犯行時、被告の善悪を判断する能力や行動をコントロールする能力が喪失、低下していた疑いは生じない。

【量刑の理由】一九人もの人命が奪われた結果は、他の事例と比較できないほど甚だしく重大だ。殺人未遂にとどまった二四人も傷害の程度に軽重はあるが、いずれも相当な生命の危険にさらされ、

最近の死刑判決と執行数

年	地裁判決数	高裁判決数	最高裁判決数	新確定数	執行数	病死等	確定者総数
1992	1	4	4	5	0	0	56
1993	4	1	5	7	7	0	56
1994	8	4	2	3	2	0	57
1995	11	4	3	3	6	0	54
1996	1	3	4	3	6	0	51
1997	3	2	4	4	4	0	51
1998	7	7	5	7	6	0	52
1999	8	4	4	4	5	1	50
2000	14	6	3	6	3	0	53
2001	10	16	4	5	2	0	56
2002	18	4	2	3	2	0	57
2003	13	17	0	2	1	2	56
2004	14	15	13	15	2	1	68
2005	13	15	10	11	1	0	78
2006	13	15	16	20	4	0	94
2007	14	14	18	23	9	1	107
2008	5	14	8	10	15	2	100
2009	9	9	16	18	7	4	107
2010	4	3	7	8	2	2	111
2011	9	2	22	24	0	3	132
2012	3	4	9	10	7	0	135
2013	4	3	6	7	8	3	131
2014	2	8	6	6	3	5	129
2015	4	1	3	3	3	1	128
2016	3	4	6	6	3	2	129
2017	3	0	3	3	4	4	124
2018	4	2	2	2	15	0	110
2019	2	3	3	3	3	0	110
2020	3	0	1	2	0	4	109

12月末現在。確定者数は確定判決時。

結果は重大だ。

被告は、職員が少ない時間帯を狙い、複数の刃物や結束バンドなどを用意した上、職員を拘束して通報などを防ぎ、抵抗困難な利用者らの胸や背中、首といった枢要部を複数回突き刺すなどした。計画的かつ強烈な殺意に貫かれた犯行で、悪質性も甚だしい。

動機の形成過程を踏まえても酌量の余地は全くなく、厳しい非難は免れない。被害者遺族らが峻烈な処罰感情を示すのも当然である。

被告が犯行時二六歳と比較的若く、前科がないことなど情状をできる限り考慮しても、死刑をもって臨むほかないとした。

弁護人が控訴したが被告は控訴を取り下げたため死刑が確定した。

▽三月一八日福岡高裁（鬼沢友直裁判長）

佐賀男女殺人事件で控訴棄却・無期懲役判決

佐賀市の残土置き場で重機で男女二人を車ごと穴に落として埋め、殺害したとして殺人罪に問われた無職於保照義さん（七〇歳）に対し、無期懲役とした一審佐賀地裁の裁判員裁判判決を支持し、被告側と佐賀地検の双方の控訴を棄却した。

弁護側は一審に続き無罪を訴え、被告は二審で事件当日のアリバイなどを主張したが認められなかった。量刑については、法外な額の借金返済を強く求めていた被害男性にも非があったとし、検察側求刑の死刑を回避した一審判決は妥当と判断した。

判決によると、一四年八月一五日、経営していた残土処理会社内で、山口県下関市の会社経営者（当時七六歳）と知人の女性（当時四八歳）が乗った車を油圧ショベルで穴に落とし、土砂をかけて埋め、殺害したとされる。（次ページ参照）

□九月八日最高裁第三小法廷（林道晴裁判長）

前橋連続殺人事件で上告棄却・死刑確定判決

前橋市で高齢者二人を相次いで殺害、一人に重傷を負わせたとして強盗殺人などの罪に問われた無職土屋和也さん（三二歳）に対し、上告を棄却。死刑とした一、二審判決が確定した。判決は「何ら落ち度のない二人の命が奪われ、一人の命が危険にさらされた結果は重大だ」とした。裁判官五人全員一致の結論。

弁護側は「被告には不遇な生い立ちが原因のパーソナリティー障害があり、事件に至る経緯や残虐な犯行態様に影響している」と主張し、死刑回避を訴えていた。

判決は「金目の物が見つからなくても現場に長時間とどまっていたことや、執拗な殺害行為に障害の特性が表れている」とする一方「生活苦を打開するため強盗を決意し、殺害したのは自分の意思によるもので、障害の特性によるものとは言えない。人命軽視の態度は強い非難を免れない」とした。

判決によると、被告は携帯電話の課金ゲームで借金を抱えて生活苦に陥り、強盗を計画。一四年一一月一〇日未明、当時九三歳の女性宅に侵入して女性をバールや包丁で殺害し、現金約七千円を奪った。同年一二月一六日未明に当時九一歳の男性宅に侵入。リンゴを盗み、同日昼ごろ、男性を包丁で刺殺し、妻に重傷を負わせたとされる。

▽九月九日最高裁第三小法廷（戸倉三郎裁判長）

佐賀男女殺人事件で無期確定

佐賀市の残土置き場で男女二人が乗った車を重機で穴に落として埋め、殺害したとして殺人などの罪に問われた無職於保照義さん（七一歳）の上告を棄却する決定をした。無期懲役とした一、二審判決が確定する。

裁判員裁判で審理した一審佐賀地裁は一八年八月の判決で、現場が被告の経営していた会社の敷地内だったことや、被告が犯行時刻に男女を呼び出していたことなどから「被告以外が犯人であれば合理的な説明はできない」と指摘し、弁護側の無罪主張を退けた。

検察側は死刑を求刑したが、執拗に借金返済を求めるなど被害男性が自らの行為で犯行を招いた面があるとして「死刑がやむを得ないとは言えない」とした。弁護側、検察側が控訴したが、二審福岡高裁も支持した。

一、二審判決によると、一四年八月一五日、残土処理会社の敷地で山口県下関市の会社経営者（当時七六歳）と知人の女性（当時四八歳）が乗った軽自動車を油圧ショベルで深さ約五メートルの穴に落とし、土砂をかけて埋め、殺害したとされる。

▽九月九日最高裁第一小法廷（山口厚裁判長）

熊谷六人殺人事件で無期懲役確定

埼玉県熊谷市で小学生二人を含む住民六人を殺したとして強盗殺人などの罪に問われたペルー人、ナカダ・ルデナ・バイロン・ジョナタン被告（三五歳）の上告を棄却する決定をした。一審の死刑判決を破棄し、心神耗弱を認めて無期懲役とした二審東京高裁判決が確定する。

裁判員裁判の死刑を無期懲役に減刑した高裁判決が最高裁で確定するのは六件目。これまでの五件はいずれも計画性や量刑が争点だったが、被告の刑事責任能力を理由にしたケースは初めて。

裁判員裁判だった一審さいたま地裁は一八年三月、完全責任能力を認めて求刑通り死刑を言い渡した。

一九年一二月の高裁判決は、統合失調症による妄想が犯行全般に影響を与えたと判断。妄想上の追跡者から身を隠すため被害者宅に侵入し、被害者を追跡者とみなして殺害に及んだ可能性があると指摘した。一方、妄想に完全に支配されていたとは評価できないとして、事件当時は心神耗弱状態だったと結論付けた。

刑法の規定で、心神耗弱の場合は刑を軽くする必要があり、死刑を言い渡すことはできない。高裁は「責任能力の点を除けば、極刑で臨むほかない事案だ」と指摘した。

検察側の上告断念で死刑の可能性がなくなった一方で、弁護側は心神喪失で無罪にすべきだと主張して上告していた。

高裁判決によると、被告は一五年九月一四～一六日、金品を奪う目的で住宅三軒に侵入し、当時八四歳から七歳までの男女六人を包丁で刺すなどして殺害したとされる。

◇九月一四日最高裁第二小法廷

（三浦守裁判長）

夫婦殺人事件で差し戻し決定

名古屋市南区の住宅で八〇代の夫婦を殺害して財布を奪ったとして強盗殺人罪に問われた無職松井広志さん（四六歳）の上告を棄却する決定をした。無期懲役とした一審判決を破棄し、審理を差し戻した二審名古屋高裁判決が確定する。名古屋地裁で改めて裁判員裁判が開かれる。

裁判員裁判だった一九年三月の名古屋地裁判決は、二人を殺害した後に金品を盗むことを思い立ち、財布を持ち去った可能性を否定できないとして強盗殺人罪の成立を認めず、殺人と窃盗の罪を適用した。検察側は死刑を求刑していた。

二〇年一月の名古屋高裁判決は「被告は当時借金を抱えており、現場に金銭があると思っていた。一審判決はこれらの事情を総合的に考慮していない」と指摘。強盗目的で殺害したことを前提に、審理を尽くす必要があるとした。

起訴状によると、一七年三月一日、八〇代の夫婦宅で夫婦の首を刃物で刺し殺害、約一二〇〇円が入った財布を奪ったとされる。

▽一一月一日東京高裁

（平木正洋裁判長）

山梨強盗殺人事件で控訴棄却（無期懲役判決）

山梨県で貴金属買い取り店店長を殺害したほか、会社役員を金品目的で襲って死亡させたとして、強盗殺人や強盗致死などの罪に問われた無職武井北斗さん（二七歳）に対し無期懲役とした一審甲府地裁の裁判員裁判判決を支持し、被告、検察側双方の控訴を棄却した。

判決は一審同様、主導的な立場で犯行に関与しており、刑事責任は重大だと指摘する一方、「計画性が極めて高いとまでは言えない」として一審の量刑は妥当だと判断した。控訴審で検察側は死刑とするよう求め、弁護側は無期懲役は重すぎると主張していた。

判決によると、一六年八月、仲間の男と共謀して甲府市の不動産会社役員（当時七三歳）を金品目的で襲って死亡させたほか、同年一一月には甲州市の貴金属買い取り店店長（当時三六歳）を殺害して店の鍵と乗用車を奪ったとされる。

□ 一二月一一日鹿児島地裁（岩田光生裁判長）

親族ら五人殺人事件で死刑判決

鹿児島県日置市の民家で一八年、親族ら五人を殺害したとして殺人と死体遺棄の罪に問われた無職岩倉知広さん（四一歳）の裁判員裁判判決で、「常軌を逸した凄惨な犯行だ。死刑を回避すべき事情は見当たらない」と求刑通り死刑を言い渡した。弁護側は不服として即日控訴した。

弁護側は、被告が犯行時、妄想性障害による心神耗弱状態で刑事責任能力が低下していたと主張。判決は「妄想性障害の影響は軽く、犯行には被告の攻撃的で他罰的な性格が大きく影響した」と退け、完全責任能力を認めた。

「五人殺害という結果は極めて重く、人を殺害することへの抵抗感は感じられない」と指摘。計画性がないなど、被告に有利な事情を踏まえても「命をもって罪を償わせるほかない」とした。

祖母と父親に対する殺意の有無や、父殺害に正当防衛が成立するかどうかも争われたが、判決はいずれも検察側主張を支持。五人全員への殺意を認め、正当防衛は成立しないと判断した。主文の言い渡し直後、被告は検察官の方に飛びかかり、刑務官に取り押さえられた。被告は叫び声を上げ、騒然としたまま公判は閉廷した。

判決などによると、被告は一八年三月三一日夜〜四月一日朝、祖母（当時八九歳）に小言を言われ祖母と、父（当時六八歳）の首を絞めて殺害し、遺体を山林に遺棄。六日午後には殺害の発覚を免れようと、二人の安否確認に訪れた伯父の妻（当時六九歳）とその姉（当時七二歳）、近所の男性（当時四七歳）の首を絞め殺害したとされる。

□ 一二月一五日東京地裁立川支部（矢野直邦裁判長）

座間九人殺人事件で死刑判決

神奈川県座間市のアパートで一七年、男女九人の切断遺体が見つかった事件の裁判員裁判判決で、強盗強制性交殺人などの罪に問われた無職白石隆浩さん（三〇歳）に求刑通り死刑を言い渡した。

ツイッターに「死にたい」と書き込むなどした若者が約二カ月間に相次いで犠牲になった事件。判決は「会員制交流サイト（SNS）上で自殺願望を表明するなど悩みを抱え、精神的に弱っている被害者を誘い出した手口は巧妙で卑劣だ」「SNSが当たり前となっている社会に大きな衝撃を与えた」とした。

動機は「金銭や性欲など欲望の充足や自己都合だけを目的とし、身勝手で酌量の余地はない」とした。

被害者が殺害を承諾していたかどうかの判断では、被告の供述は「基本的に信用できる」とした。被害者は予告や前触れなくいきなり襲われたり、自殺の意図があったとしても想定とは懸け離れた方法で殺害されたりしたなどとし「黙示を含め承諾はしていなかった」と認定。承諾殺人罪が成立するとの弁護側主張を退けた。被告は公判で「承諾はなかった」と供述していた。

弁護側は「被告に精神障害はない」とする起訴前の鑑定結果を疑問視し、刑事責任能力も争ったが、判決は「鑑定の信用性は高い」とした。

その上で「被告が罪を認めていることを考慮しても刑事責任は極めて重大」とし、死刑はやむを得ないとした。

弁護人が控訴したが被告が取り下げたため、二一年一月五日に死刑が確定した。

判決によると、座間市の自宅アパートで一七年八月下旬〜一〇月下旬、女性八人に性的暴行した上、男性一人を加えた九人をロープで首を絞めて殺害し、現金数百〜数万円を奪ったとされる。

◉二〇二〇年の判決をふりかえって

二〇二〇年の死刑判決は地裁で三人に、高裁ではゼロ、最高裁で一人に言い渡された。

地裁で死刑判決を言い渡された三人のうち二人が控訴を取り下げ死刑が確定した。

高裁では地裁の死刑判決を破棄して無期懲役とする判決が一人にあった。検事は上告せず、無期懲役刑が確定している。死刑求刑事件で地裁で無期懲役判決となり、検事が控訴した事件でも二人に高裁でも無期懲役を支持する判決が言い渡された。

この数年間で死刑求刑事件で無期または有期刑の判決に対して検事が上訴して死刑になった判決は一つもない。地裁の裁判員裁判で死刑判決が言い渡され、高裁で無期懲役に減刑されたのは七件あるが、いずれも無期懲役刑が確定している。

最高裁で上告棄却された一名と相模原事件の植松さんと合わせて二人の死刑が確定した。なお細かい話だが、座間事件の白石さんは二〇二一年に入って死刑が確定したので、二〇二〇年の新たな死刑確定者は二名となる。

死刑判決の減少傾向は進んでいる。さらに二〇二〇年は九年ぶりに死刑執行がない年だった。年末の確定囚は袴田巌さんを含めて一一〇人。死刑判決の減少と執行執行ゼロは歓迎すべき事態である。

しかし死刑確定者の三人が病死し、一人が自殺した。このことは死刑制度の問題として憂慮すべきことだと思う。

今こそ死刑執行ゼロをこのまま続けていくこと、死刑判決を減らしていくことをめざしたい。さらに再審請求中の死刑執行を違憲とする裁判も闘われている。

オリンピック・パラリンピックの期間中は世界の注目があるので死刑を執行しないのではないかと言われている。死刑執行が国際社会から批判されることを自覚しているのであれば、政府はただちに死刑廃止へと政策を転換すべきだと思う。

2020—2021

死刑廃止運動にアクセスする

廃止運動団体・フォーラム・ネットワークなど

新たに寄せられた自己紹介文を掲載しています。団体の自己紹介のないものに関しては前号あるいは前々号を参照して下さい。今後も全国各地の情報をお寄せ下さいますようにお願いします。

●救援連絡センター

機関紙➡『救援』月刊。年間購読料＝開封四五〇〇円、密封五〇〇〇円。協力会費＝月一口一〇〇〇円（一口以上）

住所➡〒105-0004　東京都港区新橋二―八―一六　石田ビル五階（ＪＲ新橋駅日比谷口ＳＬ広場から徒歩三分）

TEL➡03-3591-1301　FAX➡03-3591-3583

E-mail ➡kyuen2013@gmail.com

HP➡http://kyuen.jp/

郵便振替 ➡00100-3-105440

●アムネスティ・インターナショナル日本 死刑廃止ネットワーク東京

アムネスティ・インターナショナル（ＡＩ）は、一九六一年に発足した世界規模の国際人権ＮＧＯであり、すべての人が世界人権宣言にうたわれている人権を享受し、人間らしく生きることのできる世界の実現をめざしています。現在、世界二〇〇カ国で一、〇〇〇万人以上がアムネスティの運動に参加しています。

ＡＩは、重大な人権問題について調査を行い、人権侵害を未然に防ぎ、止めるための人権教育・キャンペーン・政策提言に取り組みます。

アムネスティ・インターナショナル日本は、日本支部（ＡＩＪ）として一九七〇年に設立されました。世界中のさまざまな場所で起こっている人権侵害の存在を、国内に広く伝えるとともに、日本における人権の状況を、国内、そして世界に伝えています。具体的には、政治的意見や信念、人種、宗教などを理由に逮捕・拘禁されている人々の釈放、あらゆる差別の廃止、難民・移民の保護、表現・結社・平和的集会の自由、紛争下の人権侵害、拷問撲滅など、活動のテーマは多岐にわたっています。

その中で、「生きる権利」を否定する死刑の廃止は、死刑存置国であり、毎年のように処刑を実施する日本にとっては最も重要なテーマのひとつです。ＡＩ国際事務局が死刑に関する世界統計を毎年発表し、その日本語版をＡＩＪが発表しています。国内では、ボランティアが中心となり、「死刑廃止を考える」入門セミナーの開催、死刑執行時の抗議活動、死刑関連映画の上映などを行っています。二〇二〇年からは、コロナ禍で活動が制約されていますが、オンラインでのイベントとセミナーを不定期で実施しています。二〇二〇年六月に開催したオンラインセミナー「台湾と日本、どっちが先に死刑廃止？」では、龍谷大学犯罪学研究センター招聘研究員の李怡修氏から台湾の死刑制度と最近の再審制度の改革などについてお話を伺いました。

連絡先➡公益社団法人アムネスティ・インターナショナル日本　東京事務所
住所➡〒101-0052　東京都千代田区神田小川町二—一二—一四　晴花ビル七階
TEL➡03-3518-6777　FAX➡03-3518-6778

死刑廃止国際条約の批准を求めるフォーラム90（フォーラム90）

一九九〇年春、前年国連で「死刑廃止国際条約」が採択されたのを機に、アムネスティ・インターナショナル、死刑執行停止連絡会議、ＪＣＣＤの三団体が、条約批准を求める運動を通して全国の廃止論者を顕在化させるフォーラム運動を呼びかけた。賛同人は全国で約五〇〇〇人。

二〇二〇年は以下の行動を行った。

一月二五日、死刑執行抗議集会　一二月二六日の魏巍さんへの執行抗議　終了後「いつまで続く安倍政治と死刑　望月衣塑子さんと考える」。

二月一五～二一日、第九回死刑映画週間（ユーロスペース）。

七月一八日、相模原事件・寝屋川事件から頻発する上訴取下げを考える（文京区民センター）渡辺一史、篠田博之、ダースレイダー、安田好弘。

一〇月一〇日、響かせあおう死刑廃止の声2020　雨宮処凛、森達也。大道寺幸子・赤堀政夫基金選考委員　池田浩士、香山リカ、北川フラム、太田昌国（四谷区民ホール）

一〇月二三～二五日　死刑囚表現展2020（松本治一郎記念会館）。

一二月六日　袴田巖さんに再審・無罪を！　再収監を許さない！　上川陽子法相の地元・静岡で死刑廃止を訴える集い、平岡秀夫、小川秀世、袴田ひで子、山崎俊樹（静岡労政会館）

フォーラム90のニュースレターは隔月で毎号四〇〇〇部発行、二〇二一年九月末で一七八号。年間六号刊行している。

ホームページ内にある死刑廃止チャンネルには集会、映画週間のトークショーなどの動画を掲載している。またコロナ以降の二〇二〇年七月以降の集会はネットで同時配信を始めた。

住所➡〒107-0052　東京都港区赤坂二—一四—一三　港合同法律事務所気付

TEL➡03-3585-2331　FAX➡03-3585-2330
HP➡http://www.jca.apc.org/stop-shikei/index.html
死刑廃止チャンネル➡http://forum90.net/

ユニテ

一、今後の方針

死刑確定者の生命を救えないようでは、「ユニテ」の存在価値はなく、そこで「ユニテ」では、せめて執行まで「死刑囚の自由拡大を！」を基本理念とし、今後の活動に邁進していく所存である。

郵便振替➡00190-0-77306「ユニテ」

被拘禁者更生支援ネットワーク　麦の会

住所➡〒359-0023　埼玉県所沢市東所沢和田一―二六―三一　聖ペトロ・パウロ労働宣教会内　麦の会事務局
TEL・FAX➡04-2945-0510
E-mail➡wakainet@gmail.com

都高教・死刑に反対する会

住所➡〒224-0007　横浜市都筑区荏田南一―二〇―一―四〇六　小笠原博綜

監獄人権センター（CPR）

刑事施設などの人権状況を国際水準に合致するよう改善していくこと、死刑制度の廃止などを目的に一九九五年に設立。

中心的事業である被収容者からの手紙相談は、二〇二〇年中、約一二〇〇件が寄せられ、ボランティアが随時対応しています。

CPR News Letter No.106
監獄人権センター（Center for Prisoners' Rights）通信
2021/4/20

各地の刑事施設で新型コロナウイルスの感染が拡大したことを受け、四月二十八日、「刑事施設等における新型コロナウイルス感染症（COVID-19）の感染拡大を防止し被収容者等及び職員の安全確保を求める声明」を発表し、オンライン記者会見を開催。五月に「刑務所・拘置所の被収容者が「特別定額給付金」を受給するには」（解説）を制作・公開しました。機関誌「CPRニュースレター」では、各地の刑事施設における感染状況・感染防止対策を掲載しました。

十一月、市民的および政治的権利に関する国際規約に基づく国際人権（自由権）規約委員会による第七回日本政府報告書審査に向けて、国際人権連盟（FIDH）と共同で審査のためのNGOレポートを提出し、十一月十一日にオンライン発表会見を行いました。十二月十二日、Penal Reform International 代表でノッティンガム大学名誉教授のダーク・シュミット氏とキャサリン・アップルトン氏をお招きし、人権セミナー「国際人権基準から見た終身刑の課題：死刑の代替刑となり得るか?」をオンラインで開催しました。（動画はいずれもアーカイブ動画をYoutubeで公開中）

郵便送付先➡〒160-0022　東京都新宿区新宿二-三-十六 ライオンズマンション御苑前七〇三 TEL・FAX➡03-5379-5055
HP➡prisonersrights.org（※二〇二一年一〇月より新ＵＲＬ）

●東京拘置所のそばで死刑について考える会（そばの会）

コロナ禍がこれほど続くとは予想外とは言わないまでも予想以上でした。

二〇二〇年の四月は「ビラを受け取る人も、この時期は手渡しの物は受け取りづらいのでは」「こんな時に、ビラまきをしている団体ということで、マイナスのイメージを持つ人もいるのでは」という意見も出て、ビラまきを中止しました。

とはいえ、何が自分にとっての「エッセンシャル・ワーク」なのか、「不要不急」のことなのかは、各自で判断するしかないわけで、コロナが心配な人には参加を控えてもらいながらも、翌月からは従来通りに続けています。もう二年近く顔を会わせない仲間もいるなぁ……

ビラを配れないならプラカード等を掲げての「スタンディング」情宣なども考えなきゃね、という話から、ゼッケンを何枚か用意することにしました。でも、みんなが付けているのも集団主義的、商業主義的な印象を与えそうで、今のところは控え目に着用しています。

二〇二〇年に私たちが配って来たビラのタイトルは以下のようなものです。

一月「年末年始に思うこと／魏巍さんへの死刑執行とゴーンさんの出国」、二月「あなたはどちらの意見に賛成ですか…／「世論調査」が示すもの」、三月「東京拘置所というクルーズ船／出口の見えない『人質司法』」、五月「その拘禁、「不要不急」ではありませんか?／「3密」の拘置所・刑務所」、六月「指揮する政治家・演奏する官僚／『法律』という楽譜」、七月「『ペスト』の作家が見つめた死刑／カミュの『ギロチン』」、八月「『半

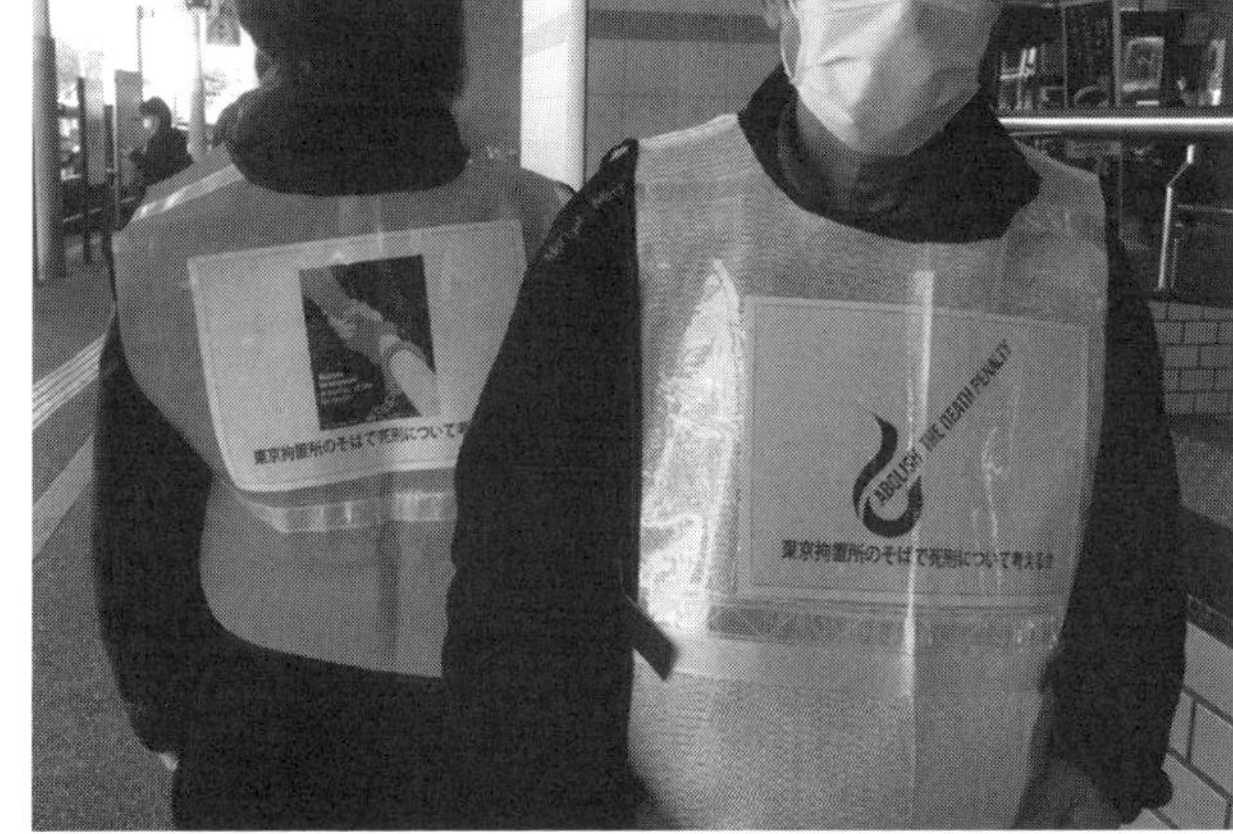

信半疑』で考える／予断と偏見の感染力」、九月「10月10日は世界死刑廃止デー／いのちの選別と死刑を考える」、一〇月「日本に伝染するのかな／大統領がくしゃみをすると…」、一一月「裸の心がさらせない……／死刑囚の表現が伝えるもの」、一二月「命を守るのが「命綱」／薬は患者の命を救うもの」。

この『年報・死刑廃止』が実際に発行される時期を考えると、今年（二〇二一年）配った分も半年分くらいは紹介できそうです。以下に載せておきます。少しは同時代的（コンテンポラリー）な話題に思えるでしょうか？

二〇二一年一月「不要不急だった死刑の執行／政治が翻弄する死刑の現実」、二月「不要不急だった死刑の執行／政治が翻弄する死刑の現実」、三月「『量刑冤罪』を含めて考える死刑／大阪弁護士会が作ったビデオ」、四月「『論』より『証拠』、それとも『印象』？／マスコミが協力する冤罪」、五月「みなさん、そうしていますよ……／アムネスティの報告書」、六月「なかったことにしたいのですか？／問われる日本の再審制度」。

住所➡〒116-0003　東京都荒川区南千住一―五九―六―三〇二

HP➡http://sobanokai.my.coocan.jp/

死刑をなくそう市民会議

「死刑をなくそう市民会議」は、「国の内外を問わずあらゆる分野の市民が死刑廃止の意味と目的についての理解を深め、すべての人間の生命権を重視する死刑のない民主主義社会の即時実現に向けて」（設立趣意書）、二〇一九年六月一日に設立されました。

現在の活動といたしましては、月に一回運営委員会を開催（コロナ禍でオンラインとの併用）し、運営委員会の下に各種の小委員会を設置し、これまで、「市民会議ニュースの発行」、「各国大使館へのアンケート」、「法務大臣への死刑制度についての公開質問」、「米国司法長官の死刑執行一時停止（モラトリアム）の発表を踏まえての声明」などを実施してきました。また、市民会議のTwitterを活用し、アメリカの死刑に関する状況など死刑問題に関する各種の情報を発信しています。

ZoomとYouTubeを使った死刑問題を考える勉強会も実施しましたが、今後、Webを活用したセミナー等も考えております。新型コロナウィルス感染症によって少なからず活動に影響を受けていますが、状況をみながら、みなさまと一緒に活動を広げていきたいと思っております。

主な活動

二〇二〇年

五月　市民会議ニュース第2号発行

九月　市民会議ニュース第3号発行

一二月　法務大臣への公開質問状・共同記者会見

二〇二一年

一月　各国大使館へのアンケートの実施

法務大臣への公開質問状提出（2020 年 12 月 4 日）
（市民会議運営委員長から法務省刑事局担当参事官へ手交）

二〇二一年
二月　法務大臣への公開質問状（2次）
五月　勉強会「死刑を考えよう」開催
五月　市民会議ニュース第4号発行
七月　米国司法長官の死刑執行一時停止（モラトリアム）の発表を踏まえての声明

住所：〒101-0052 東京都千代田区神田小川町三―二八―一三―八〇七
Email：siminkaigi@ccacp.jp
ホームページ：http://ccacp.jp/
twitter：https://twitter.com/ccacp_japan
口座記号番号：00250-0-89868

TOKYO1351

TOKYO1351は、二〇一六年一二月に発足したボランティアグループです。死刑制度について広く関心と議論を喚起すべく、ミュージシャン、ラジオDJ、作家、学者、ジャーナリストの皆さんと共に、死刑についてカジュアルに語るイベントなどを開催しています。

名称は、東京拘置所の住所、小菅一―三五―一に因みます。
HP➡http://www.tokyo1351.com/page-72/

日本カトリック正義と平和協議会「死刑廃止を求める部会」

日本カトリック正義と平和協議会（正平協）は、キリストの教えにもとづいて社会問題に取り組むカトリック教会の組織です。その一部会として「死刑廃止を求める部会」は、死刑廃止運動にかかわる方々をつなぐネットワークをめざし、死刑廃止運動を促進する活動（祈りの集い・講演会・小冊子の作成・ニュースレターの発行）をしています。

現代のカトリック教会は福音の光のもとに、死刑は許容できない刑罰であるということをはっきりと教えています。二〇一八年に改訂された『カトリック教会のカテキズム』（2267参照）を受け、二〇二〇年に発表された教皇フランシスコの回勅『兄弟の皆さん』でも（263-270

参照）、全世界で死刑を廃止するためにカトリック教会を挙げて取り組む決意が明確に記されています。

二〇二〇年はコロナの影響で、予定していた活動は大幅に縮小し、映画『教誨師』の上映会等のイベントも軒並み延期となりました。一〇月一〇日の世界死刑廃止デーに際し、上川陽子法務大臣に対して死刑執行停止を求める要請文を発出したほか、一一月にはニュースレター第一六号を発行しました。

当部会への参加を希望される方は、正義と平和協議会までご連絡ください。

住所➡135-8585 東京都江東区潮見2-10-10
Tel➡03-5632-4444　Fax➡03-5632-7920
HP➡https://www.jccjp.org/
E-mail➡jccjp@cbcj.catholic.jp
郵便振替⇒00190-8-100347「カトリック正義と平和協議会」

真宗大谷派死刑廃止を願う会

住所➡「願う会」事務局　〒432-8021 浜松市佐鳴台五—一七—二二—A一〇六　楯泰也気付

死刑廃止フォーラム・金沢

住所➡〒921-8111　金沢市若草町一五—八　志村恵
TEL・FAX➡076-280-3421

死刑廃止フォーラム・イン静岡

住所➡〒432-8021　浜松市佐鳴台五—一七—二二—A一〇六　笹原方　死刑廃止フォーラム・イン静岡事務局

死刑廃止フォーラムinなごや

死刑廃止フォーラムinなごやはこれまで約三〇年にわたり活動を続けてきました。メンバーはかなり入れ替わりましたが、一〇名程度の実働メンバーによる例会での相談や作業を重ねつつ、毎年、種々の行事を企画・実行してきました。また、死刑の執行があれば、その都度、法務大臣、総理大臣に対して抗議声明を発することも続けてきました。

二〇二〇年の一月と二月の例会において、①市民向けの勉強会（セミナー）を四月中に開催すること、②「加害者の償い・償いを受け入れる被害者（遺族）」をテーマに、演劇「DEAD END」（日方ヒロコさん原作）の上演会とシンポジウムを六月中に開催する計画が決まりました。

ところが、コロナウイルスの感染拡大によって三月の例会すら中止を余儀なくされ、予定した上記①、②の集会的行事の準備も開催も不可能となってしまいました。

以後もコロナウイルスが収まらず、当フォーラムでは例会の実施もままならず、活動は事実上の停止状態となってしまいました。専用のメーリングリストによる情報交換、意見交換は続いていますが、具体的な活動につながらない現状です。

住所➡〒461-0023　名古屋市東区徳川町一三一〇　稲垣法律事務所

「死刑を止めよう」宗教者ネットワーク

発足の経緯

イタリアの聖エジディオ共同体が主催した死刑廃止セミナー『生命のために連帯を』（二〇〇三年五月、東京・四谷）に参加した宗教者が、「死刑の執行を停止させ、死刑についての議論を広く行い、命について考える機会をできるだけ多く設けよう」という目的のもと、①情報交換や共同行動を行う、②一年に数回集会を行うことを目指して、二〇〇三年六月、超教派のネットワークを発足しました。

私たちの考え

私たちは各宗教に共通する「命を大切にする価値観」に基づき、死刑に関わるさまざまな方々（死刑囚、被害者遺族、刑務官、教誨師など）のお話から学んで、死刑について次のように考えています。

◇

・どんな人の命も人の手で奪うことは許されないと考えます。

・どんな罪を犯した人であっても、悔い改める可能性があり、その機会を奪うことはできないと考えます。

・被害者の癒しは応報的な刑罰によってではなく、被害者への心理的・社会的支援に向けた努力によってなされるべきだと考えます。

・犯罪は、力によって押さえ込むのではなく、罪を犯した背景を考え、更生を社会全体で支えていくことによってこそ、抑止できると考えます。

◇

マスコミによって連日のように凶悪犯罪が報道され、死刑判決が激増し、死刑の大量執行が定着しようとしている今こそ立ち止まって、死刑について、罪とゆるし、癒しと和解について共に考える機会を提供できればと考え活動しています。

二〇二〇年度活動報告

「死刑執行停止を求める　諸宗教の祈りの集い２０２０」開催。（二〇二〇年一一月九日、一八時三〇分〜一九時三〇分、オンライン配信、京都市・日本基督教団室町教会）

住所➡〒600-8164　京都市下京区上柳町199 しんらん交流館 真宗大谷派（東本願寺）解放運動推進本部 死刑を止めよう宗教者ネットワーク事務局／阪本仁、近藤恵美子

メールアドレス kondo_emiko@higashihonganji.or.jp

sdpreligion@freeml.com　フリーメール配信希望の方は、上記のメールアドレスまでご連絡を。

死刑廃止を求める京都にんじんの会

京都にんじんの会は、二〇二〇年五月に三回目の死刑映画週間を開催する予定でしたが、新型ウイルス感染拡大が懸念されたため、直前に中止・延期しました。その後も状況は変わらず、まだ実施できる目途が立っていません。活動資金が乏しいため、映画館に足を運んで実際に観

てくれる人の数が見込めないと、映画のフィルム代や上映を告知する費用が賄えないからです。

個人的には、二〇二一年五月に『狼をさがして』が京都で上映された際に、一回限りでしたが、若い影本剛さん、カン・ムニさんと並んでアフタートークをしました。

また広島のカフェ・テアトロ　アビエルトで「死刑囚の絵展」と『狼をさがして』の上映をやりたいとのことですから、そこでもトークをするつもりです。

（京都にんじんの会　大道寺ちはる）

◡キリスト者死刑廃止ネットワーク

二〇二〇年一〇月に、キリスト教界内へ向けて死刑制度の情報を共有し、話し合い、考えるためのネットワークを開設しました。

二〇一八年、カトリック教会が『カテキズム』を改訂し、死刑廃止を明言しました。その風を受けて、プロテスタント各教派も以前の死刑制度異議を思い起こしたいと思います。十字架という処刑具を救いのしるしと掲げているキリスト者として、「死刑執行」されたイエスを救い主と言い表す信仰者として、誠実に歩むことを目指し、活動しています。

現在の活動は、メーリングリストを基本とした死刑制度関連の情報共有です（ウェブ参加講演会、各国のニュース等）。二〇二一年春からは、月に一回・一時間程度、地域の隔てを越えてZoomミーティングで交流し、熱した話し合いをしています（原則第四火曜日二〇時〜）。

それぞれの場で活動されている方々（支援活動の方々や関係諸団体の皆さま）の想いを受け、刺激されながら、なおキリスト教界内にも〝いのちと回復のムーヴメント〟の掘り起こしを目指しています。

参加登録は、ウェブサイトのフォームから。またはメールに、「氏名」、「所属」、「お名前公表の可否」を記していただいてお申込みを。

住所➡〒602-8024 京都市上京区大門町270

（浅野献一）

HP➡https://tinyurl.com/awtk2ujc

E-mail➡coro01mie@gmail.com

◡日本キリスト教団　京都教区「教会と社会」特設委員会「死刑廃止を求める小委員会」

二〇一六年に組織され、年一回の京都教区社会セミナーとして死刑廃止関連のセミナーを実施しています。一九八二年、日本基督教団総会の決議「日本基督教団は、日本国家による死刑執行の中止を求め、死刑制度の廃止を訴え、裁判所は死刑判決を下すことのないよう求める」の再びの実質化のために活動しています。

二〇二〇年には日本カトリック正義と平和協議会「死刑廃止を求める部会」、イエズス会社会司牧センターの柳川朋毅さんを講師に、Zoomミーティングとリアル会場のハイブリッド開催にてセミナーを実施。「すべてのいのちを守るために—ローマ・カトリック教会と死刑廃止—」のお話を北海道から九州までの方々と共に聴くことが出来ました。

カトリック教会はもちろん、「死刑を止めよう」宗教者ネットワーク、キリスト者死刑廃止ネットワーク、アムネスティ、京都弁護士会、京都にんじんの会など様々なつながりを得て、地の底からの盛り上がりの一助となりたいと望んでいます。

住所➡〒602-0917 京都市上京区東日野殿町394-2 日本基督教団京都教区事務所
Tel➡075-451-3556
E-mail➡info@uccj-kyoto.com

かたつむりの会

かたつむりの会は一九七九年、「死刑廃止関西連絡センター」を前身として発足。一九八九年芝居仕立ての集会「絞められて殺されて」、一九九一年「寒中死刑大会」、一九九二年からの連続講座が『殺すこと殺されること』『死刑の文化を問いなおす』インパクト出版会から書籍化。

二〇〇八年「死刑廃止！殺すな！一〇五人デモ」等、その他学習会への参加など。大阪拘置所で死刑執行された日の夜には門前に集まって、形に囚われない各自思い思いの抗議、死刑囚への激励を行なっています。

毎年四月には大拘近く、大川沿いの桜のある公園で死刑廃止の横断幕を広げ皆で恒例のお花見&夜回り。十月の世界死刑廃止デーの頃にも梅田にて死刑廃止を訴えてビラ配り、拘置所前夜回りを行っています。兵庫県宝塚市の清荒神にある死刑囚の墓参りも。

会誌としては年五回「死刑と人権」という冊子を編集・発行しており、全国の

宝塚の死刑囚の墓。右の小さな石は非戦の日。裏には向井孝、水田ふうと掘られている（2021 年 8 月）

刑事収容施設に収監されている死刑囚や不当な処遇を受けている当事者からの訴え、その他の方々の寄稿から広く人権問題や学習会などの活動記録も掲載しています。

依然として国家によって死刑の執行は繰り返され、多くの命が奪われ続けています。死刑囚一人一人個別ケースで事例も千差万別、中には障がいをかかえた人達もいる。抑止力というまじないに頼る人々、冷酷に躊躇することなく死刑囚に執行をかける国。問題の本質を見ず、ほったらかし社会のままで問題が解決していくとは思えません。ひょっとして、ひょっとするとあなたも、あなたの家族も親戚も友人もみんな冤罪死刑囚になる可能性だってある。そないな制度いらんやろ…あ～いらんいらん。

国の為に生贄になるやなんてまっぴら御免ですわ。

購読料 年間参阡円
2021年7月上旬
死刑と人権
No.204
かたつむりの会
日本郵便（株）大阪北郵便局
私書箱室193号
郵便振替 00900-3-315753
気ぃついたら、戦争になっとった
気ぃついたら、放射能に汚染されとった
気ぃついたら、疫病が蔓延しとった
一体、わたしたちは、なんぼのもんやったんか
ある日、
気がつけば、私は死刑囚にされていた

「死刑と人権」購読料➡年間二千円（年五回発行）
郵便振替➡00900-3-315753
連絡先➡日本郵便（株）大阪北郵便局　私書箱室一九三号
E-mail➡saitoon@sea.plala.or.jp（齋藤）

10月11日世界死刑廃止デーの大阪行動 梅田陸橋でアピールと大阪拘置所前で死刑確定者の方々に激励を！

● 死刑廃止フォーラムinおおさか

死刑廃止フォーラムinおおさかは、一九九五年にフォーラム90からの呼びかけで七つの団体が月一の定例会をし、お互いの活動の情報交換をしながら、死刑廃止はもちろんの事、大阪拘置所での死刑確定者の方々の処遇の改善を目指し活動してきました。

近年は和歌山カレー事件の林眞須美さんの無実をはらすためにあおぞらの会とも協力し合える事はし、二〇二〇年の夏はすでにコロナ禍ではありましたが、

2020年4月5日大阪拘置所前花見

規模を縮小して恒例の夏のカレー集会はやりました。春の大阪拘置所前の花見もしました。月一の定例会はなかなか出来無くて三ヶ月に一回位になりましたが、Eメールで、連絡しあいながら、続けています。

今、獄中での色鉛筆の使用が規制されてます。これはただならぬと注意深く見守り、昨年今年とオリンピックで、死刑執行が無かったのですが、このコロナ禍でも死刑執行があれば、その夜私たちは大阪拘置所の正門前で死刑執行に抗議するとともにお弔いをするつもりです。

あと、フォーラムメンバーの有志で、月一大阪拘置所の死刑確定者の方々にハガキを夏にタオル冬に靴下と越年カンパも続けてます。ご興味のある方は連絡ください。

住所➡〒530-0047　大阪市北区西天満一—一一—二〇　イトーピア西天満ソアーズタワー九〇四　中道法律事務所気付

◐公益社団法人アムネスティ・インターナショナル日本・死刑廃止ネットワークセンター大阪

アムネスティ・インターナショナルの大阪事務所を拠点として、一人でも多くの方に死刑制度の現状を知って関心を持っていただき、死刑が究極の人権侵害であることを訴えて死刑制度の廃止に向けて活動しているチームです。

毎月の定例ミーティングで各メンバーや他団体の活動状況と、それぞれの課題や計画を情報共有して今後の活動に生かしています。

死刑廃止 NEWS スペシャル
アムネスティ・インターナショナル日本
No.62 May 2021

定例的な活動としては、毎月第三木曜と第三土曜日に大阪事務所で死刑廃止を考える入門セミナーを開催して死刑制度に関心のある方たちに死刑制度の現状を知って頂き、廃止に向けて意見の交換をしています。

半年ごとには死刑に関する世界の最新ニュースをはじめ、死刑の問題を扱った映画評や書評、様々な方からの寄稿を掲載した小冊子「死刑廃止NEWSスペシャル」を発行しており、獄中にも熱心な読者がいます。今年の6月には第62号を発行しました。

また、毎年死刑廃止をテーマにした講演会などのイベントも開いています。

残念ながら昨年はコロナ禍でイベントの開催はできませんでしたが、できるなら今年は開催したいと思って検討しています。

究極の人権侵害である死刑制度の廃止

について、関心をお持ちの方はぜひお声がけいただいて一緒に考え活動しましょう。

連絡先➡公益社団法人　アムネスティ・インターナショナル日本　大阪事務所・死刑廃止ネットワークセンター大阪
〒541-0045　大阪市中央区道修町三―三―一〇　日宝道修町ビル三〇二
TEL➡06-6227-8991　FAX➡06-6227-8992
E-mail➡osaka_shihai@yahoo.co.jp

◉死刑廃止国際条約の批准を求める四国フォーラム

住所➡〒791-0129　愛媛県松山市川の郷町今治谷
TEL・FAX➡089-977-5340
E-mail➡imabaridani@river.ocn.ne.jp

◉死刑廃止・タンポポの会

毎年、八月に入ると、年報の「運動団体紹介」の原稿依頼がやってきます。短い紹介文章なのに、譲り合い、押し付けあって、誰かがなんとか書いて送らせてもらっている状態ですが、死刑廃止運動の「年報」が毎年、欠かさず発行され続けているのは、編集委員会のみなさん、フォーラム90のおかげです。そして、本当に死刑廃止運動の底力だと思います。

タンポポの会の主な活動は、月に一回の例会と、年に二回の通信発行、そして、一〇月の「世界死刑廃止デー」の取り組みです。一〇月にどんな内容の集会をするかを決めていく過程の議論が大事になっています。

昨年はコロナ禍ということもあり、集会は断念し、福岡の繁華街天神で「福岡から死刑廃止を叫ぶ！　ウォーキング&スタンディング」を派手に行いました。

今年は、いったんは、「死刑囚絵画展をやりたい」などの意見も出たのですが、う～ん、またコロナが～、ということで、『福岡から死刑廃止を叫ぶ～んだ　デモ２０２１』というデモを計画しています。死刑制度という切り口から見える世界は大きいです。他の市民運動の人たちとも関係を築きながら、福岡の地で踏ん張り続けていけたらと思っています。

住所➡〒812-0024　福岡市博多区綱場町九―二八―七〇三　山崎方
TEL➡070-5488-1765

◉個人救援会は除いています。今後も各地の情報をお寄せください。

死刑廃止国際条約の批准を求める

FORUM90

地球が決めた死刑廃止

〒107-0052 東京都港区赤坂 2-14-13 港合同法律事務所気付
TEL：03-3585-2331　FAX：03-3585-2330
振替口座：郵便振替 00180-1-80456
加入者名：フォーラム 90

死刑廃止国際条約の批准を求める
FORUM90
地球が決めた死刑廃止
VOL.178
司法が作る差別、司法がただす差別
10月9日(土)
角筈区民ホール
シンポジウム
SUGIZO・徳田靖之・青木理
MC＝ジョー横溝
死刑廃止のための大道寺幸子・赤堀政夫基金：死刑囚の作品展と講評
選考委員＝香山リカ／北川フラム／嶋田美子／中村一成／太田昌国

178 号（2020.9.15）

響かせ合おう死刑廃止の声 2021「司法が作る差別、司法がただす差別」
〔イベント報告〕死刑廃止のために国際社会の連携を求めて「死刑廃止国際条約発効」30 周年記念企画
死刑廃止を推進する議員連盟を振り返って　保坂展人
ブックレビュー／死刑日録
〔資料〕「死刑廃止を推進する議員連盟」のあゆみ
インフォメーション

177 号（2020.7.5）

死刑廃止国際条約発効 30 周年企画「死刑廃止のために国際社会の連携を求めて」石川顕
死刑判決は正義か？　コロナ禍における国際人権法の観点から
監獄人権センター代表 海渡雄一さんに聞く
アムネスティ死刑統計報告 2020　山口薫
国際人権法上の死刑制度　世界はいかに死刑をなくそうとしているのか？　寺中誠
死刑日録
再審請求中の死刑執行国賠　第 1 回 口頭弁論報告　永井美由紀
色鉛筆が使えない
インフォメーション

176 号（2020.4.10）

バイデン政権で米国は死刑廃止へ　大谷洋子
ブックレビュー
第 10 回死刑映画週間「差別と分断」のなかの死刑　トークショー報告　可知亮
アンケートから
死刑日録
大道寺幸子＿赤堀政夫基金から
インフォメーション

175 号（2020.1.28）

2021 年も執行ゼロの年に
上川法相へ公開質問状　平岡秀夫
袴田再審の現状　徹頭徹尾捏造で作られた袴田冤罪　小川秀世
袴田事件弁護団声明
死刑制度はなくなった方がいい
免田栄さん、逝く　石川顕
死刑日録　13 頁
表現し続けることで変わっていく　第 16 回死刑囚表現展公開講評　池田浩士・香山リカ・太田昌国
ブックレビュー / 自主刊行物から
第 10 回死刑映画週間プログラム
インフォメーション

174 号（2019.12.10）

森まさこ新法務大臣に死刑執行せぬよう要請を
死刑廃止へ。カリフォルニアの経験　大谷洋子
死刑日録
誌面初公開・死刑囚表現展選考会ドキュメント　池田浩士・加賀乙彦・川村湊・香山リカ・北川フラム・坂上香・太田昌国
インフォメーション

174 号（2019.11.20）

上川法相地元・静岡で死刑廃止を訴える集いへ
いのちの選別と死刑　雨宮処凛・森達也
「傍聴人は見た！死刑判決の瞬間」をネット同時配信して考えたこと　可知亮
ブックレビュー / 死刑日録
死刑囚表現展 2020 に 3 日間で 1985 人
疑問・批判について　運営会
入場者アンケートから　2
インフォメーション
死刑メモ

93年3月26日以降の死刑確定囚（アミは被執行者及び獄死者）（作成・フォーラム90）

氏名　拘置先 判決日	事件名（事件発生日） 生年月日	備考
尾田　信夫　福岡 70.11.12 最高裁 70. 3.20 福岡高裁 68.12.24 福岡地裁	川端町事件 (66.12.5) 1946年9月19日生まれ	死因の一つとされる放火を否認して再審請求中。98.10.29最高裁は再審請求棄却に対する特別抗告を棄却、その中で「一部無罪」も再審請求は可能と判断。
奥西　勝（享年89歳） 15.10. 4 八王子医療刑務所で病死 72. 6.15 最高裁 69. 9.10 名古屋高裁　死刑 64.12.23 津地裁　無罪	名張毒ぶどう酒事件 (61.3.28) 1926年1月1日生まれ	一審無罪、高裁で逆転死刑に。05年4月、7次再審が認められたが、検察の異議申立で06年12月再審開始取消決定。10年4月最高裁、名古屋高裁へ差戻決定。12年5月名古屋高裁、再審開始取消決定。13年10月最高裁特別抗告棄却。15年第9次再審請求中に病死。同年11月6日、妹が第10次再審請求。
冨山　常喜（享年86歳） 03. 9. 3 東京拘置所で病死 76. 4. 1 最高裁（藤林益三） 73. 7. 6 東京高裁（堀義次） 71.12.24 水戸地裁土浦支部（田上輝彦）	波崎事件 (63.8.26) 1917年4月26日生まれ	物証も自白も一切なし。 再審請求中に病死。
大濱　松三　東京 77. 4.16 控訴取下げ 75.10.20 横浜地裁小田原支部	ピアノ殺人事件 (74.8.28) 1928年6月4日生まれ	精神鑑定次第で減刑もありえた。本人控訴取下げで死刑確定。
近藤　清吉（享年55歳） 93. 3.26 仙台拘置支所にて執行 80. 4.25 最高裁（栗木一夫） 77. 6.28 仙台高裁 74. 3.29 福島地裁白河支部	山林売買強殺事件等 (70.7/71.5)	1件を否認、4回にわたって自力で再審請求。
袴田　巌　釈放 80.11.19 最高裁（宮崎梧一） 76. 5.18 東京高裁（横川敏雄） 68. 9.11 静岡地裁（石見勝四）	袴田事件 (66.6.30) 1936年3月10日生まれ	一審以来無実を主張。14年3月27日静岡地裁再審開始決定。同日釈放。18年6月11日、東京高裁、再審開始決定取り消し。20年12月22日、最高裁、高裁へ差し戻す決定。ニュースとして「さいしん」「無罪」「袴田ネット通信」などがある。
小島　忠夫（享年61歳） 93.11.26 札幌拘置支所にて執行 81. 3.19 最高裁（藤崎万里） 77. 8.23 札幌高裁 75. 9. 釧路地裁	釧路一家殺人事件 (74.8.7)	責任能力の認定等で再審請求、棄却。
小野　照男（享年62歳） 99.12.17 福岡拘置所にて執行 81. 6.16 最高裁（環昌一） 79. 9. 福岡高裁 78. 9. 長崎地裁	長崎雨宿り殺人事件 (77.9.24)	最高裁から無実を主張、自力で18年にわたり再審請求。初めて弁護人がつき、再審請求を申し立てた4日後に執行。

立川修二郎（享年 62 歳） 93. 3.26 大阪拘置所にて執行 81. 6.26 最高裁（木下忠良） 79.12.18 高松高裁 76. 2.18 松山地裁	保険金目当実母殺人事件等 (71.1/72.7)	一部無実を主張。
関　幸生（享年 47 歳） 93.11.26 東京拘置所にて執行 82. 9. 東京高裁（内藤丈夫） 79. 5.17 東京地裁（金隆史）	世田谷老女強殺事件 (77.12.3)	上告せず確定。
藤岡　英次（享年 40 歳） 95. 5.26 大阪拘置所にて執行 83. 4.14 徳島地裁（山田真也）	徳島老人殺人事件等 (78.11/12.16)	控訴せず確定。
出口　秀夫（享年 70 歳） 93.11.26 大阪拘置所にて執行 84. 4.27 最高裁（牧圭次） 80.11.28 大阪高裁 78. 2.23 大阪地裁（浅野芳朗）	大阪電解事件 (74.7.10/10.3)	
坂口　徹（享年 56 歳） 93.11.26 大阪拘置所にて執行 84. 4.27 最高裁（牧圭次） 80.11.18 大阪高裁 78. 2.23 大阪地裁（浅野芳朗）	大阪電解事件 (74.7.10/10.3)	
川中　鉄夫（享年 48 歳） 93. 3.26 大阪拘置所にて執行 84. 9.13 最高裁（矢口洪一） 82. 5.26 大阪高裁（八木直道） 80. 9.13 神戸地裁（高橋通延）	広域連続殺人事件 (75.4.3 ～)	精神病の疑いがあるにもかかわらず執行。
安島　幸雄（享年 44 歳） 94.12. 1 東京拘置所にて執行 85. 4.26 最高裁（牧圭次） 80. 2.20 東京高裁（岡村治信） 78. 3. 8 前橋地裁（浅野達男）	群馬 3 女性殺人事件 (77.4.16)	養父母との接見交通禁止に対しての国賠訴訟中の処刑。
佐々木和三（享年 65 歳） 94.12. 1 仙台拘置支所にて執行 85. 6.17 青森地裁	青森旅館主人他殺人事件 (84.9.9)	弁護人控訴の翌日、本人取下げで確定。
須田　房雄（享年 64 歳） 95. 5.26 東京拘置所にて執行 87. 1 控訴取下げ確定 86.12.22 東京地裁（高島英世）	裕士ちゃん誘拐殺人事件 (86.5.9)	本人の控訴取下げで確定。
大道寺将司（享年 68 歳） 17. 5.24 東京拘置所にて病死 87. 3.24 最高裁（伊藤正己） 82.10.29 東京高裁（内藤丈夫） 79.11.12 東京地裁（簑原茂広）	連続企業爆破事件 (71.12 ～ 75.5) 1948 年 6 月 5 日生まれ	「共犯」は「超法規的措置」により国外へ。交流誌「キタコブシ」が出ていた。著書『死刑確定中』、句集『鴉の目』『棺一基』『残の月』などがある。
益永　利明　東京 87. 3.24 最高裁（伊藤正己） 82.10.29 東京高裁（内藤丈夫） 79.11.12 東京地裁（簑原茂広）	連続企業爆破事件 (71.12 ～ 75.5) 1948 年 6 月 1 日生まれ	旧姓片岡。「共犯」は「超法規的措置」により国外へ。国賠多数提訴。交流誌「ごましお通信」が出ていた。著書『爆弾世代の証言』がある。
井田　正道（享年 56 歳） 98.11.19 名古屋拘置所にて執行 87. 4.15 上告せず確定 87. 3.31 名古屋高裁（山本卓） 85.12. 5 名古屋地裁 （鈴木雄八郎）	名古屋保険金殺人事件 (79.11 ～ 83.12) 1942 年 6 月 27 日生まれ	上告せず確定。「共犯」の長谷川は 93 年に確定。

木村　修治（享年45歳） 95.12.21 名古屋拘置所にて執行 87. 7. 9 最高裁（大内恒夫） 83. 1.26 名古屋高裁（村上悦夫） 82. 3.23 名古屋地裁（塩見秀則）	女子大生誘拐殺人事件 （80.12.2） 1950年2月5日生まれ	恩赦出願したが、その決定が代理人に通知されないままの処刑。著書に『本当の自分を生きたい』がある。
秋山　芳光（享年77歳） 06.12.25 東京拘置所にて執行 87. 7.17 最高裁（香川保一） 80. 3.27 東京高裁（千葉和郎） 76.12.16 東京地裁	秋山兄弟事件 （75.8.25）	殺人未遂等を否認して再審請求。棄却。
田中　重穂（享年69歳） 95. 5.26 東京拘置所にて執行 87.10.23 最高裁（香川保一） 81. 7. 7 東京高裁（市川郁雄） 77.11.18 東京地裁八王子支部	東村山署警察官殺人事件 （76.10.18） 1929年7月13日生まれ	旧姓・小宅。
平田　直人（享年63歳） 95.12.21 福岡拘置所にて執行 87.12.18 最高裁（牧圭次） 82. 4.27 福岡高裁（平田勝雅） 80.10. 2 熊本地裁（辻原吉勝）	女子中学生誘拐殺人事件 （79.3.28） 1932年1月1日生まれ	事実誤認があるとして再審請求、棄却。
浜田　武重（享年90歳） 17. 6.26 福岡拘置所にて病死 88. 3. 8 最高裁（伊藤正己） 84. 6.19 福岡高裁（山本茂） 82. 3.29 福岡地裁（秋吉重臣）	3連続保険金殺人事件 （78.3～79.5） 1927年3月10日生まれ	3件中2件については無実を主張。
杉本　嘉昭（享年45歳） 96. 7.11 福岡拘置所にて執行 88. 4.15 最高裁（香川保一） 84. 3.14 福岡高裁（緒方誠哉） 82. 3.16 福岡地裁小倉支部 （佐野精孝）	福岡病院長殺人事件 （79.11.4）	被害者1人で2名に死刑判決。自力で再審請求をしていたらしいが、詳細は不明。
横山　一美（享年59歳） 96. 7.11 福岡拘置所にて執行 88. 4.15 最高裁（香川保一） 84. 3.14 福岡高裁（緒方誠哉） 82. 3.16 福岡地裁小倉支部 （佐野精孝）	福岡病院長殺人事件 （79.11.4）	被害者1人で2名に死刑判決。再審請求を準備していた。
綿引　　誠（享年74歳） 13. 6.23 東京拘置所にて病死 88. 4.28 最高裁（角田礼次郎） 83. 3.15 東京高裁（菅野英男） 80. 2.08 水戸地裁（大関隆夫）	日立女子中学生誘拐殺人事件 （78.10.16） 1939年3月25日生まれ	再審請求中に病死。
篠原徳次郎（享年68歳） 95.12.21 東京拘置所にて執行 88. 6.20 最高裁（奥野久之） 85. 1.17 東京高裁（小野慶二） 83.12.26 前橋地裁（小林宣雄）	群馬2女性殺人事件 （81.10、82.7）	無期刑の仮釈放中の事件。
渡辺　　清　　　　大阪 88. 6. 2 最高裁（高島益郎） 78. 5.30 大阪高裁　死刑 （西村哲夫） 75. 8.29 大阪地裁　無期 （大政正一）	4件殺人事件 （67.4.24～73.3） 1948年3月17日生まれ	一審は無期懲役判決。4件中2件は無実と主張。

石田三樹男（享年48歳） 96. 7.11 東京拘置所にて執行 88. 7. 1 最高裁（奥野久之） 84. 3.15 東京高裁（寺沢栄） 82.12. 7 東京地裁（大関規雄）	神田ビル放火殺人事件 （81.7.6）	起訴から高裁判決まで1年半というスピード裁判。
日高　安政（享年54歳） 97. 8. 1 札幌拘置支所にて執行 88.10.11 控訴取下げ 87. 3. 9 札幌地裁（鈴木勝利）	保険金目当て放火殺人事件 （84.5.5） 1944年生まれ	恩赦を期待して控訴を取り下げた。放火は認めているが、殺意は否認。
日高　信子（享年51歳） 97. 8. 1 札幌拘置支所にて執行 88.10.11 控訴取下げ 87. 3. 9 札幌地裁（鈴木勝利）	保険金目当て放火殺人事件 （84.5.5） 1947年生まれ	恩赦を期待して控訴を取り下げた。放火は認めているが、殺意は否認。
平田　光成（享年60歳） 96.12.20 東京拘置所にて執行 88.10.22 上告取下げ 82. 1.21 東京高裁（市川郁雄） 80. 1.18 東京地裁（小野幹雄）	銀座ママ殺人事件他 （78.5.21/6.10）	恩赦を期待して上告取下げ、死刑確定。「共犯」野口は90年2月死刑確定。
今井　義人（享年55歳） 96.12.20 東京拘置所にて執行 88.10.22 上告取下げ 85.11.29 東京高裁（内藤丈夫） 84. 6. 5 東京地裁（佐藤文哉）	元昭石重役一家殺人事件 （83.1.29）	事件から二審判決まで2年。恩赦を期待してか上告取下げ、死刑確定。
西尾　立昭（享年61歳） 98.11.19 名古屋拘置所にて執行 89. 3.28 最高裁（安岡満彦） 81. 9.10 名古屋高裁 80. 7. 8 名古屋地裁	日建土木事件 （77.1.7） 1936年12月18日生まれ	「共犯」とされる山根は無実を主張したが、最高裁で異例の無期懲役に減刑判決。
石田　富蔵（享年92歳） 14. 4.19 東京拘置所にて病死 89. 6.13 最高裁（坂上寿夫） 82.12.23 東京高裁（菅間英男） 80. 1.30 浦和地裁（杉山英巳）	2女性殺人事件 （73.8.4/74.9.13） 1921年11月13日生まれ	1件の強盗殺人事件の取り調べ中に他の傷害致死事件を自ら告白、これが殺人とされた。前者の強殺事件は冤罪を主張。再審請求中に病死。
藤井　政安　　　東京 89.10.13 最高裁（貞家克己） 82. 7. 1 東京高裁（船田三雄） 77. 3.31 東京地裁（林修）	関口事件 （70.10 ～ 73.4） 1942年2月23日生まれ	旧姓関口。
神田　英樹（享年43歳） 97. 8. 1 東京拘置所にて執行 89.11.20 最高裁（香川保一） 86.12.22 東京高裁（萩原太郎） 86. 5.20 浦和地裁（杉山忠雄）	父親等3人殺人事件 （85.3.8）	控訴から二審判決まで半年、上告後3年で死刑確定。
宇治川　正（享年62歳） 13.11.15 東京拘置所にて病死 89.12. 8 最高裁（島谷六郎） 83.11.17 東京高裁（山本茂） 79. 3.15 前橋地裁（浅野達男）	2女子中学生殺人事件等 （76.4.1） 1951年6月29日生まれ	旧姓田村。覚醒剤の影響下での事件。再審請求中に病死。交流誌「ひよどり通信」が出ていた。
野口　　悟（享年50歳） 96.12.20 東京拘置所にて執行 90. 2. 1 最高裁（四ツ谷巌） 82. 1.21 東京高裁（市川郁雄） 80. 1.18 東京地裁（小野幹雄）	銀座ママ殺人事件他 （78.5.21/6.10）	「共犯」の平田光成は上告取下げで88年に確定。

金川　一　　福岡 90. 4. 3 最高裁（安岡満彦） 83. 3.17 福岡高裁 死刑（緒方誠哉） 82. 6.14 熊本地裁八代支部 無期（河上元康）	主婦殺人事件 （79.9.11） 1950年7月7日生まれ	一審途中から無実を主張、一審は無期懲役判決。客観的証拠なし。
永山　則夫（享年48歳） 97. 8. 1 東京拘置所にて執行 90. 4.17 最高裁（安岡満彦） 87. 3.18 東京高裁　死刑 （石田穣一） 83. 7. 8 最高裁　無期破棄差戻 （大橋進） 81. 8.21 東京高裁　無期 （船田三雄） 79. 7.10 東京地裁　死刑	連続射殺事件 （68.10.11 ～ 11.5） 1949年6月27日生まれ	犯行時19歳。『無知の涙』『人民をわすれたカナリアたち』『愛か無か』『動揺記』『反―寺山修司論』『木橋』『ソオ連の旅芸人』『捨て子ごっこ』『死刑の涙』『なぜか、海』『異水』『日本』『華』など多数の著作がある。没後永山子ども基金設立。ペルーの貧しい子どもたちに支援をつづける。
村竹　正博（享年54歳） 98. 6.25 福岡拘置所にて執行 90. 4.27 最高裁（藤島昭） 85.10.18 福岡高裁　死刑 （桑原宗朝） 83. 3.30 長崎地裁佐世保支部 無期（亀井義朗）	長崎3人殺人事件等 （78.3.21） 1944年3月30日生まれ	一審の情状をくんだ無期判決が高裁で逆転、死刑判決に。
晴山　広元（享年70歳） 04. 6. 4 札幌刑務所で病死 90. 9.13 最高裁（角田礼次郎） 79. 4.12 札幌高裁　死刑 76. 6.24 札幌地裁岩見沢支部 無期	空知2女性殺人事件等 （72.5 ～ 74.5） 1934年5月8日生まれ	自白のみで物証もなく、違法捜査による自白として無実を主張。一審は無期懲役判決。再審請求中に病死。
荒井　政男（享年82歳） 09. 9. 3 東京拘置所にて病死 90.10.16 最高裁（坂上寿夫） 84.12.18 東京高裁（小野慶二） 76. 9.25 横浜地裁横須賀支部 （秦不二雄）	三崎事件 （71.12.21） 1927年2月4日生まれ	一審以来無実を主張。再審請求中に病死。家族が再審を引きつぐ。救援会の機関誌「潮風」。
武安　幸久（享年66歳） 98. 6.25 福岡拘置所にて執行 90.12.14 最高裁（中島敏次郎） 86.12. 2 福岡高裁 （永井登志彦）	直方強盗女性殺人事件 （80.4.23） 1932年6月20日生まれ	無期刑の仮釈放中の事件。
諸橋　昭江（享年75歳） 07. 7.17 東京拘置所にて病死 91. 1.31 最高裁（四ツ谷巖） 86. 6. 5 東京高裁（寺沢栄） 80. 5. 6 東京地裁（小林充）	夫殺人事件他 （74.8.8/78.4.24） 1932年3月10日生まれ	夫殺しは無実を主張。再審請求中に病死。
島津　新治（享年66歳） 98. 6.25 東京拘置所にて執行 91. 2. 5 最高裁（可部恒雄） 85. 7. 8 東京高裁（柳瀬隆治） 84. 1.23 東京地裁（田尾勇）	パチンコ景品商殺人事件 （83.1.16） 1931年12月28日生まれ	無期刑の仮釈放中の事件。

津田　　暎（享年59歳） 98.11.19 広島拘置所にて執行 91. 6.11 最高裁（園部逸夫） 86.10.21 広島高裁（久安弘一） 85. 7.17 広島地裁福山支部 （雑賀飛龍）	学童誘拐殺人事件 （84.2.13） 1939年8月15日生まれ	刑確定後、俳句の投稿を禁止された。
佐川　和男（享年48歳） 99.12.17 東京拘置所にて執行 91.11.29 最高裁（藤島昭） 87. 6.23 東京高裁（小野慶二） 82. 3.30 浦和地裁（米沢敏雄）	大宮母子殺人事件 （81.4.4） 1951年3月21日生まれ	「共犯」者は逃亡中に病死。
佐々木哲也　　　東京 92. 1.31 最高裁（大堀誠一） 86. 8.29 東京高裁（石丸俊彦） 84. 3.15 千葉地裁（太田浩）	両親殺人事件 （74.10.30） 1952年9月14日生まれ	無実を主張。
佐藤　真志（享年62歳） 99. 9.10 東京拘置所にて執行 92. 2.18 最高裁（可部恒雄） 85. 9.17 東京高裁（寺沢栄） 81. 3.16 東京地裁（松本時夫）	幼女殺人事件 （79.7.28） 1937年3月12日生まれ	無期刑の仮釈放中の事件。
高田　勝利（享年61歳） 99. 9.10 仙台拘置支所にて執行 92. 7　控訴せず確定 92. 6.18 福島地裁郡山支部 （慶田康男）	飲食店女性経営者殺人事件 （90.5.2） 1938年4月27日生まれ	無期刑の仮釈放中の事件。控訴せず確定。
森川　哲行（享年69歳） 99. 9.10 福岡拘置所にて執行 92. 9.24 最高裁（大堀誠一） 87. 6.22 福岡高裁（浅野芳朗） 86. 8. 5 熊本地裁（荒木勝己）	熊本母娘殺人事件 （85.7.24） 1930年4月10日生まれ	無期刑の仮釈放中の事件。
名田　幸作（享年56歳） 07. 4.27 大阪拘置所にて執行 92. 9.29 最高裁（貞家克己） 87. 1.23 大阪高裁（家村繁治） 84. 7.10 神戸地裁姫路支部（藤原寛）	赤穂同僚妻子殺人事件 （83.1.19） 1950年6月17日生まれ	
坂口　　弘　　　東京 93. 2.19 最高裁（坂上寿夫） 86. 9.26 東京高裁（山本茂） 82. 6.18 東京地裁（中野武男）	連合赤軍事件 （71～72.2） 1946年11月12日生まれ	「共犯」は「超法規的措置」により国外へ。著書『坂口弘歌稿』『あさま山荘1972』、歌集『常しへの道』『暗黒世紀』など。
永田　洋子（享年65歳） 11. 2. 6 東京拘置所にて病死 93. 2.19 最高裁（坂上寿夫） 86. 9.26 東京高裁（山本茂） 82. 6.18 東京地裁（中野武男）	連合赤軍事件 （71～72.2） 1945年2月8日生まれ	「共犯」は「超法規的措置」により国外へ。著書『十六の墓標』『私生きてます』など多数。再審請求中に病死。
澤地　和夫（享年69歳） 08.12.16 東京拘置所にて病死 93. 7　上告取下げ 89. 3.31 東京高裁（内藤丈夫） 87.10.30 東京地裁（中山善房）	山中湖連続殺人事件 （84.10） 1939年4月15日生まれ	上告を取下げて、確定。再審請求中に病死。『殺意の時』『東京拘置所　死刑囚物語』『なぜ死刑なのですか』など著書多数。「共犯」の猪熊は95年7月確定。
藤波　芳夫（享年75歳） 06.12.25 東京拘置所にて執行 93. 9. 9 最高裁（味村治） 87.11.11 東京高裁（岡田満了） 82. 2.19 宇都宮地裁（竹田央）	覚醒剤殺人事件 （81.3.29） 1931年5月15日生まれ	覚醒剤と飲酒の影響下で、元妻の家族を殺害。

長谷川敏彦（享年51歳） 01.12.27 名古屋拘置所にて執行 93. 9.21 最高裁（園部逸夫） 87. 3.31 名古屋高裁（山本卓） 85.12. 5 名古屋地裁 （鈴木雄八郎）	名古屋保険金殺人事件 （79.11 ～ 83.12）	旧姓竹内。「共犯」の井田は上告せず87年確定。最高裁判決で大野正男裁判官の補足意見が出る。事件の被害者遺族が死刑執行をしないでと上申書を提出して恩赦出願したが、98年に不相当。
牧野　　正（享年58歳） 09. 1.29 福岡拘置所にて執行 93.11.16 控訴取下げ 93.10.27 福岡地裁小倉支部 （森田富人）	北九州母娘殺人事件 （90.3） 1950年3月18日生まれ	無期刑の仮釈放中の事件。一審弁護人控訴を本人が取下げ、確定。二審弁護人不在のまま本人が取り下げたことが問題。公判再開請求が最高裁で棄却。
太田　勝憲（享年55歳） 99.11. 8 札幌拘置支所で自殺 93.12.10 最高裁（大野正男） 87. 5.19 札幌高裁（水谷富茂人） 84. 3.23 札幌地裁（安藤正博）	平取猟銃一家殺人事件 （79.7.18）	自殺。
藤原　清孝（享年52歳） 00.11.30 名古屋拘置所にて執行 94. 1.17 最高裁（小野幹雄） 88. 5.19 名古屋高裁 （吉田誠吾） 86. 3.24 名古屋地裁（橋本享典）	連続殺人113号事件 （72.9 ～ 82.10） 1948年8月29日生まれ	旧姓、勝田。著書に『冥晦に潜みし日々』がある。
宮脇　　喬（享年57歳） 00.11.30 名古屋拘置所にて執行 94. 3.18 上告取下げ 90. 7.16 名古屋高裁 （吉田誠吾） 89.12.14 岐阜地裁（橋本達彦）	先妻家族3人殺人事件 （89.2.14） 1943年7月26日生まれ	事件から二審判決まで1年4か月というスピード判決。3人のうち2人は傷害致死を主張。上告を取下げ確定。
大森　勝久　　　　札幌 94. 7.15 最高裁（大西勝也） 88. 1.21 札幌高裁 （水谷富茂人） 83. 3.29 札幌地裁（生島三則）	北海道庁爆破事件 （76.3.2） 1949年9月7日生まれ	一貫して無実を主張。
大石　国勝（享年55歳） 00.11.30 福岡拘置所にて執行 95. 4.21 最高裁（中島敏次郎） 89.10.24 福岡高裁（丸山明） 87. 3.12 佐賀地裁（早船嘉一）	隣家親子3人殺人事件 （82.5.16） 1945年1月10日生まれ	事件当時「精神障害」だったとして責任能力について争ったが認められず。
藤島　光雄（享年55歳） 13.12.12 東京拘置所にて執行 95. 6. 8 最高裁（高橋久子） 88.12.15 東京高裁（石丸俊彦） 87. 7. 6 甲府地裁（古口満）	2連続殺人事件 （86.3.6/3.11） 1958年4月22日生まれ	事件から1年数か月で一審判決という拙速裁判。
猪熊　武夫　　　　東京 95. 7. 3 最高裁（大西勝也） 89. 3.31 東京高裁（内藤丈夫） 87.10.30 東京地裁（中山善房）	山中湖連続殺人事件 （84.10） 1949年7月2日生まれ	「共犯」澤地は上告取下げで、93年7月に死刑確定、08年病死。
池本　　登（享年75歳） 07.12.07 大阪拘置所にて執行 96. 3. 4 最高裁（河合伸一） 89.11.28 高松高裁　死刑 （村田晃） 88.3.22 徳島地裁　無期 （山田真也）	猟銃近隣3人殺人事件 （86.6.3） 1932年12月22日生まれ	一審は無期懲役判決、高裁で死刑判決。

山野静二郎　　　　大阪 96.10.25 最高裁（福田博） 89.10.11 大阪高裁（西村清治） 85. 7.22 大阪地裁（池田良兼）	不動産会社連続殺人事件 （82.3） 1938 年 7 月 31 日生まれ	重大な事実誤認を主張。著書『死刑囚の祈り』『死刑囚の叫び』。支援会誌「オリーブ通信」。
朝倉幸治郎（享年 66 歳） 01.12.27 東京拘置所にて執行 96.11.14 最高裁（高橋久子） 90. 1.23 東京高裁（高木典雄） 85.12.20 東京地裁（柴田孝夫）	練馬一家 5 人殺人事件 （83.6.28）	
向井　伸二（享年 42 歳） 03. 9.12 大阪拘置所にて執行 96.12.17 最高裁（尾崎行信） 90.10. 3 大阪高裁（池田良兼） 88. 2.26 神戸地裁（加藤光康）	母子等 3 人殺人事件 （85.11.29/12.3） 1961 年 8 月 17 日生まれ	
中元　勝義（享年 64 歳） 08. 4.10 大阪拘置所にて執行 97. 1.28 最高裁（可部恒雄） 91.10.27 大阪高裁（池田良兼） 85. 5.16 大阪地裁堺支部 （重富純和）	宝石商殺人事件 （82.5.20） 1943 年 12 月 24 日生まれ	殺人については無実を主張。再審請求、棄却。
松原　正彦（享年 63 歳） 08. 2. 1 大阪拘置所にて執行 97. 3. 7 最高裁（根岸重治） 92. 1.23 高松高裁（村田晃） 90. 5.22 徳島地裁（虎井寧夫）	2 主婦連続強盗殺人事件 （88.4.18/88.6.1） 1944 年 3 月 19 日生まれ	
大城　英明　　　　福岡 97. 9.11 最高裁（藤井正雄） 91.12. 9 福岡高裁（雑賀飛龍） 85. 5.31 福岡地裁飯塚支部 （松信尚章）	内妻一家 4 人殺人事件 （76.6.13） 1942 年 3 月 10 日生まれ	旧姓秋好。4 人のうち 3 人殺害は内妻の犯行と主張。島田荘司著『秋好事件』『秋好英明事件』。HP は「WS 刊島田荘司」上にある。
神宮　雅晴　　　　大阪 97.12.19 最高裁（園部逸夫） 93. 4.30 大阪高裁 （村上保之助） 88.10.25 大阪地裁（青木暢茂）	警察庁指定 115 号事件 （84.9.4 他） 1943 年 1 月 5 日生まれ	旧姓廣田。無実を主張。
春田　竜也（享年 36 歳） 02. 9.18 福岡拘置所にて執行 98. 4.23 最高裁（遠藤光男） 91. 3.26 福岡高裁（前田一昭） 88. 3.30 熊本地裁（荒木勝己）	大学生誘拐殺人事件 （87.9.14 ～ 9.25） 1966 年 4 月 18 日生まれ	旧姓田本。一審は異例のスピード審理。
浜田　美輝（享年 43 歳） 02. 9.18 名古屋拘置所にて執行 98. 6. 3 控訴取下げ 98. 5.15 岐阜地裁（沢田経夫）	一家 3 人殺人事件 （94.6.3）	本人控訴取り下げで、死刑確定。
宮崎　知子　　　　名古屋 98. 9. 4 最高裁（河合伸一） 92. 3.31 名古屋高裁金沢支部 （浜田武律） 88. 2. 9 富山地裁（大山貞雄）	富山・長野 2 女性殺人事件 （80.2.23 ～ 3.6）	真犯人は別人と主張。
柴嵜　正一　　　　東京 98. 9.17 最高裁（井嶋一友） 94. 2.24 東京高裁（小林充） 91. 5.27 東京地裁（中山善房）	中村橋派出所 2 警官殺人事件 （89.5.16） 1969 年 1 月 1 日生まれ	

村松誠一郎　　　　東京 98.10. 8 最高裁（小野幹雄） 92. 6.29 東京高裁（新谷一信） 85. 9.26 浦和地裁（林修）	宮代事件等 (80.3.21) 1956 年 5 月 17 日生まれ	宮代事件は無実を主張。
松本美佐雄　　　　東京 98.12. 1 最高裁（元原利文） 94. 9.29 東京高裁（小林充） 93. 8.24 前橋地裁高崎支部 （佐野精孝）	2 人殺人 1 人傷害致死、死体遺棄事件 (90.12/91.7) 1965 年 2 月 20 日生まれ	1 件の殺人について否認。他の 1 件については共犯者の存在を主張。
高田和三郎（享年 88 歳） 20.10.17 東京拘置所にて病死 99. 2.25 最高裁（小野幹雄） 94. 9.14 東京高裁（小泉祐康） 86. 3.28 浦和地裁（杉山忠雄）	友人 3 人殺人事件 (72.2 ～ 74.2) 1932 年 8 月 17 日生まれ	真犯人は別人と主張。
嶋﨑　末男（享年 59 歳） 04. 9.14 福岡拘置所にて執行 99. 3. 9 最高裁（千種秀夫） 95. 3.16 福岡高裁　死刑 （池田憲義） 92. 11.30 熊本地裁　無期	熊本保険金殺人事件	一審は無期懲役判決。高裁で死刑判決。
福岡　道雄（享年 64 歳） 06.12.25 大阪拘置所にて執行 99. 6.25 最高裁（福田博） 94. 3. 8 高松高裁（米田俊昭） 88. 3. 9 高知地裁（田村秀作）	3 件殺人事件 (78.12/80.4/81.1) 1942 年 7 月 13 日生まれ	無実を主張。
松井喜代司（享年 69 歳） 17.12.19 東京拘置所にて執行 99. 9.13 最高裁（大出峻郎） 95.10. 6 東京高裁（小泉祐康） 94.11. 9 前橋地裁高崎支部 （佐野精孝）	安中親子 3 人殺人事件 (94.2.13) 1948 年 1 月 23 日生まれ	再審請求中に執行。
北川　　晋（享年 58 歳） 05. 9.16 大阪拘置所にて執行 00. 2. 4 最高裁（北川弘治） 95. 3.30 高松高裁（米田俊昭） 94. 2.23 高知地裁（隅田景一）	高知・千葉殺人事件 (83.8.16/86.2.6) 1947 年 5 月 21 日生まれ	
日高　広明（享年 44 歳） 06.12.25 広島拘置所にて執行 00. 2. 9 広島地裁（戸倉三郎）	4 女性強盗殺人事件 (96)	控訴せず確定。
小田　義勝（享年 59 歳） 07. 4.27 福岡拘置所にて執行 00. 3.15 福岡地裁（陶山博生）	2 件保険金殺人事件	弁護人の控訴を 00 年 3 月 30 日に本人が取下げ確定。
松本　健次　　　　大阪 00. 4. 4 最高裁（奥田昌道） 96. 2.21 大阪高裁（朝岡智幸） 93. 9.17 大津地裁（土井仁臣）	2 件強盗殺人事件 (90.9/91.9) 1951 年 2 月 3 日生まれ	「主犯」の兄は事件後自殺。
田中　政弘（享年 42 歳） 07. 4.27 東京拘置所にて執行 00. 9. 8 最高裁（河合伸一） 95.12.20 東京高裁（佐藤文哉） 94. 1.27 横浜地裁（上田誠治）	4 人殺人事件 (84.11/88.3/89.6/91.3) 1964 年 9 月 12 日生まれ	旧姓宮下。4 人のうち 2 人の殺人を否認。再審請求が棄却され恩赦出願を準備中に執行。

竹澤一二三（享年69歳） 07. 8.23 東京拘置所にて執行 00.12.11 東京高裁（高橋省吾） 98. 3.24 宇都宮地裁 （山田公一）	栃木県3人殺人事件 （90.9.13/93.7.28）	嫉妬妄想による犯行と弁護側主張。上告せず死刑が確定。
瀬川　光三（享年60歳） 07. 8.23 名古屋拘置所にて執行 01. 1.30 最高裁（元原利文） 97. 3.11 名古屋高裁金沢支部 （高木實） 93. 7.15 富山地裁（下山保男）	富山夫婦射殺事件 （91.5.7）	
岩本　義雄（享年63歳） 07. 8.23 東京拘置所にて執行 01. 2. 1 東京地裁（木村烈）	2件強盗殺人事件 （96.6/97.7）	弁護人が控訴したが、本人が控訴を取下げ、死刑確定。
上田　　大（享年33歳） 03. 2.28 名古屋拘置所で病死 01. 9.20 最高裁（藤井正雄） 96. 7. 2 名古屋高裁 （松本光雄） 94. 5.25 名古屋地裁一宮支部 （伊藤邦晴）	愛知2件殺人事件 （93.2.16/3.3）	
S・T（享年44歳） 17.12.19 東京拘置所にて執行 01.12. 3 最高裁（亀山継夫） 96. 7. 2 東京高裁（神田忠治） 94. 8. 8 千葉地裁（神作良二）	市川一家4人殺人事件 （92.3.5） 1973年1月30日生まれ	犯行時19歳の少年。再審請求中に執行。
萬谷　義幸（享年68歳） 08. 9.11 大阪拘置所にて執行 01.12. 6 最高裁（深沢武久） 97. 4.10 大阪高裁（内匠和彦） 91. 2. 7 大阪地裁（米田俊昭）	地下鉄駅短大生殺人事件 （88.1.15） 1940年1月24日生まれ	無期刑の仮釈放中の事件。
陳　代　偉　　　　東京 02. 6.11 最高裁（金谷利広） 98. 1.29 東京高裁（米沢敏雄） 95.12.15 東京地裁八王子支部 （豊田建）	パチンコ店強盗殺人事件 （92.5.30） 1961年2月13日生まれ	中国国籍。定住以外の外国人の死刑確定は戦後初めて。主犯格国外逃亡中。取調べ時拷問を受け、自白を強要された。強盗殺人の共謀と殺意の不在を主張。通訳の不備が問題となる。
何　　　力　　　　東京 02. 6.11 最高裁（金谷利広） 98. 1.29 東京高裁（米沢敏雄） 95.12.15 東京地裁八王子支部 （豊田建）	パチンコ店強盗殺人事件 （92.5.30） 1964年10月3日生まれ	同上。
横田　謙二　　　　東京 02.10. 5 上告取下げ 02. 9.30 東京高裁　死刑 （高橋省吾） 01. 6.28 さいたま地裁　無期	知人女性殺人事件 （99.1） 1949年5月23日生まれ	無期刑の仮釈放中の事件。一審は無期懲役判決。弁護人の上告を本人が取下げ。
府川　博樹（享年42歳） 07.12. 7 東京拘置所にて執行 03. 1. 5 上告取下げ 01.12.19 東京高裁（高橋省吾） 01. 3.21 東京地裁（木村烈）	江戸川老母子強盗殺人事件 （99.4） 1965年6月6日生まれ	異例のスピード裁判。上告を取下げ死刑確定。

宅間　守（享年40歳） 04. 9.14 大阪拘置所にて執行 03. 9.26 控訴取下げ 03. 8.28 大阪地裁（川合昌幸）	池田小児童殺傷事件 （01.6.8）	一審弁護人の控訴を本人が取下げて、死刑確定。確定から執行までわずか1年。
黄　奕　善　　東京 04. 4.19 最高裁（島田仁郎） 98. 3.26 東京高裁（松本時夫） 96. 7.19 東京地裁（阿部文洋）	警視庁指定121号事件 （93.10.27 〜 12.20） 1968年12月14日生まれ	中国系のマレーシア国籍。「共犯」の松沢は05年9月確定。強盗殺人の共謀と殺意の不存在を主張。
石橋　栄治（享年72歳） 09.10.27 東京拘置所にて病死 04. 4.27 最高裁（藤田宙靖） 99. 4.28 東京高裁　死刑 （佐藤文哉） 96. 3. 8 横浜地裁小田原支部 無期　（萩原孟）	神奈川2件強盗殺人事件 （88.12.28/89.1.1） 1937年10月25日生まれ	一審では、2件のうち1件を無罪として無期懲役判決。再審請求中に病死。
藤間　静波（享年47歳） 07.12. 7 東京拘置所にて執行 04. 6.15 最高裁（浜田邦夫） 00. 1.24 東京高裁（荒木友雄） 88. 3.10 横浜地裁（和田保）	母娘他5人殺人事件 （81.5/82.5/82.6） 1960年8月21日生まれ	本人が控訴を取下げたが弁護人が異議申立。特別抗告が認められ「控訴取下は無効」とされ、控訴審が再開された。
岡﨑　茂男（享年60歳） 14. 6.24 東京拘置所にて病死 04. 6.25 最高裁（北川弘治） 98. 3.17 仙台高裁（泉山禎治） 95. 1.27 福島地裁 （井野場明子）	警察庁指定118号事件 （86.7/89.7/91.5） 1953年6月30日生まれ	殺人の被害者2人で3人に死刑判決。再審請求中に病死。
迫　康裕（享年73歳） 13. 8.15 仙台拘置支所にて病死 04. 6.25 最高裁（北川弘治） 98. 3.17 仙台高裁（泉山禎治） 95. 1.27 福島地裁 （井野場明子）	警察庁指定118号事件 （86.7/89.7/91.5） 1940年7月25日生まれ	殺人の被害者2人で3人に死刑判決。殺人に関しては無罪主張。再審請求中に病死。
熊谷　昭孝（享年67歳） 11. 1.29 入院先の病院で病死 04. 6.25 最高裁（北川弘治） 98. 3.17 仙台高裁（泉山禎治） 95. 1.27 福島地裁 （井野場明子）	警察庁指定118号事件 （86.7/89.7/91.5） 1943年2月10日生まれ	殺人の被害者2人で3人に死刑判決。再審請求中に病死。
名古　圭志（享年37歳） 08. 2. 1 福岡拘置所にて執行 04. 8.26 控訴取下げ 04. 6.18 鹿児島地裁（大原英雄）	伊仙母子殺傷事件 （02.8.16） 1970年5月7日生まれ	本人控訴取下げで死刑確定。
中村　正春（享年61歳） 08. 4.10 大阪拘置所にて執行 04. 9. 9 最高裁（島田仁郎） 99.12.22 大阪高裁（河上元康） 95. 5.19 大津地裁（中川隆司）	元同僚ら2人殺人事件 （89.10.10/12.26） 1947年3月11日生まれ	
岡本　啓三　（享年60歳） 18. 12.27 大阪拘置所にて執行 04. 9.13 最高裁（福田博） 99. 3. 5 大阪高裁（西田元彦） 95. 3.23 大阪地裁（谷村充祐）	コスモ・リサーチ殺人事件 （88.1.29） 1958年9月3日生まれ	旧姓河村。著書に『こんな僕でも生きてていいの』『生きる』『落伍者』がある。再審請求中の執行。

末森　博也（享年 67 歳） 18. 12.27 大阪拘置所にて執行 04. 9.13 最高裁（福田博） 99. 3. 5 大阪高裁（西田元彦） 95. 3.23 大阪地裁（谷村充祐）	コスモ・リサーチ殺人事件 （88.1.29） 1951 年 9 月 16 日生まれ	
持田　孝（享年 65 歳） 08. 2. 1 東京拘置所にて執行 04.10.13 最高裁（滝井繁男） 00. 2.28 東京高裁　死刑 （仁田陸郎） 99. 5.27 東京地裁　無期 （山室恵）	前刑出所後、被害届を出した女性への逆恨み殺人事件 （97.4） 1942 年 5 月 15 日生まれ	一審は無期懲役判決。
坂本　正人（享年 41 歳） 08. 4.10 東京拘置所にて執行 04.11.13 上告せず確定 04.10.29 東京高裁死刑（白木勇） 03.10.09 前橋地裁　無期 （久我泰博）	群馬女子高生誘拐殺人事件 （02.7.19） 1966 年 5 月 19 日生まれ	一審は無期懲役判決。上告せず、死刑確定。被害者は 1 名。
坂本　春野（享年 83 歳） 11. 1.27 大阪医療刑務所にて病死 04.11.19 最高裁（津野修） 00. 9.28 高松高裁（島敏男） 98. 7.29 高知地裁（竹田隆）	2 件保険金殺人事件 （87.1.17/92.8.19） 1927 年 6 月 21 日生まれ	確定判決時 77 歳。無実を主張。病死。
倉吉　政隆　　　福岡 04.12. 2 最高裁（泉徳治） 00. 6.29 福岡高裁（小出錞一） 99. 3.25 福岡地裁（仲家暢彦）	福岡・大牟田男女 2 人殺人事件他 （95.4） 1951 年 7 月 2 日生まれ	
森本　信之　　　名古屋 04.12.14 最高裁（金谷利広） 01. 5.14 名古屋高裁 （堀内信明） 00. 3. 1 津地裁（柴田秀樹）	フィリピン人 2 女性殺人事件 （98.12）	2 人の共犯のうち、1 人は公判途中で死亡。もう 1 人は二審で無期懲役に減刑。
山崎　義雄（享年 73 歳） 08. 6.17 大阪拘置所にて執行 05. 1.25 最高裁（上田豊三） 00.10.26 高松高裁死刑（島敏男） 97. 2.18 高松地裁　無期 （重古孝郎）	保険金殺人事件（仙台・高松） （85.11/90.3） 1935 年 6 月 10 日生まれ	一審は無期懲役判決。
間中　博巳　　　東京 05. 1.27 最高裁（才口千晴） 01. 5. 1 東京高裁（河辺義正） 94. 7. 6 水戸地裁下妻支部 （小田部米彦）	同級生 2 人殺人事件 （89.8/9.13） 1967 年 12 月 6 日生まれ	
秋永　　香（享年 61 歳） 08. 4.10 東京拘置所にて執行 05. 3. 3 最高裁（泉徳治） 01. 5.17 東京高裁　死刑 （吉本徹也） 99. 3.11 東京地裁　無期 （山崎学）	資産家老女ら 2 人殺人事件 （89.10） 1946 年 12 月 14 日生まれ	旧姓岡下。一審は無期懲役判決。1 件については否認。歌集に『終わりの始まり』がある。

宮前　一明 (享年 57 歳) 18. 7.26 名古屋拘置所にて執行 05. 4. 7 最高裁（島田仁郎） 01.12.13 東京高裁（河辺義正） 98.10.23 東京地裁（山室恵）	坂本弁護士一家殺人事件等 (89.11.4 他) 1960 年 10 月 8 日生まれ	旧姓佐伯→岡﨑。自首は認めたが減刑せず。2018 年 3 月、名古屋へ移送。
西川　正勝（享年 61 歳） 17. 7.13 大阪拘置所にて執行 05. 6. 7 最高裁（浜田邦夫） 01. 6.20 大阪高裁（河上元康） 95. 9.12 大阪地裁（松本芳希）	警察庁指定 119 号事件 (91.11.13 ～ 92.1.5) 1956 年 1 月 14 日生まれ	強盗殺人は否認、強盗殺人未遂は殺意を否認。再審請求中の執行。
鎌田　安利（享年 75 歳） 16. 3.25 大阪拘置所にて執行 05. 7. 8 最高裁（福田博） 01. 3.27 大阪高裁（福島裕） 99. 3.24 大阪地裁（横田伸之）	警察庁指定 122 号事件 5 人女性殺人 (85 ～ 94) 1940 年 7 月 10 日生まれ	2 件に分けてそれぞれに死刑判決。一部無実を主張。
高根沢智明　東京 05. 7.13 控訴取下げ 04. 3.26 さいたま地裁 （川上拓一）	パチンコ店員連続殺人事件 (03.2.23/4.1)	「共犯」の小野川は 09 年 6 月確定。本人の控訴取下げに弁護人が異議申立。05 年 11 月 30 日に確定。
松沢　信一　東京 05. 9.16 最高裁（中川了滋） 01. 5.30 東京高裁（龍岡資晃） 98. 5.26 東京地裁（阿部文洋）	警視庁指定 121 号事件 (93.10.27 ～ 12.20)	旧姓下山。判決では主導的役割を認定された。「共犯」の黄は 04 年 4 月確定。
堀江　守男　仙台 05. 9.26 最高裁（今井功） 91. 3.29 仙台高裁（小島達彦） 88. 9.12 仙台地裁（渡辺建夫）	老夫婦殺人事件 (86.2.20) 1950 年 12 月 29 日生まれ	被告が心神喪失状態にあるか否かが争点となり、5 年の公判停止後、訴訟能力ありとして公判が再開された。
陸田　真志（享年 37 歳） 08. 6.17 東京拘置所にて執行 05.10.17 最高裁（泉徳治） 01. 9.11 東京高裁（高木俊夫） 98. 6. 5 東京地裁（岩瀬徹）	ＳＭクラブ連続殺人事件 (95.12.21) 1970 年 9 月 24 日生まれ	著書に『死と生きる―獄中哲学対話』(池田晶子と共著)がある。
上田　宜範　大阪 05.12.15 最高裁（横尾和子） 01. 3.15 大阪高裁（栗原宏武） 98. 3.20 大阪地裁（湯川哲嗣）	愛犬家ら 5 人連続殺人事件 (92 ～ 93) 1954 年 8 月 14 日生まれ	無実を主張。
宮﨑　勤（享年 45 歳） 08. 6.17 東京拘置所にて執行 06. 1.17 最高裁（藤田宙靖） 01. 6.28 東京高裁（河辺義正） 97. 4.14 東京地裁（田尾健二郎）	埼玉東京連続幼女殺人事件 (88.8 ～ 89.6) 1962 年 8 月 21 日生まれ	著書に『夢のなか』『夢のなか、いまも』がある。
田中　毅彦　大阪 06. 2.14 最高裁（上田豊三） 01.12.25 大阪高裁　死刑 （池田真一） 00. 3.16 大阪地裁　無期 （古川博）	右翼幹部らと 2 人殺人事件 (92.2/94.4) 1963 年 7 月 13 日生まれ	一審は無期懲役判決。旧姓久堀。

山口　益生　　　　　名古屋 06. 2.24 最高裁（今井功） 01. 6.14 名古屋高裁　死刑 （小島裕史） 99. 6.23 津地裁差戻審　無期 （柴田秀樹） 97. 9.25 名古屋高裁（土川孝二） 死刑判決破棄差戻し 97. 3.28 津地裁四日市支部 死刑（柄多貞介）	古美術商ら２人殺人事件 （94.3 ～ 95.3） 1949 年 11 月 16 日生まれ	「共犯」は、02 年、上告中に病死。第１次名古屋高裁判決は、利害の反する２人の被告に１人の弁護人では訴訟手続上不備として、支部判決を破棄、差戻審は無期懲役判決。その後第２次名古屋高裁判決で２人に死刑判決。
豊田　義己　　　　　名古屋 06. 3. 2 最高裁（横尾和子） 02. 2.28 名古屋高裁（堀内信明） 00. 7.19 名古屋地裁（山本哲一）	静岡、愛知２女性殺害事件 （96.8/97.9） 1944 年 1 月 31 日生まれ	静岡の事件は否認。
山本　峰照（享年 68 歳） 08. 9.11 大阪拘置所にて執行 06. 3.21 控訴取下げ 06. 3.20 神戸地裁（笹野明義）	老夫婦強盗殺人事件 （04.7.22） 1940 年 4 月 2 日生まれ	期日間整理手続きが適用され４回の公判で死刑判決。弁護人が控訴したが、翌日本人が取り下げ。06 年 4 月 4 日に確定。
高橋　和利　　　　　東京 06. 3.28 最高裁（堀籠幸男） 02.10.30 東京高裁（中西武夫） 95. 9. 7 横浜地裁（上田誠治）	横浜金融業夫婦殺人事件 （88.6.20） 1934 年 4 月 28 日生まれ	無罪を主張。「死刑から高橋和利さんを取り戻す会」の会報がある。著書に『「鶴見事件」抹殺された真実』がある。
川村　幸也（享年 44 歳） 09. 1.29 名古屋拘置所にて執行 06. 6. 9 最高裁（今井功） 03. 3.12 名古屋高裁（川原誠） 02. 2.21 名古屋地裁（片山俊雄）	２女性ドラム缶焼殺事件 （00.4.4） 1964 年 3 月 23 日生まれ	４人に死刑求刑、２名は無期懲役。再審請求、棄却。
佐藤　哲也（享年 39 歳） 09. 1.29 名古屋拘置所にて執行 06. 6. 9 最高裁（今井功） 03. 3.12 名古屋高裁（川原誠） 02. 2.21 名古屋地裁（片山俊雄）	２女性ドラム缶焼殺事件 （00.4.4） 1969 年 10 月 17 日生まれ	旧姓野村。４人に死刑求刑、２名は無期懲役。08 年 7 月、再審請求取り下げ。
中山　　進（享年 66 歳） 14. 5.15 大阪拘置所にて病死 06. 6.13 最高裁（堀籠幸男） 03.10.27 大阪高裁（浜井一夫） 01.11.20 大阪地裁（氷室真）	豊中２人殺人事件 （98.2.19） 1948 年 1 月 13 日生まれ	無期刑の仮釈放中の事件。再審請求中に病死。
陳　　徳通（享年 40 歳） 09. 7.28 東京拘置所にて執行 06. 6.27 最高裁（藤田宙靖） 03. 2.20 東京高裁（須田賢） 01. 9.17 横浜地裁川崎支部 （羽渕清司）	川崎中国人３人殺人事件 （99.5.25） 1968 年 4 月 20 日生まれ	中国国籍。重大な事実誤認があり、強盗殺人の殺意の不在を主張。
平野　　勇（享年 61 歳） 08. 9.11 東京拘置所にて執行 06. 9. 1 最高裁（中川了滋） 02. 7. 4 東京高裁（安弘文夫） 00. 2.17 宇都宮地裁 （肥留間健一）	夫婦殺人放火事件 （94.12） 1948 年 2 月 10 日生まれ	放火と殺意について否認。
江東　　恒　　　　　大阪 06. 9. 7 最高裁（甲斐中辰夫） 03. 1.20 大阪高裁（那須彰） 01. 3.22 大阪地裁堺支部 （湯川哲嗣）	堺夫婦殺人事件 （97.10.30） 1942 年 7 月 21 日生まれ	

久間三千年（享年 70 歳） 08. 10.28 福岡拘置所にて執行 06. 9. 8 最高裁（滝井繁男） 01.10.10 福岡高裁（小出錞一） 99. 9.29 福岡地裁（陶山博生）	飯塚２女児殺人事件 （92.2） 1938 年 1 月 9 日生まれ	一貫して無実を主張。09 年 10 月、家族が再審請求。
松本智津夫（享年 63 歳） 18. 7. 6 東京拘置所にて執行 06. 9.15 最高裁特別抗告棄却 06. 5.29 東京高裁異議申立棄却 06. 3.27 東京高裁控訴棄却決定（須田賢） 04. 2.27 東京地裁（小川正持）	坂本事件、松本・地下鉄サリン事件等 （89.2 ～ 95.3） 1955 年 3 月 2 日生まれ。	オウム真理教「教祖」麻原彰晃。弁護団の控訴趣意書の提出遅延を理由に、抜き打ちで控訴棄却決定。一審の審理のみで死刑が確定。第四次再審請求中の執行。
石川　恵子　　　　福岡 06. 9.21 最高裁（甲斐中辰夫） 03. 3.27 福岡高裁宮崎支部（岩垂正起） 01. 6.20 宮崎地裁（小松平内）	宮崎２女性殺人事件 （96.8/97.6） 1958 年 5 月 23 日生まれ	一部無罪を主張。
小林　　薫（享年 44 歳） 13. 2. 21 大阪拘置所にて執行 06.10.10 控訴取下げ 06. 9.26 奈良地裁（奥田哲也）	奈良市女児誘拐殺人事件 （04.11.17） 1968 年 11 月 30 日生まれ	本人控訴取下げ。弁護人が 07 年 6 月 16 日控訴取下げ無効の申立。08 年 4 月棄却。恩赦不相当の 2 週間後の執行。
長　　勝久　　　　東京 06.10.12 最高裁（才口千晴） 03. 9.10 東京高裁（白木勇） 01.12.18 宇都宮地裁（比留間健一）	栃木・妻と知人殺人事件 （88.10 ～ 89.11） 1966 年 9 月 11 日生まれ	無実を主張。
高橋　義博（享年 71 歳） 21. 2. 3 東京拘置所で東病死 06.10.26 最高裁（島田仁郎） 03. 4.15 東京高裁（須田賢） 00. 8.29 横浜地裁（矢村宏）	医師ら２人強盗殺人事件 （92.7） 1949 年 9 月 16 日生まれ	殺人に関しては無罪を主張。実行犯３人は無期懲役。
朴　　日光（享年 61 歳） 09. 1. 4 福岡拘置所にて病死 06.11.24 最高裁（中川了滋） 03. 3.28 福岡高裁（虎井寧夫） 99. 6.14 福岡地裁（仲家暢彦）	タクシー運転手殺人事件他 （95.1.12/1.28） 1946 年 12 月 7 日生まれ	名古屋の事件は知人の犯行、福岡の事件は薬物の影響による心神喪失等を主張。再審請求中に病死。
高塩　正裕（享年 55 歳） 08. 10.28 仙台拘置支所にて執行 06.12.20 上告取下げ 06.12. 5 仙台高裁（田中亮一）死刑 06. 3.22 福島地裁いわき支部（村山浩昭）無期	いわき市母娘強盗殺人事件 （04.3.18） 1953 年 6 月 21 日生まれ	一審は無期懲役判決。上告を取り下げて確定。
西本正二郎（享年 32 歳） 09. 1.29 東京拘置所にて執行 07. 1.11 控訴取下げ 06. 5.17 長野地裁（土屋靖之）	愛知・長野連続殺人事件 （04.1.13 ～ 9.7） 1976 年 10 月 22 日生まれ	本人控訴取下げ。
松本　和弘　　　　名古屋 07. 1.30 最高裁（上田豊三） 03. 7. 8 名古屋高裁（小出錞一） 02. 1.30 名古屋地裁一宮支部（丹羽日出夫）	マニラ連続保険金殺人事件 （94.12 ～ 95.6） 1954 年 6 月 25 日生まれ	双子の兄弟と友人の３人が共謀したとされるが、３人とも「病死」を主張してマニラの事件を否認。

松本　昭弘（享年61歳） 16. 1.22 名古屋拘置所にて病死 07. 1.30 最高裁（上田豊三） 03. 7. 8 名古屋高裁（小出錞一） 02. 1.30 名古屋地裁一宮支部（丹羽日出夫）	マニラ連続保険金殺人・長野殺人事件 (94.12 ～ 96.5) 1954年6月25日生まれ	同上。病死。
下浦　栄一　大阪 07. 1.30 最高裁（上田豊三） 03. 7. 8 名古屋高裁（小出錞一） 02. 1.30 名古屋地裁一宮支部（丹羽日出夫）	マニラ連続保険金殺人・長野殺人事件 (94.12 ～ 96.5) 1971年3月9日生まれ	同上。
松田　康敏（享年44歳） 12. 3.29 福岡拘置所にて執行 07. 2. 6 最高裁（那須弘平） 04. 5.21 福岡高裁宮崎支部（岡村稔） 03. 1.24 宮崎地裁（小松平内）	宮崎2女性強盗殺人事件 (01.11.25/12.7) 1968年2月23日生まれ	
篠澤　一男（享年59歳） 10. 7.28 東京拘置所にて執行 07. 2.20 最高裁（那須弘平） 03. 4.23 東京高裁（高橋省吾） 02. 3.19 宇都宮地裁（肥留間健一）	宇都宮宝石店6人放火殺人事件 (00.6.11) 1951年3月13日生まれ	
加納　恵喜（享年62歳） 13. 2.21 名古屋拘置所にて執行 07. 3.22 最高裁（オロ千晴） 04. 2. 6 名古屋高裁　死刑（小出錞一） 03. 5.15 名古屋地裁　無期（伊藤新一）	名古屋スナック経営者殺人事件 (02.3.14) 1950年3月12日生まれ	旧姓武藤。一審は無期懲役判決。
小林　光弘（享年56歳） 14. 8.29 仙台拘置支所にて執行 07. 3.27 最高裁（上田豊三） 04. 2.19 仙台高裁（松浦繁） 03. 2.12 青森地裁（山内昭善）	弘前武富士放火殺人事件 (01.5.8) 1958年5月19日生まれ	第三次再審特別抗告棄却の3週間後の執行。
西山　省三　広島 07. 4.10 最高裁（堀籠幸男） 04. 4.23 広島高裁　死刑（久保真人） 99.12.10 最高裁、検事上告を受けて高裁に差し戻し 97. 2. 4 広島高裁　無期 94. 9.30 広島地裁　無期	老女殺人事件 (92.3.29) 1953年1月13日生まれ	無期刑の仮釈放中の事件。一・二審は無期懲役判決。97～98年の5件の検察上告中、唯一高裁差し戻しとなったケース。
造田　博　東京 07. 4.19 最高裁（横尾和子） 03. 9.29 東京高裁（原田国男） 02. 1.18 東京地裁（大野市太郎）	東京・池袋「通り魔」殺傷事件 (99.9.8)	
山地悠紀夫（享年25歳） 09. 7.28 大阪拘置所にて執行 07. 5.31 控訴取下げ 06.12.13 大阪地裁（並木正男）	大阪市姉妹強盗殺人事件 (05.11.17) 1983年8月21日生まれ	本人控訴取下げ。

中原　澄男　　　福岡 07. 6.12 最高裁（上田豊三） 05. 4.12 福岡高裁（虎井寧夫） 03. 5. 1 福岡地裁（林秀文）	暴力団抗争連続殺人事件（97.10.6/10.13） 1947年6月3日生まれ	無罪を主張。
薛　　松　　　東京 07. 6.19 最高裁（藤田宙靖） 04. 1.23 東京高裁（白木勇） 02. 2.22 さいたま地裁（川上拓一）	春日部中国人夫婦殺人事件（00.9）	中国国籍。事実誤認あり、量刑不当を主張。
浜川　邦彦　　　名古屋 07. 7. 5 最高裁（甲斐中辰夫） 04. 3.22 名古屋高裁（小出一） 02.12.18 津地裁（天野登喜治）	三重男性2人射殺事件（94.7.19/11.20） 1960年4月10日生まれ	無実を主張。
前上　　博（享年40歳） 09. 7.28 大阪拘置所にて執行 07. 7. 5 控訴取下げ 07. 3.28 大阪地裁（水島和男）	自殺サイト利用3人連続殺人事件（05.2.19～6月） 1968年8月20日生まれ	本人控訴取下げ。
尾形　英紀（享年33歳） 10. 7.28 東京拘置所にて執行 07. 7.18 控訴取下げ 07. 4.26 さいたま地裁（飯田喜信）	熊谷男女4人拉致殺傷事件（03.8.18） 1977年7月20日生まれ	本人控訴取下げ。
横山　真人（享年54歳） 18. 7.26 名古屋拘置所にて執行 07. 7.20 最高裁（中川了滋） 03. 5.19 東京高裁（原田国男） 99. 9.30 東京地裁（山崎学）	地下鉄サリン事件等（95.3.20他） 1963年10月19日生まれ	18年3月、東京から名古屋に移送。第一次再審請求即時抗告中の執行。
後藤　良次　　　東京 07. 9.28 最高裁（津野修） 04. 7. 6 東京高裁（山田利夫） 03. 2.24 宇都宮地裁（飯渕進）	宇都宮・水戸殺人事件（00.7.30/8.20） 1958年7月24日生まれ	05年10月に、99～00年に他の3件の殺人事件に関わったと上申書で告白。その事件では09年6月30日水戸地裁で懲役20年の判決、12年最高裁で確定。
端本　　悟（享年51歳） 18. 7.26 東京拘置所にて執行 07.10.26 最高裁（津野修） 03. 9.18 東京高裁（仙波厚） 00. 7.25 東京地裁（永井敏雄）	坂本弁護士一家殺人事件 松本サリン事件等（89.11/95.3.20他） 1967年3月23日生まれ	
畠山　鐵男（享年74歳） 17. 9.16 東京拘置所にて病死 07.11. 1 控訴取下げ 07. 3.22 千葉地裁（根本渉）	警視庁指定124号事件（04.8.5～11.22） 1943年4月17日生まれ	旧姓小田島。控訴を取下げ確定。「共犯」の守田は11年11月に死刑確定。
庄子　幸一（享年64歳） 19. 8. 2 東京拘置所にて執行 07.11. 6 最高裁（藤田宙靖） 04. 9. 7 東京高裁（安広文夫） 03. 4.30 横浜地裁（田中亮一）	大和連続主婦殺人事件（01.8.29/9.19） 1954年10月28日生まれ	共犯者は無期判決（死刑求刑）。再審請求中の執行。死後『深海魚　響野湾子短歌集』刊行。
古澤　友幸（享年46歳） 12. 3.29 東京拘置所にて執行 07.11.15 最高裁（甲斐中辰夫） 05. 5.24 東京高裁（安広文夫） 04. 3.30 横浜地裁（小倉正三）	横浜一家3人刺殺事件（02.7.31） 1965年4月7日生まれ	

宇井鍈次（享年 68 歳） 08. 2. 7 大阪医療刑務所で病死 07.11.15 最高裁（甲斐中辰夫） 04. 2.25 広島高裁岡山支部 （安原浩） 03. 5.21 岡山地裁（榎本巧）	女性殺人事件 （01.8.9）	無期刑の仮釈放中の事件。病死。
外尾　計夫　　　　福岡 08. 1.31 最高裁（涌井紀夫） 04. 5.21 福岡高裁（虎井寧夫） 03. 1.31 長崎地裁（山本恵三）	父子保険金殺人事件 （92.9.11/98.10.27） 1947 年 7 月 11 日生まれ	「共犯」は一審死刑判決だったが、高裁で無期に。
小池　泰男（享年 60 歳） 18. 7.26 仙台拘置支所にて執行 08. 2.15 最高裁（古田佑紀） 03.12. 5 東京高裁（村上光鵄） 00. 6.29 東京地裁（木村烈）	松本・地下鉄サリン事件等 （94.6.27/95.3.20 他） 1957 年 12 月 15 日生まれ	旧姓林。18 年 3 月、東京から仙台へ移送。第一次再審請求の特別抗告中に執行。
服部　純也（享年 40 歳） 12. 8. 3 東京拘置所にて執行 08. 2.29 最高裁（古田佑紀） 05. 3.29 東京高裁　死刑 （田尾健二郎） 04. 1.15 静岡地裁沼津支部 無期（高橋祥子）	三島短大生焼殺事件 （02.1.23） 1972 年 2 月 21 日生まれ	一審は無期懲役判決。
長谷川静央　　　　東京 08. 3.17 上告取下げ 07. 8.16 東京高裁（阿部文洋） 07. 1.23 宇都宮地裁 （池本寿美子）	宇都宮実弟殺人事件 （05.5.8） 1942 年 8 月 6 日生まれ	無期刑の仮釈放中の事件。上告を取下げ確定。
松村恭造（享年 31 歳） 12. 8. 3 大阪拘置所にて執行 08. 4. 8 控訴取下げ 08. 3.17 京都地裁（増田耕兒）	京都・神奈川親族殺人事件 （07.1.16/1.23） 1981 年 8 月 3 日生まれ	控訴を取下げ確定。
山本　開一（享年 62 歳） 10. 1. 2 東京拘置所にて病死 08. 4.24 最高裁（才口千晴） 06. 9.28 東京高裁（阿部文洋） 05. 9. 8 さいたま地裁 （福崎伸一郎）	組員 5 人射殺事件 （03.12.14） 1947 年 4 月 2 日生まれ	病死。
加賀　聖商　　　　東京 08. 6. 5 最高裁（才口千晴） 05. 7.19 東京高裁（須田賢） 04. 2. 4 横浜地裁（小倉正三）	伊勢原母子殺人事件 （01.8.4） 1961 年 4 月 30 日生まれ	
上部　康明（享年 48 歳） 12. 3.29 広島拘置所にて執行 08. 7.11 最高裁（今井功） 05. 6.28 広島高裁（大渕敏和） 02. 9.20 山口地裁下関支部 （並木正男）	下関駅 5 人殺害 10 人傷害事件 （99.9.29） 1964 年 3 月 6 日生まれ	一審の精神鑑定では、心神耗弱とするものと責任能力があるとするものに結果が分かれたが、判決は責任能力を認めた。
八木　　茂　　　　東京 08. 7.17 最高裁（泉徳治） 05. 1.13 東京高裁（須田賢） 02.10. 1 さいたま地裁 （若原正樹）	埼玉保険金殺人（2 件） 同未遂事件（1 件） （95.6.3 ～ 99.5.29） 1950 年 1 月 10 日生まれ	無実を主張。共犯者の調書が有罪の証拠とされた。

江藤　幸子（享年 65 歳） 12. 9. 27 仙台拘置支所にて執行 08. 9.16 最高裁（藤田宙靖） 05.11.22 仙台高裁（田中亮一） 02. 5.10 福島地裁（原啓）	福島県祈祷による信者6人殺人事件（94.12 ～ 95.6） 1947 年 8 月 21 日生まれ	
藁科　　稔（享年 56 歳） 09. 5. 2 入院先の病院で死亡 09. 1.22 最高裁（涌井紀夫） 06. 2.16 名古屋高裁金沢支部（安江勤） 04. 3.26 富山地裁（手崎政人）	高岡組長夫婦射殺事件（00.7.13）	旧姓伊藤。病死。「首謀者」として死刑求刑された副組長は、06 年 11 月一審で無罪判決。
幾島　賢治（享年 67 歳） 14. 7.16 名古屋拘置所にて病死 09. 3.23 最高裁（今井功） 06.10.12 名古屋高裁金沢支部（安江勤） 05. 1.27 富山地裁（手崎政人）	高岡組長夫婦射殺事件（00.7.13） 1947 年 3 月 15 日生まれ	旧姓大田。再審請求中に病死。「共犯」の藁科は病死。「首謀者」として死刑求刑された副組長は、06 年 11 月一審で無罪判決。
松田　幸則（享年 39 歳） 12. 9.27 福岡拘置所にて執行 09. 4. 3 上告取下げ 07.10. 3 福岡高裁（仲家暢彦） 06. 9.21 熊本地裁（松下潔）	熊本県松橋町男女強盗殺人事件（03.10.16） 1973 年 5 月 26 日生まれ	上告を取り下げ確定。
神田　司（享年 44 歳） 15. 6.25 名古屋拘置所にて執行 09. 4.13 控訴取下げ 09. 3.18 名古屋地裁（近藤宏子）	名古屋闇サイト殺人事件（07.8.24 ～ 25） 1971 年 3 月 9 日生まれ	一審では被害者 1 人で 2 人に死刑判決。控訴を取り下げ確定。共犯者は 11 年 4 月無期に減刑。
林　眞須美　　　　大阪 09. 4.21 最高裁（那須弘平） 05. 6.28 大阪高裁（白井万久） 02.12.11 和歌山地裁（小川育央）	和歌山毒カレー事件等（98.7.25 他） 1961 年 7 月 22 日生まれ	一審は黙秘。二審ではカレー事件について無実を主張。21 年 5 月新弁護人が再審請求、6 月再申請求特別抗告を本人が取り下げる。著書に『死刑判決は「シルエット・ロマンス」を聴きながら』『和歌山カレー事件――獄中からの手紙』（共著）。
関根　　元（享年 75 歳） 17. 3.27 東京拘置所にて病死 09. 6. 5 最高裁（古田佑紀） 05. 7.11 東京高裁（白木勇） 01. 3.21 浦和地裁（須田賢）	埼玉連続 4 人殺人事件（93） 1942 年 1 月 2 日生まれ	病死。
風間　博子　　　　東京 09. 6. 5 最高裁（古田佑紀） 05. 7.11 東京高裁（白木勇） 01. 3.21 浦和地裁（須田賢）	埼玉連続 4 人殺人事件（93） 1957 年 2 月 19 日生まれ	殺人には関与していないと主張。交流誌「ふうりん通信」。
小野川光紀　　　　東京 09. 6. 9 最高裁（堀籠幸男） 06. 9.29 東京高裁（白木勇） 04. 3.26 さいたま地裁（川上拓一）	パチンコ店員連続殺人事件（03.2.23/4.1） 1977 年 4 月 20 日生まれ	「共犯」の高根沢は控訴を取下げ 05 年に確定。
宮城　吉英（享年 56 歳） 13. 4.26 東京拘置所にて執行 09. 6.15 最高裁（今井功） 06.10. 5 東京高裁（池田修） 05.12.12 千葉地裁（金谷暁）	市原ファミレス 2 人射殺事件（05.4.25） 1956 年 8 月 15 日生まれ	「共犯」の濱崎は 11 年 12 月に死刑確定。

高橋　秀　仙台 09. 6.23 最高裁（堀籠幸男） 05. 7.26 仙台高裁（田中亮一） 04. 3.25 仙台地裁（本間栄一）	貸金業者ら２人殺人事件 (01.1.8/2.3) 1963 年 6 月 10 日生まれ	旧姓石川。
小日向将人　東京 09. 7.10 最高裁（竹内行夫） 06. 3.16 東京高裁（仙波厚） 05. 3.28 前橋地裁（久我泰博）	前橋スナック乱射事件 (03.1.25) 1969 年 8 月 18 日生まれ	「共犯」の山田は 13 年 6 月、矢野は 14 年 3 月に確定。
早川紀代秀（享年 68 歳） 18. 7.26 福岡拘置所にて執行 09. 7.17 最高裁（中川了滋） 04. 5.14 東京高裁（中川武隆） 00. 7.28 東京地裁（金山薫）	坂本弁護士一家殺人事件等 (89.11 ～) 1949 年 7 月 14 日生まれ	18年3月、東京から福岡へ移送。第三次再審請求中の執行。
豊田　亨（享年 50 歳） 18.7.26 東京拘置所にて執行 09.11.6 最高裁（竹内行夫） 04. 7.28 東京高裁（高橋省吾） 00. 7.18 東京地裁（山崎学）	地下鉄サリン事件等 (95.3.20 他) 1968 年 1 月 23 日生まれ	第一次再審請求の即時抗告中に執行。
広瀬　健一（享年 54 歳） 18. 7.26 東京拘置所にて執行 09.11.6 最高裁（竹内行夫） 04. 7.28 東京高裁（高橋省吾） 00. 7.18 東京地裁（山崎学）	地下鉄サリン事件等 (95.3.20 他) 1964 年 6 月 12 日生まれ	第一次再審請求中の執行。
窪田　勇次　札幌 09.12. 4 最高裁（古田佑紀） 05.12. 1 札幌高裁（長島孝太郎） 04. 3. 2 釧路地裁北見支部（伊東顕）	北見夫婦殺人事件 (88.10) 1945 年 1 月 1 日生まれ	13 年余逃亡し時効成立の 10 か月前に逮捕された。無罪を主張。
井上　嘉浩（享年 48 歳） 18. 7. 6 大阪拘置所にて執行 09.12.10 最高裁（金築誠志） 04. 5.28 東京高裁　死刑（山田利夫） 00. 6. 6 東京地裁　無期（井上弘道）	地下鉄サリン事件、仮谷事件等 (94.1 ～ 95.3) 1969 年 12 月 28 日生まれ	一審は無期懲役判決。 18年3月、東京から大阪へ移送。 第一次再審請求中の執行。
菅　峰夫　福岡 09.12.11 最高裁（古田佑紀） 06. 5.24 福岡高裁（虎井寧夫） 04. 3.11 福岡地裁（林秀文）	福岡庄内連続殺人事件 (96.6.8/11.19) 1950 年 10 月 4 日生まれ	
手柴　勝敏（享年 66 歳） 10. 4.14 福岡拘置所にて病死 09.12.11 最高裁（古田佑紀） 06. 5.24 福岡高裁　死刑（虎井寧夫） 04. 3.11 福岡地裁　無期（林秀文）	福岡庄内連続殺人事件 (96.6.8/11.19)	一審は無期懲役判決。病死。
金川真大（享年 29 歳） 13. 2.21 東京拘置所にて執行 09.12.28 控訴取り下げ 09.12.18 水戸地裁（鈴嶋晋一）	土浦連続殺傷事件 (08.3.19 ～ 3.23) 1983 年 10 月 13 日生まれ	控訴を取り下げ、確定。

新實　智光（享年54歳） 18. 7. 6大阪拘置所にて執行 10. 1.19最高裁（近藤崇晴） 06. 3.15東京高裁（原田国男） 02. 6.26東京地裁 （中谷雄二郎）	坂本弁護士一家殺人事件、松本・地下鉄サリン事件等 （89.11/94.6.27/95.3.20他） 1964年3月9日生まれ	18年3月、東京から大阪へ移送。第二次再審請求中、恩赦申立中の執行。
大橋　健治　大阪 10. 1.29最高裁（竹内行夫） 07. 4.27大阪高裁（陶山博生） 06.11. 2大阪地裁（中川博之）	大阪・岐阜連続女性強盗殺人事件 （05.4.27/5.11） 1940年12月3日生まれ	
吉田　純子（享年56歳） 16. 3.25福岡拘置所にて執行 10. 1.29最高裁（金築誠志） 06. 5.16福岡高裁（浜崎裕） 04. 9.24福岡地裁（谷敏行）	看護師連続保険金殺人事件 （98.1.24～99.3.27） 1959年7月10日生まれ	
高尾　康司　東京 10. 9.16最高裁（横田尤孝） 06. 9.28東京高裁（須田贒） 05. 2.21千葉地裁（土屋靖之）	千葉館山連続放火事件 （03.12.18） 1963年10月3日生まれ	
藤崎　宗司　東京 10.10.14最高裁（桜井龍子） 06.12.21東京高裁（河辺義正） 05.12.22水戸地裁（林正彦）	鉾田連続強盗殺人事件 （05.1.21～1.28） 1961年8月31日生まれ	
尾崎　正芳　福岡 10.11. 8最高裁（須藤正彦） 07. 1.16福岡高裁（浜崎裕） 05. 5.16福岡地裁小倉支部 （野島秀夫）	替え玉保険金等殺人事件 （02.1.8～31） 1974年5月16日生まれ	旧姓竹本。一部無罪を主張。
原　正志　福岡 10.11. 8最高裁（須藤正彦） 07. 1.16福岡高裁（浜崎裕） 05. 5.16福岡地裁小倉支部 （野島秀夫）	替え玉保険金等殺人事件 （02.1.8～31） 1957年8月12日生まれ	旧姓竹本。
土谷　正実（享年53歳） 18. 7. 6東京拘置所にて執行 11. 2.15最高裁（那須弘平） 06. 8.18東京高裁（白木勇） 04. 1.30東京地裁（服部悟）	松本・地下鉄サリン事件等 （94.6～95.3） 1965年1月6日生まれ	
熊谷　徳久（享年73歳） 13. 9.12東京拘置所にて執行 11. 3. 1最高裁（田原睦夫） 07. 4.25東京高裁（高橋省吾） 死刑 06. 4.17東京地裁（毛利晴光） 無期	横浜中華街店主銃殺事件等 （04.5.29） 1940年5月8日生まれ （戦災孤児で、もう一つの戸籍では、1938年1月25日生まれ）	一審は無期懲役判決。著書に『奈落――ピストル強盗殺人犯の手記』がある。
鈴木　泰徳（享年50歳） 19. 8. 2福岡拘置所にて執行 11. 3. 8最高裁（岡部喜代子） 07. 2. 7福岡高裁（正木勝彦） 06.11.13福岡地裁（鈴木浩美）	福岡3女性連続強盗殺人事件（04.12.12～05.1.18） 1969年3月22日生まれ	
小林　正人　東京 11. 3.10最高裁（桜井龍子） 05.10.14名古屋高裁（川原誠） 01. 7. 9名古屋地裁 （石山容示）	木曽川・長良川殺人事件 （94.9～10） 1975年3月19日生まれ	少年3人に死刑が求刑され、他の2人には一審では無期懲役判決、二審で3人に死刑判決。

黒澤　淳　名古屋 11. 3.10 最高裁（桜井龍子） 05.10.14 名古屋高裁　死刑（川原誠） 01. 7. 9 名古屋地裁　無期（石山容示）	木曽川・長良川殺人事件 （94.9 ～ 10） 1975 年 7 月 21 日生まれ	旧姓小森。一審は無期懲役、高裁で死刑判決。複数の少年に死刑が確定するのは初めて。
K・T　名古屋 11. 3.10 最高裁（桜井龍子） 05.10.14 名古屋高裁　死刑（川原誠） 01. 7. 9 名古屋地裁　無期（石山容示）	木曽川・長良川殺人事件 （94.9 ～ 10） 1975 年 10 月 23 日生まれ	一審は無期懲役、高裁で死刑判決。複数の少年に死刑が確定するのは初めて。
片岡　清（享年 84 歳） 16. 2.14 広島拘置所にて病死 11. 3.24 最高裁（桜井龍子） 08. 2.27 広島高裁岡山支部（小川正明）死刑 06. 3.24 岡山地裁（松野勉）無期	広島・岡山強盗殺人事件 （03.9.28/04.12.10）	一審は無期懲役判決。病死。
小林　竜司　大阪 11. 3.25 最高裁（千葉勝美） 08. 5.20 大阪高裁（若原正樹） 07. 5.22 大阪地裁（和田真）	東大阪大生リンチ殺人事件 （06.6.19 ～ 20） 1984 年 12 月 22 日生まれ	
大倉　修　東京 11. 4.11 最高裁（古田佑記） 08. 3.25 東京高裁（安広文夫） 07. 2.26 静岡地裁（竹花俊徳）	同僚・妻連続殺人事件 （04.9.16/05.9.9）	旧姓滝。
渕上　幸春　福岡 11. 4.19 最高裁（田原睦夫） 07. 1.23 福岡高裁宮崎支部（竹田隆） 03. 5.26 宮崎地裁（小松平内）	宮崎連続殺人事件 （99.3.25/9.20） 1969 年 1 月 23 日生まれ	1 件は無罪、1 件は事実誤認を主張。筋ジストロフィー（両上下肢および体幹の機能障害）。
大山　清隆　広島 11. 6. 7 最高裁（大谷剛彦） 07.10.16 広島高裁（楢崎康英） 05. 4.27 広島地裁（岩倉広修）	広島連続殺人事件 （98.10/00.3.1）	
津田寿美年（享年 63 歳） 15.12.18 東京拘置所にて執行 11. 7. 4 控訴取下げ 11. 6.17 横浜地裁（秋山敬）	川崎アパート 3 人殺人事件 （09.5.30） 1952 年 1 月 2 日生まれ	裁判員裁判。控訴取下げで確定。裁判員裁判での死刑確定者で初の執行。
北村　真美　福岡 11.10.3 最高裁（須藤正彦） 07.12.25 福岡高裁（正木勝彦） 06.10.17 福岡地裁久留米支部（高原正良）	大牟田市 4 人連続殺人事件 （04.9.16 ～ 17）	共犯の北村実雄被告、孝被告とは分離して公判。
井上　孝紘　福岡 11.10.3 最高裁（須藤正彦） 07.12.25 福岡高裁（正木勝彦） 06.10.17 福岡地裁久留米支部（高原正良）	大牟田市 4 人連続殺人事件 （04.9.16 ～ 17）	旧姓北村。共犯の北村実雄被告、孝被告とは分離して公判。
北村　実雄　広島 11.10.17 最高裁（白木勇） 08. 3.27 福岡高裁（正木勝彦） 07. 2.27 福岡地裁久留米支部（高原正良）	大牟田市 4 人連続殺人事件 （04.9.16 ～ 17）	共犯の北村真美被告、井上孝紘被告とは分離して公判。

北村　孝　　大阪 11.10.17 最高裁（白木勇） 08. 3.27 福岡高裁（正木勝彦） 07. 2.27 福岡地裁久留米支部 （高原正良）	大牟田市4人連続殺人事件 （04.9.16 ～ 17）	共犯の北村真美被告、井上孝紘被告とは分離して公判。
魏　巍（享年40歳） 19.12.26 福岡拘置所にて執行 11.10.20 最高裁（白木勇） 07. 3. 8 福岡高裁（浜崎裕） 05. 5.19 福岡地裁（川口宰護）	福岡一家4人殺害事件 （03.6.20） 1979年11月14日生まれ	共犯のうち2名は中国で逮捕・訴追され、王亮被告は無期懲役、楊寧被告は05年7月12日死刑執行。
中川　智正（享年55歳） 18. 7. 6 広島拘置所にて執行 11.11.18. 最高裁（古田佑紀） 07. 7.13 東京高裁（植村立郎） 03.10.29 東京地裁（岡田雄一）	坂本弁護士一家殺人事件、松本・地下鉄サリン事件等（89.11 ～ 95.3） 1962年10月25日生まれ	二審鑑定で入信直前から犯行時に解離性障害ないし祈祷性精神病と診断。判決は完全責任能力を認定。18年3月東京から広島へ移送。再審請求中の執行。
遠藤　誠一（享年58歳） 18. 7. 6 東京拘置所にて執行 11.11.21 最高裁（金築誠志） 07. 5.31 東京高裁（池田修） 02.10.11 東京地裁（服部悟）	松本・地下鉄サリン事件等 （94.5/94.6.27/95.3.20 他） 1960年6月5日生まれ。	再審請求中の執行。
守田　克実　　東京 11.11.22 最高裁（寺田逸郎） 08. 3. 3 東京高裁（中川武隆） 06.12.19 千葉地裁（根本渉）	警視庁指定124号事件 （05.8.5 ～ 11.22）	「共犯」の畠山は控訴を取下げて07年11月確定。
兼岩　幸男　　名古屋 11.11.29 最高裁（那須弘平） 08. 9.12 名古屋高裁（片山俊雄） 07. 2.23 岐阜地裁（土屋哲夫）	交際2女性バラバラ殺人事件 （99.8.15/03.5.25） 1957年10月30日生まれ	
松永　太　　福岡 11.12.12 最高裁（宮川光治） 07. 9.26 福岡高裁（虎井寧夫） 05. 9.28 福岡地裁小倉支部 （若宮利信）	北九州7人連続殺人事件 （96.2.26 ～ 98.6.7）	「共犯」は二審で無期に減刑。
濱崎　勝次（享年64歳） 13. 4.26 東京拘置所にて執行 11.12.12 最高裁（横田尤孝） 08. 9.26 東京高裁（安広文夫） 07.10.26 千葉地裁（古田浩）	市原ファミレス2人射殺事件 （05.4.25） 1948年9月18日生まれ	確定から執行まで1年4か月。「共犯」の宮城は09年6月に死刑確定。
若林　一行（享年39歳） 15.12.18 仙台拘置支所にて執行 12. 1.16 最高裁（宮川光治） 09. 2. 3 仙台高裁（志田洋） 07. 4.24 盛岡地裁（杉山慎治）	岩手県洋野町母娘強盗殺人事件（06.7.19） 1971年12月17日生まれ	二審から無罪を主張。
Ｆ・Ｔ　　広島 12. 2.20 最高裁（金築誠志） 08. 4.22 広島高裁（楢崎康英） 死刑 06. 5.20 最高裁（浜田邦夫） 高裁差し戻し 02. 3.14 広島高裁（重吉孝一郎） 無期 00. 3.22 山口地裁（渡辺了造） 無期	光市事件 （99.4.14） 1981年3月16日生まれ	犯行当時18歳。一審·二審無期。検察上告により最高裁が広島高裁に差戻し。差戻し審で死刑。

岩森　稔　東京 12. 3. 2 最高裁（竹内行夫） 09. 3.25 東京高裁（若原正樹）死刑 08. 3.21 さいたま地裁（飯田喜信）無期	埼玉本庄夫婦殺害事件（07.7.21） 1945年4月28日生まれ	一審は無期懲役判決。
川﨑　政則（享年68歳） 14. 6.26 大阪拘置所にて執行 12. 7.12 最高裁（白木勇） 09.10.14 高松高裁（柴田秀樹） 09. 3.16 高松地裁（菊地則明）	坂出祖母孫3人殺人事件（07.11.16） 1946年1月20日生まれ	
加賀山領治（享年63歳） 13.12.12 大阪拘置所にて執行 12. 7.24 最高裁（寺田逸郎） 09.11.11 大阪高裁（湯川哲嗣） 09. 2.27 大阪地裁（細井正弘）	中国人留学生強盗殺人事件 ＤＤハウス事件 （00.7.29/08.2.1） 1950年1月3日生まれ	確定から執行まで1年4か月。
池田　容之　東京 12. 7　確定 11. 6.16 控訴取下げ 10.11.16 横浜地裁（朝山芳史）	横浜沖バラバラ強殺事件他（09.6.18～19）	裁判員裁判で初の死刑判決。控訴取下げに対し弁護人による審理継続申立。2012年7月確定処遇に。
田尻　賢一（享年45歳） 16.11.11 福岡拘置所にて執行 12. 9.10 上告取下げ確定 12. 4.11 福岡高裁（陶山博生） 11.10.25 熊本地裁（鈴木浩美）	熊本2人強盗殺人事件（04. 3.13、11. 2.23） 1971年4月26日生まれ	裁判員裁判での死刑判決。上告を取り下げ死刑確定。
謝　依　俤　東京 12.10.19 最高裁（須藤正彦） 08.10. 9 東京高裁（須田贒） 06.10. 2 東京地裁（成川洋司）	品川製麺所夫婦強殺事件（02.8.31） 1977年9月7日生まれ	中国国籍。
高見澤　勤（享年59歳） 14. 8.29 東京拘置所にて執行 12.10.23 最高裁（大谷剛彦） 08.12.12 東京高裁（安広文夫） 08. 2. 4 前橋地裁（久我泰博）	暴力団3人殺害事件（01.11～05.9） 1955年4月20日生まれ	
阿佐　吉廣（享年70歳） 20. 2.11 東京拘置所にて病死 12.12.11 最高裁（田原睦夫） 08. 4.21 東京高裁（中川武隆） 06.10.11 甲府地裁（川島利夫）	都留市従業員連続殺人事件（97.3/00.5.14） 1949年5月21日生まれ	無罪を主張。
野﨑　浩（享年61歳） 20.12.13 東京拘置所にて病死 12.12.14 最高裁（小貫芳信） 10.10. 8 東京高裁（長岡哲次）死刑 09.12.16 東京地裁（登石郁朗）無期	フィリピン女性2人殺人事件（99.4.22/08.4.3）	一審は無期懲役判決。
渡辺　純一　東京 13. 1.29 最高裁（岡部喜代子） 09. 3.19 東京高裁（長岡哲次）死刑 07. 8. 7 千葉地裁（彦坂孝孔）無期	架空請求詐欺グループ仲間割れ事件（04.10.13～16）	一審は無期懲役判決。一部無実を主張。

清水　大志　　　　　　東京 13. 1.29 最高裁（岡部喜代子） 09. 5.12 東京高裁（長岡哲次） 07. 8. 7 千葉地裁（彦坂孝孔）	架空請求詐欺グループ仲間割れ事件（04.10.13 〜 16）	
伊藤　玲雄　　　　　　東京 13. 2.28 最高裁（桜井龍子） 09. 8.28 東京高裁（長岡哲次） 07. 5.21 千葉地裁（彦坂孝孔）	架空請求詐欺グループ仲間割れ事件（04.10.13 〜 16）	
住田　紘一（享年 34 歳） 17. 7.13 広島拘置所にて執行 13. 3.28 控訴取り下げ 13. 2.14 岡山地裁（森岡孝介）	岡山元同僚女性殺人事件（11.9.30） 1982 年 9 月 29 日生まれ	裁判員裁判。被害者 1 名。本人控訴取り下げで、確定。
山田健一郎　　　　　　東京 13. 6. 7 最高裁（千葉勝美） 09. 9.10 東京高裁（長岡哲次） 08. 1.21 前橋地裁（久我泰博）	前橋スナック乱射事件（03.1.25） 1966 年 8 月 23 日生まれ	「共犯」の小日向は 09 年 7 月、矢野は 14 年 3 月に死刑確定。
高柳　和也　　　　　　大阪 13.11.25 最高裁（金築誠志） 10.10.15 大阪高裁（湯川哲嗣） 09. 3.17 神戸地裁姫路支部（松尾嘉倫）	姫路 2 女性殺人事件（05.1.9） 1966 年 1 月 10 日生まれ	
沖倉　和雄（享年 66 歳） 14. 7. 2 東京拘置所にて病死 13.12.17 最高裁（木内道祥） 10.11.10 東京高裁（金谷曉） 09. 5.12 東京地裁立川支部（山崎和信）	あきる野市資産家姉弟強盗殺人事件（08.4.9 〜 13）	病死。
小川　和弘　　　　　　大阪 14. 3. 6 最高裁（横田尤孝） 11. 7.26 大阪高裁（的場純男） 09.12. 2 大阪地裁（秋山敬）	大阪個室ビデオ店放火事件（08.10.2）	
矢野　　治（享年 71 歳） 20. 1.26 東京拘置所にて自殺 14. 3.14 最高裁（鬼丸かおる） 09.11.10 東京高裁（山崎学） 07.12.10 東京地裁（朝山芳史）	組長射殺事件、前橋スナック乱射事件等（02.2 〜 03.1） 1948 年 12 月 20 日生まれ	「共犯」の小日向は 09 年 7 月、山田は 13 年 6 月に死刑確定。17 年 4 月と 7 月に、それぞれ別の殺人容疑で逮捕、起訴されたが、18 年 12 月、東京地裁で無罪判決。検察は控訴せず。
小泉　　毅　　　　　　東京 14. 6.13 最高裁（山本庸幸） 11.12.26 東京高裁 (八木正一) 10. 3.30 さいたま地裁（伝田喜久）	元厚生次官連続殺傷事件（08.11.17 〜 11.18） 1962 年 1 月 26 日生まれ	
松原　智浩　　　　　　東京 14. 9. 2 最高裁（大橋正春） 12. 3.22 東京高裁（井上弘通） 11. 3.25 長野地裁（高木順子）	長野一家 3 人強殺事件（10. 3.24 〜 25）	裁判員裁判で死刑判決を受け、最高裁で確定したのは初めて。
奥本　章寛　　　　　　福岡 14.10.16 最高裁（山浦善樹） 12. 3.22 福岡高裁宮崎支部 (榎本巧) 10.12. 7 宮崎地裁（高原正良）	宮崎家族 3 人殺人事件（10.3.1） 1988 年 2 月 13 日生まれ	裁判員裁判。
桑田　一也　　　　　　東京 14.12. 2 最高裁（大谷剛彦） 12. 7.10 東京高裁（山崎学） 11. 6.21 静岡地裁沼津支部（片山隆夫）	交際女性・妻殺人事件（05.10.26、10. 2.23） 1966 年 6 月 26 日生まれ	裁判員裁判。

加藤　智大　　　　　東京 15. 2. 2 最高裁（桜井龍子） 12. 9.12 東京高裁（飯田喜信） 11. 3.24 東京地裁（村山浩昭）	秋葉原無差別殺傷事件 （08. 6. 8） 1982 年 9 月 28 日生まれ	著書に『解』『解＋』『東拘永夜抄』『殺人予防』がある。
藤城　康孝　　　　　大阪 15. 5.25 最高裁（千葉勝美） 13. 4.26 大阪高裁（米山正明） 09. 5.29 神戸地裁（岡田信）	加古川 7 人殺人事件 （04.8.2）	
新井　竜太　　　　　東京 15.12. 4 最高裁（鬼丸かおる） 13. 6.27 東京高裁（井上弘通） 12. 2.24 さいたま地裁（田村真）	埼玉深谷男女 2 人殺害事件（08.3.13/09.8. 7） 1969 年 6 月 6 日生まれ	裁判員裁判。
高見　素直　　　　　大阪 16. 2.23 最高裁（和田真） 13. 7.31 大阪高裁（中谷雄二郎） 11.10.31 大阪地裁（和田真）	大阪パチンコ店放火殺人事件（09.7.5） 1968 年 1 月 4 日生まれ	裁判員裁判。絞首刑違憲論が争われる。
髙橋　明彦　　　　　仙台 16. 3. 8 最高裁（木内道祥） 14. 6. 3 仙台高裁（飯渕進） 13. 3.14 福島地裁郡山支部 （有賀貞博）	会津美里夫婦殺人事件 （12.7.26） 1966 年 9 月 12 日生まれ	裁判員裁判。旧姓横倉。
伊藤　和史　　　　　東京 16. 5.26 最高裁（大橋正春） 14. 2.20 東京高裁（村瀬均） 11.12.27 長野地裁（高木順子）	長野一家 3 人殺人事件 （10.3.24 ～ 25） 1979 年 2 月 16 日生まれ	裁判員裁判。
浅山　克己　　　　　東京 16. 6.13 最高裁（千葉勝美） 14.10. 1 東京高裁（八木正一） 13. 6.11 東京地裁（平木正洋）	山形・東京連続放火殺人事件（10.10.2/11.11.24）	裁判員裁判。
C・Y　　　　　　　仙台 16. 6.16 最高裁（大谷直人） 14. 1.31 仙台高裁（飯渕進） 10.11.25 仙台地裁（鈴木信行）	石巻 3 人殺傷事件 （10.2.10） 1991 年 7 月 2 日生まれ	裁判員裁判。 事件当時 18 歳 7 か月。
筒井　郷太　　　　　福岡 16. 7.21 最高裁（池上政幸） 14. 6.24 福岡高裁（古田浩） 13. 6.14 長崎地裁（重富朗）	長崎ストーカー殺人事件 （11.12.16） 1984 年 11 月 4 日生まれ	裁判員裁判。無罪を主張。
井上　佳苗　　　　　東京 17. 4.14 最高裁（大貫芳信） 14. 3.12 東京高裁（八木正一） 12. 4.13 さいたま地裁 （大熊一之）	首都圏連続不審死事件等 （08. 9 ～ 09. 9） 1974 年 11 月 27 日生まれ	裁判員裁判。無罪を主張。旧姓木嶋。
上田美由紀　　　　　広島 17. 7.27 最高裁（小池裕） 13. 3.20 広島高裁松江支部 （塚本伊平） 12.12. 4 鳥取地裁（野口卓志）	鳥取連続不審死事件 （09.4.23/10.6） 1973 年 12 月 21 日生まれ	裁判員裁判。無罪を主張。
鈴木　勝明　　　　　大阪 17.12. 8 最高裁（戸倉三郎） 14.12.19 大阪高裁（笹野明義） 13. 6.26 大阪地裁堺支部 （畑山靖）	大阪ドラム缶遺体事件 （04.12.3） 1967 年 5 月 13 日生まれ	裁判員裁判。無罪を主張。

林　振華　　　　　名古屋 18. 9. 6 最高裁（木沢克之） 15.10.14 名古屋高裁（石山容示） 15.2.20 名古屋地裁（松田俊哉）	愛知県蟹江町母子殺傷事件 (09.5.1)	中国籍。裁判員裁判。
渡邉　剛　　　　　東京 18.12.21 最高裁（鬼丸かおる） 16. 3.16 東京高裁（藤井敏明） 14. 9.19 東京地裁（田辺美保子）	資産家夫婦殺人事件 (12.12.7)	裁判員裁判。殺害は否認。
西口　宗宏　　　　大阪 19. 2.12 最高裁（岡部喜代子） 16. 9.14 大阪高裁（後藤真理子） 14. 3.10 大阪地裁堺支部 （森浩史）	堺市連続強盗殺人事件 (11.11.5/12.1) 1961 年 8 月 26 日生まれ	裁判員裁判。
山田浩二　　　　　大阪 19. 5.18 控訴取下げ　確定 18.12.19 大阪地裁（浅香竜太）	寝屋川中 1 男女殺害事件 (15.8.13)	裁判員裁判。刑務官とトラブルとなり控訴を取下げるが取下げ無効を争い 19 年 12 月大阪高裁が無効決定、検察の抗告で係争中。20 年 3 月 24 日二度目の控訴取下げ。
保見　光成　　　　広島 19.7.11 最高裁（山口厚） 16.9.13 広島高裁（多和田隆史） 15. 7.28 山口地裁（大寄淳）	周南市連続殺人放火事件 (13.7.21 ～ 22)	裁判員裁判。
堀　慶末　　　　　名古屋 19.7.19 最高裁（山本庸幸） 16.11. 8 名古屋高裁（山口裕之） 15.12.15 名古屋地裁（景山太郎）	碧南市夫婦強盗殺人事件(98.6.28)、守山強盗傷害事件（06.7.20）	裁判員裁判。闇サイト事件で無期刑受刑中に前に犯した事件が発覚。著書に『鎮魂歌』がある。
植松　聖　　　　　東京 20. 3.16 横浜地裁（青沼潔）	相模原障害者殺傷事件事件 (16.7.26) 1990 年 1 月生まれ	弁護人の控訴を取下げ死刑確定。
土屋　和也　　　　東京 20. 9. 8 最高裁（林道晴） 18. 2.14 東京高裁（栃木力） 16. 7.20 前橋地裁（鈴木秀行）	前橋連続強盗殺傷事件 (14.11.10/11.16)	裁判員裁判。軽度の発達障害と計画性の不在を認めつつ、複数の凶器を用意したのは被告の意思として上告を棄却。
白石　隆浩　　　　東京 20. 12.21 控訴取り下げ 20. 12.15 東京地裁立川支部（矢野直邦）	座間市アパート 9 人殺害事件 (17.8.23. ～ 10.23)	裁判員裁判。本人控訴取り下げ確定。
肥田　公明　　　　東京 21. 1.28 最高裁（深山卓也） 18. 7.30 東京高裁（大島隆明） 16.11.24 静岡地裁沼津支部 （斎藤千恵）	伊東市干物店強盗殺人事件 (12.12.18)	裁判員裁判。無実を主張。
川崎　竜弥　　　　東京 21. 2.15 上告取り下げ 19. 3.15 東京高裁（藤井敏明） 18. 2.23 静岡地裁（佐藤正信）	浜名湖連続殺人事件 (16.1.29 ～ 7.8)	裁判員裁判。最高裁判決の 2 日前に本人上告取り下げ確定。
筧 千佐子　　　　　大阪 21. 6.29 最高裁（宮崎裕子） 19. 5.24 大阪高裁（樋口裕晃） 17.11. 7 京都地裁（中川綾子）	青酸連続殺人事件 (07.12 ～ 13.12)	裁判員裁判。認知症で裁判内容を理解する訴訟能力がないと無罪主張。

最高裁係属中の死刑事件

氏名　拘置先 判決日	事件名（事件発生日） 生年月日	備　考
岩間 俊彦　東京 19.12.17 東京高裁（青柳勤） 17. 8.25 甲府地裁（丸山哲巳）	マニラ邦人保険金殺人事件 (14.10/15.8 ～ 9)	裁判員裁判。
上村 隆 21. 5.19 大阪高裁（宮崎英一） 19. 3.15 神戸地裁姫路支部（藤原美弥子）	姫路連続監禁殺人事件 (09.4 ～ 11.2)	裁判員裁判。無罪を主張。共犯者は 18 年 11 月 8 日、死刑求刑に対し 1 件が無罪となり、無期懲役に。被告・検察とも控訴。
中田　充 21. 9.15 福岡高裁（辻川靖夫） 19.12.13 福岡地裁（柴田寿宏）	妻子 3 人殺人事件 (17.6.5 ～ 6)	裁判員裁判。無罪を主張。現職の警察官。

高裁係属中の死刑事件

氏名　拘置先 判決日	事件名（事件発生日）	備　考
今井 隼人　東京 18. 3.22 横浜地裁（渡辺英敬）	川崎市老人ホーム連続転落死事件 (15.11.4 ～ 12.31)	裁判員裁判。
岩倉知広 20.12.11 鹿児島地裁（岩田光生）	日置市男女 5 人殺害事件 18.3.31 ～ 4.6	裁判員裁判。
盛藤吉高 21. 6.24 福島地裁郡山支部（小野寺健太）	三春町男女 2 人ひき逃げ殺人事件 (20.5.31)	裁判員裁判。
小松博文 21. 6.30 水戸地裁（結城剛行）	日立妻子 6 人殺害事件 (17.10.6)	裁判員裁判。
野村悟 21. 8.24 福岡地裁（足立勉）	工藤会 4 事件（1998. 2.18 ～ 2014.5.26）	組織のトップであるとして推認のみで死刑判決。

（2021 年 9 月 20 日現在）

※事件時未成年で、実名表記の了解の得られなかった方についてはイニシャルにしました。

死刑確定者の自殺者

1999 年 11 月 8 日	太田勝憲	55 歳	札幌
2020 年 1 月 26 日	矢野　治	71 歳	東京

死刑確定者の獄死者

死亡年月日	名前	年齢	拘置所等
2003年　2月28日	上田　大	33歳	名古屋
2003年　9月　3日	冨山常喜	86歳	東京
2004年　6月　4日	晴山広元	70歳	札幌刑務所
2007年　7月17日	諸橋昭江	75歳	東京
2008年　2月　7日	宇井鍒次	68歳	大阪医療刑務所
2008年12月16日	澤地和夫	69歳	東京
2009年　1月　4日	朴　日光	61歳	福岡
2009年　5月　2日	藁科　稔	56歳	名古屋の病院で
2009年　9月　3日	荒井政男	82歳	東京
2009年10月27日	石橋栄治	72歳	東京
2010年　1月　2日	山本開一	62歳	東京
2010年　4月14日	手柴勝敏	66歳	福岡
2011年　1月27日	坂本春野	83歳	大阪医療刑務所
2011年　1月29日	熊谷昭孝	67歳	仙台の病院で
2011年　2月　6日	永田洋子	65歳	東京
2013年　6月23日	綿引　誠	74歳	東京
2013年　8月15日	迫　康裕	73歳	仙台
2013年11月15日	宇治川正	62歳	東京
2014年　4月19日	石田富蔵	92歳	東京
2014年　5月15日	中山　進	66歳	大阪
2014年　6月24日	岡崎茂男	60歳	東京
2014年　7月　2日	沖倉和雄	66歳	東京
2014年　7月16日	幾島賢治	67歳	名古屋
2015年10月　4日	奥西　勝	89歳	八王子医療刑務所
2016年　1月22日	松本昭弘	61歳	名古屋
2016年　2月14日	片岡　清	84歳	広島
2017年　3月27日	関根　元	75歳	東京
2017年　5月24日	大道寺将司	68歳	東京
2017年　6月26日	浜田武重	90歳	福岡
2017年　9月16日	畠山鐵男	74歳	東京
2020年　2月11日	阿佐吉廣	70歳	東京
2020年10月17日	高田和三郎	88歳　肺炎	東京
2020年12月13日	野崎　浩	66歳　慢性腎不全	東京
2021年 2月3日	高橋義博	71歳 急性冠症候群	東京

法務大臣別死刑執行記録

この表は死刑の執行がどのような政治的、社会的状況下で行われているかを分析するための資料として製作された。

1993年以前の記録は不備な項目もあるが参考までに掲載した。
※法務大臣就任時に〔衆〕は衆議院議員、〔参〕は参議院議員であることを、〔民間〕は国会議員でないことを示す。

首相	法相（就任年月日）	執行年月日（曜日）	死刑囚名	年齢	拘置所	執行前後の状況	年間執行数
中曽根康弘	住 栄作〔衆〕（83・12・27）	84・10・30（火）	中山 実		東京		84年＝1人
	嶋崎 均〔参〕（84・11・1）	85・5・31（木）	大島 卓士		名古屋		85年＝3人
			古谷 惣吉		大阪		
		85・7・25（木）	阿部 利秋		福岡		
	鈴木 省吾〔参〕（85・12・28）	86・5・20（火）	木村 繁治		東京		86年＝2人
			徳永 励一		東京		
	遠藤 要〔参〕（86・7・22）	87・9・30（水）	大坪 清隆		大阪		87年＝2人
			矢部 光男		東京		
竹下 登	林田悠紀夫〔参〕（87・11・6）	88・6・16（木）	松田 吉孔		大阪		88年＝2人
			渡辺 健一		大阪		
	長谷川 峻〔衆〕（88・12・27）	―				＊リクルートからの政治献金が発覚し、在任期間4日で辞任。	
	高辻 正己〔民間〕（88・12・30）	―				＊73～80年最高裁判事。法相就任前は国家公安委員会委員。	
宇野 宗佑	谷川 和穂〔衆〕（89・6・3）	―				＊宇野内閣が69日で退陣になり、法相退任。	
海部 俊樹	後藤 正夫〔参〕（89・8・10）	89・11・10（金）	近藤 武数		福岡		89年＝1人
	長谷川 信〔参〕（90・2・28）	―				＊病気のため任期途中で辞任。10月死去。	90年＝0人
	梶山 静六〔衆〕（90・9・13）	―					91年＝0人
	左藤 恵〔衆〕（90・12・29）	―				＊第2次海部内閣の改造内閣で就任。真宗大谷派の僧侶。	92年＝0人

宮澤　喜一	田原　隆〔衆〕（91・11・5）	—					
	後藤田正晴〔衆〕（92・12・12）	93・3・26（金）	立川修二郎 川中　鉄夫 近藤　清吉	62 48 55	大阪 大阪 仙台	執行再開。26年ぶりの3名同時執行。川中氏は精神分裂症。法相「このままでは法秩序が維持できない。（執行しなかった法相は）怠慢である」と発言。	
細川　護熙	三ケ月　章〔民間〕（93・8・9）	93・11・26（金）	出口　秀夫 坂口　徹 関　幸生 小島　忠夫	70 56 47 61	大阪 大阪 東京 札幌	戦後初の4人同時執行。出口氏は70歳の高齢者。 11月5日国連規約人権委員会から日本政府への勧告が出たばかり。 9月21日の最高裁死刑判決で大野正男判事の補足意見。	93年＝7人
羽田　孜	永野　茂門〔参〕（94・4・28）	—				*「南京大虐殺はでっち上げ」発言が問題となり、在任期間11日で辞任。	
	中井　洽〔衆〕（94・5・8）	—				*羽田内閣が64日で総辞職になったため法相退任。	
村山　富市	前田　勲男〔参〕（94・6・30）	94・12・1（木）	安島　幸雄 佐々木和三	44 65	東京 仙台	執行ゼロの年を回避。自社さ連立政権下の執行。11月7日国連総会で死刑廃止が議題に。11月26日に世論調査発表。	94年＝2人
		95・5・26（金）	藤岡　英次 須田　房雄 田中　重穂	40 64 69	大阪 東京 東京	オウム事件を背景にした執行。	
	田沢　智治〔参〕（95・8・8）	—					
	宮澤　弘〔参〕（95・10・9）	95・12・21（木）	木村　修治 平田　直人 篠原徳次郎	45 63 68	名古屋 福岡 東京	オウム破防法手続き問題の時期。	95年＝6人
橋本龍太郎	長尾　立子〔民間〕（96・1・11）	96・7・11（木）	石田三樹男 横山　一美 杉本　嘉昭	48 59 45	東京 福岡 福岡	麻原彰晃（松本智津夫氏）全17件の事件が審理入り。 オウム解散を公安審査委員会に請求。	
	松浦　功〔参〕（96・11・7）	96・12・20（金）	今井　義人 平田　光成 野口　悟	55 60 50	東京 東京 東京	法務大臣就任1カ月半後の執行。 執行の有無を記者に答えると明言。 ペルー大使館占拠事件（12月17日〜）。	96年＝6人

	松浦 功（参）	97・8・1（金）	日高 安政	54	札幌	執行の事実を法務大臣認める。	97年＝4人
			日高 信子	51	札幌	神戸小学生殺傷事件、オウム事件を背景にした執行。	
			永山 則夫	48	東京	奈良県月ヶ瀬村中2生徒殺害事件で被疑者供述。	
			神田 英樹	43	東京		
	下稲葉耕吉（参）（97・9・11）	98・6・25（木）	島津 新治	66	東京	国会終了直後。参議院選挙公示日。	98年＝6人
			村竹 正博	54	福岡		
			武安 幸久	66	福岡		
小渕 恵三	中村正三郎（衆）（98・7・30）	98・11・19（木）	津田 暎	59	広島	法務省から執行の事実・人数を公表。	
			西尾 立昭	61	名古屋	11月4日の記者会見で執行の事実を公表すると表明していた。	
			井田 正道	56	名古屋		
	陣内 孝夫（参）（99・3・8）	99・9・10（金）	佐藤 真志	62	東京	法務省が記者クラブに「本日9月10日（金）死刑確定囚3名に対して死刑の執行をしました」と初めてFAX。3名とも仮釈放後の再殺人で死刑。	99年＝5人
			高田 勝利	61	仙台	人身保護請求を行い、8月に棄却後の執行。	
			森川 哲行	69	福岡		
	臼井日出男（衆）（99・10・5）	99・12・17（金）	佐川 和男	48	東京	佐川氏人身保護請求中。小野氏再審請求中。法相「再審請求は重要な理由だが、幾度もやっている場合は考慮しきれない」。	
			小野 照男	62	福岡		
森 喜朗	臼井日出男（衆）（00・4・5）	―				＊小渕首相が緊急入院したための「居抜き内閣」。	00年＝3人
	保岡 興治（衆）（00・7・4）	00・11・30（木）	勝田 清孝	52	名古屋	臨時国会閉会前日の執行であり、内閣改造直前のかけ込み執行。	
			宮脇 喬	57	名古屋		
			大石 国勝	55	福岡		
	高村 正彦（衆）（00・12・5）	―					
小泉純一郎	森山 眞弓（衆）（01・4・26）	01・12・27（木）	朝倉幸治郎	66	東京	仕事納め前日の執行。宅間守被告初公判。	01年＝2人
			長谷川敏彦	51	名古屋	オウム関連被告への求刑日。	
		02・9・18（水）	田本 竜也	36	福岡	小泉首相が訪朝するという大きな報道の中での執行。国会閉会中。水曜日の執行は93年3月以降、初めて。	02年＝2人
			浜田 美輝	43	名古屋		
		03・9・12（金）	向井 伸二	42	大阪	宅間守被告への死刑判決直後の執行。	03年＝1人
	野沢 太三（参）（03・9・22）	04・9・14（火）	嶋﨑 末男	59	福岡	法相引退直前。火曜日の執行は93年3月以降初めて。	04年＝2人
			宅間 守	40	大阪	宅間氏、自ら控訴を取り下げ。確定後一年未満、異例の早期執行。	

小泉純一郎	南野知恵子〔参〕（04・9・27）	05・9・16（金）	北川 晋	58	大阪	退任直前、国会閉会中。異例の1人のみの執行。	05年＝1人
	杉浦 正健〔衆〕（05・10・31）	—				＊真宗大谷派の信徒であることから就任時に「死刑執行のサインはしない」と発言（直後に撤回）。	
安倍晋三	長勢 甚遠〔衆〕（06・9・26）	06・12・25（月）	秋山 芳光	77	東京	執行ゼロの年を作らぬため。確定死刑囚98人時点での4人執行。藤波氏は車椅子生活。77歳、75歳の高齢者の執行。クリスマスの執行。	06年＝4人
			藤波 芳夫	75	東京		
			福岡 道雄	64	大阪		
			日高 広明	44	広島		
		07・4・27（金）	名田 幸作	56	大阪	国会会期中の執行。	
			小田 義勝	59	福岡		
			田中 政弘	42	東京		
		07・8・23（木）	竹澤一二三	69	東京	法相退陣直前の執行。二桁執行を公言。	
			瀬川 光三	60	名古屋		
			岩本 義雄	63	東京		
	鳩山 邦夫〔衆〕（07・8・27）	—				＊第1次安倍改造内閣で就任したが約30日で内閣総辞職となり退任。	
福田康夫	鳩山 邦夫〔衆〕（07・9・26）	07・12・7（金）	池本 登	75	大阪	被執行者の氏名や事件内容を法務省が初めて発表する。法相、9月25日に「法相が署名をしなくても死刑執行できる方法を考えるべきだ」、ベルトコンベアー発言が問題に。	07年＝9人
			府川 博樹	42	東京		
			藤間 静波	47	東京		
		08・2・1（金）	松原 正彦	63	大阪	前夜に執行予定の情報が流れる。	
			名古 圭志	37	福岡		
			持田 孝	65	東京		
		08・4・10（木）	中元 勝義	64	大阪	4月22日には光市事件差戻控訴審判決。	
			中村 正春	61	大阪		
			坂本 正人	41	東京		
			秋永 香	61	東京		
		08・6・17（火）	山崎 義雄	73	大阪	7月洞爺湖サミットを前にしての執行。	
			陸田 真志	37	東京		
			宮崎 勤	45	東京		

	保岡興治〔衆〕（08・8・2）	08・9・11（木）	萬谷義幸	68	大阪	法相就任1カ月での執行。9月1日には福田首相が辞意を表明していた。	08年＝15人
			山本峰照	68	大阪		
			平野勇	61	東京		
麻生太郎	森英介〔衆〕（08・9・24）	08・10・28（火）	久間三千年	70	福岡	久間氏は無実主張。足利事件菅家氏がDNA鑑定で釈放直後の執行。	
			高塩正裕	55	仙台	一審無期、二審で死刑判決。上告取り下げ確定。	
		09・1・29（木）	牧野正	58	福岡	公判再開請求が最高裁で棄却後の執行。	09年＝7人
			川村幸也	44	名古屋	前年12月、再審請求棄却後の執行。	
			佐藤哲也	39	名古屋	本人が再審請求を取り下げ。	
			西本正二郎	32	東京	控訴取り下げにより確定。	
		09・7・28（火）	陳徳通	41	東京	中国国籍。政権交代直前の駆け込み執行。	
			前上博	40	大阪	控訴取り下げにより確定。	
			山地悠紀夫	25	大阪	控訴取り下げにより確定。	
鳩山由紀夫	千葉景子〔参〕（09・9・16）	―					
菅直人	千葉景子〔参〕（10・6・8）	10・7・28（水）	篠澤一男	59	東京	政権交代後初の執行、法相執行に立ち会う。元死刑廃止議連メンバー。	10年＝2人
			尾形英紀	33	東京	控訴取り下げにより確定。	
	柳田稔〔参〕（10・9・17）	―				＊「法務大臣は二つ覚えておけばいい。『個別の事案についてはお応えを差し控えます』と『法と秩序に基づいて適切にやっている』だ」と発言して辞任。	
	仙谷由人〔衆〕（10・11・22）	―					
	江田五月〔参〕（11・1・14）	―					
野田佳彦	平岡秀夫〔衆〕（11・9・2）	―					11年＝0人
	小川敏夫〔参〕（12・1・13）	12・3・29（木）	松田康敏	44	福岡	2011年は執行ゼロだったが、年度内ギリギリで執行。	
			上部康明	48	広島		
			古澤友幸	46	東京		
	滝実〔衆〕（12・6・4）	12・8・3（金）	服部純也	40	東京	法相就任2カ月での執行。	
			松村恭造	31	大阪		

野田佳彦	滝 実	12・9・27（木）	松田 幸則	39	福岡	内閣改造で退任希望を表明した直後の執行。	12年＝7人
			江藤 幸子	65	仙台		
	田中 慶秋〔衆〕（12・10・1）	―				＊法相就任から3週間で「体調不良」を理由に辞任。	
	滝 実〔衆〕（12・10・24）	―					
安倍晋三	谷垣 禎一〔衆〕（12・12・26）	13・2・21（木）	金川 真大	29	東京	法相就任2カ月足らずでの執行。	13年＝8人
			小林 薫	44	大阪	金川・小林氏は一審のみで死刑に。加納氏は一審無期。	
			加納 惠喜	62	名古屋		
		13・4・26（金）	宮城 吉英	56	東京	濱崎氏は確定から1年4カ月での執行。	
			濱崎 勝次	64	東京		
		13・9・12（木）	熊谷 徳久	73	東京	オリンピック東京招致決定直後の執行。	
		13・12・12（木）	藤島 光雄	55	東京		
			加賀山領治	63	大阪		
		14・6・26（木）	川崎 正則	68	大阪		14年＝3人
		14・8・29（金）	小林 光弘	56	仙台	法相退任直前の執行。再審請求準備中の二人の執行。	
			高見澤 勤	59	東京		
	松島みどり〔衆〕（14・9・3）	―				＊法相就任後「うちわ」配布が問題となり辞任。	
	上川 陽子〔衆〕（14・10・21）	15・6・25（木）	神田 司	44	名古屋		15年＝3人
	岩城 光英〔参〕（15・10・7）	15・12・18（金）	津田寿美年	63	東京	法相就任2カ月余りでの執行。裁判員裁判で死刑判決を受けた者（津田氏）への初の執行。	
			若林 一行	39	仙台		
		16・3・25（金）	鎌田 安利	75	大阪	岩城光英法相は7月の参議院選挙で落選。	16年＝3人
			吉田 純子	56	福岡		
	金田 勝年〔衆〕（16・8・3）	16・11・11（金）	田尻 賢一	45	福岡		
		17・7・13（木）	西川 正勝	61	大阪	西川氏は再審請求中の執行。法相「再審請求を行っているから執行しないという考えはとっていない」。住田氏は被害者一人、一審のみで確定。	17年＝4人
			住田 紘一	34	広島		
	上川 陽子〔衆〕（17・8・3）	17・12・19（火）	松井喜代司	69	東京	二人とも再審請求中。一人は事件当時少年。	
			関 光彦	44	東京		

首相	法相	執行日	氏名	年齢	拘置所	備考	年計
安倍晋三	上川　陽子〔衆〕	18・7・6（金）	松本智津夫	63	東京	これまでにない大量執行。再審請求中、恩赦申立中など一切無視し、確定順の執行という慣例をかなぐり捨てて、元オウム真理教幹部を一挙に執行した。 松本氏は再審請求中の執行。心神喪失状態だった。 早川氏は再審請求中の執行。 井上氏は一審無期懲役であり、第一次再審請求中の執行。 新實氏、中川氏は再審請求中の執行。 遠藤氏は第一次再審請求中の執行。 土谷氏は心神喪失状態だった可能性が高い。	
			早川紀代秀	68	福岡		
			井上　嘉浩	48	大阪		
			新實　智光	54	大阪		
			土谷　正実	53	東京		
			中川　智正	55	広島		
			遠藤　誠一	58	東京		
		18・7・26（木）	宮前　一明	57	名古屋	前回執行から20日目に、6名を執行。オウム死刑囚13名全員が抹殺された。 横山氏、小池氏、豊田氏、広瀬氏は第一次再審請求中の執行。	
			横山　真人	54	名古屋		
			端本　悟	51	東京		
			小池　泰男	60	仙台		
			豊田　亨	50	東京		
			広瀬　健一	54	東京		
	山下　貴司〔衆〕（18・10・2）	18・12・27（木）	岡本　啓三	60	大阪	年末ぎりぎりの執行。岡本氏は再審請求中。	18年＝15人
			末森　博也	67	大阪		
		19・8・2（金）	庄子　幸一	64	東京	庄子氏は再審請求中。9月内閣改造前の執行。2日前から執行の情報が漏れていた。	
			鈴木　泰徳	50	福岡		
	河井　克行〔衆〕（19・9・11）	―				執行に積極的姿勢を見せつつ妻の選挙違反問題で就任51日で辞任。	
	森　まさこ〔衆〕（19・10・31）	19・12・26（木）	魏　巍	40	福岡	年末ぎりぎりの執行。再審請求中。	19年＝3人
菅　義偉	上川　陽子〔衆〕（20・9・16）					コロナ禍と東京オリンピック	20年＝0人

（2021年9月20日現在）

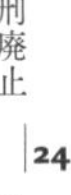

死刑廃止年表 二〇二〇

2020—2021

一月

死刑をめぐる動き

九日 名古屋高裁（堀内満裁判長）は松井広志さん一審無期懲役判決を破棄、名古屋地裁へ差し戻し判決

一七日 死刑制度に関する意識調査を含む「基本的法制度に関する世論調査」の結果が発表される。

二六日 矢野治さん、東京拘置所で自殺（享年71歳）

二七日 大阪高裁（村山浩昭裁判長）は平野達彦の一審死刑判決を破棄、無期懲役判決

二九日 最高裁第三小法廷（宇賀克也裁判長）は岩嵜竜弥さんの上告を棄却。地裁に差し戻した二審東京高裁判決が確定。再度横浜地裁で審理される。

死刑廃止への動き

二五日 死刑執行抗議集会 12月26日魏巍のさんへの執行抗議と今回の執行の意味を考える 終了後「いつまで続く安倍政治と死刑 望月衣塑子さんと考える」文京区民センター

二六日 無実の袴田さんに無罪判決を求める集い 北川好伸、平下愛 清水テルサ 袴田さんを支援する清水・静岡市民の会

二月

死刑をめぐる動き

一〇日 一審の死刑判決を破棄して大阪高裁で無期懲役となった平野達彦さんへの上告を大阪高検は断念。

一一日 阿佐吉広さん、収容先の東京拘置所で病死（70歳）。

二〇日 松本健次さんを原告とする訴訟の判決 大阪地裁民事七

死刑廃止への動き

一五～二一日 第九回死刑映画週間 渋谷・ユーロスペース

部再審請求中に死刑執行されない権利を認めず。

二六日　熊本地裁は菊池事件の特別法廷は違憲とする初の司法判断を示す。

三月

一六日　横浜地裁（青沼潔裁判長）は「津久井やまゆり園」事件の植松聖さんに死刑判決。

一八日　福岡高裁（鬼沢友直裁判長）は、一審無期懲役判決（求刑死刑）を受けた於保照義さんと検察の控訴を棄却、無期懲役判決。

二三日　米コロラド州のポリス知事が死刑制度廃止の法案に署名。死刑の廃止は全米で22州目。死刑囚3人を仮釈放なしの終身刑に減刑。

二四日付　山田浩二さん、控訴を再び取り下げる書面を提出。

三〇日　於保照義さんの一審佐賀地裁で無期懲役（求刑死刑）を支持した福岡高裁判決を不服とし上告。

三〇日　植松聖さん、弁護人の控訴を取り下げ、31日、死刑判決が確定。

四月

一日　台湾　蔡清祥法務部長は翁仁賢さんの死刑を執行。蔡英文政権下では2人目。

八日　最高裁は緊急事態宣言の期間中に民事や刑事など裁判6件の期日を取り消すと明らかにした。

二六日　サウジアラビア人権委員会は、未成年時の事件の死刑を廃止、10年以下の禁錮刑にすると発表。少なくとも6

五日　大阪拘置所前でアピールと花見。フォーラムinおおさか

一五日〜四日　第5回　永山則夫が残したものin赤羽会場　子どもの本屋　青猫書房　ミニライブ・津軽弁で朗読＋永山則夫関連動画ミニ上映　主催：いのちのギャラリー

人が死刑を免れる。

二八日　新型コロナウイルスの経済対策全国一律の10万円給付、森雅子法相は受刑者や死刑囚も対象になると表明。

五月

四日　ナイジェリア　ラゴスの裁判所は、新型コロナウイルス感染対策のためオンラインで絞首刑判決を言い渡す。

一五日　シンガポール高裁は、新型コロナウイルスの感染拡大防止策としてZoomで麻薬密輸の罪で死刑判決。

一九日　米ミズーリ州で死刑執行。新型コロナウイルスの感染拡大で中断されていたが、2か月半ぶりに執行。

二四日　大阪高裁（樋口裕晃裁判長）は筧千佐子さんの控訴を棄却。

三〇日　山田浩二さんの弁護人が、控訴取り下げの無効を求める申し入れ書を大阪高裁に提出。

一〇日　オンラインセミナー「死刑廃止を考える～死刑制度とは？世界の状況は？」主催・ＡＩＪ

六月

二〇日　オンラインセミナー「台湾と日本、どっちが先に死刑廃止？」李怡修　主催・ＡＩＪ

七月

一七日　米連邦政府、17年ぶりに死刑執行。

一三日　弁護士会館において、中村悠人氏（関西学院大学准教授）を講師に「無期刑受刑者の処遇について」をテーマに勉強会を開催（日弁連）

一八日　相模原事件・寝屋川事件から　頻発する上訴取下げを考える　渡辺一史×篠田博之、ダースレイダー、安田好弘　フォーラム90　文京区民センター

八月

一日～九日　死刑囚の絵展　大道寺幸子・赤堀政夫基金「第15回死刑囚の表現展応募作品」カフェ・テアトロ　アビエルト

二日　林健治さんに和歌山カレー事件のこと眞須美さんのことを根掘り葉掘り聞く集い　主催：林眞須美さんは無実！　あおぞらの会　クレオ大阪

一七日　弁護士会館において、相模原障害者施設殺傷事件の取材を行った神奈川新聞記者二名を呼び勉強会（日弁連）

九月

八日　最高裁第三小法廷（林道晴裁判長）は土屋和也さんの上告を棄却、死刑確定へ。

九日　最高裁第一小法廷（山口厚裁判長）は、ナカダ・ルデナ・バイロン・ジョナタンさんの二審無期懲役判決（求刑死刑）に対する被告側上告を棄却。無期懲役刑が確定。

九日　最最高裁第三小法廷（戸倉三郎裁判長）は、於保照義さんの一・二審無期懲役判決（求刑死刑）に対する被告側上告を棄却。無期懲役刑が確定。

一四日　最高裁第二小法廷（三浦守番長）は、名古屋高裁における一審無期懲役判決破棄、差し戻し判決（求刑死刑）に対する被告側上告を棄却。名古屋地裁で改めて裁判員裁判が開かれる。

一六日　菅義偉内閣成立、法務大臣に上川陽子。

一七日　松本智津夫さんの遺骨について、東京家裁が次女に引き渡しを認める審判。四女は東京高裁に不服申し立て

一二日　傍聴人は見た！　死刑判決の瞬間　高橋ユキ・北尾トロ・ダースレイダー　フォーラム90　文京区民センター

二七日　第17回永山子ども基金オンライン特別番外編チャリティトーク＆コンサート　Zoom とYoutube でオンライン配信　主催・永山子ども基金

二四日　米インディアナ州の連邦刑務所で、死刑執行今年七月に再開されてから三か月間で七人目。

一〇月

一七日　高田和三郎さんが、肺炎のため東京拘置所で病死（88歳）。

二〇日　法務省は死刑執行の事実や執行日などを被害者遺族らに公表前に通知する制度を21日から始めると発表。通知対象となるのは、被害者本人や親族、その代理人弁護士のほか、内縁・婚約関係など親族に準ずる人。

二六日　「被収容者に係る物品の貸与、支給及び自弁に関する訓令の一部を改正する訓令」を発布。鉛筆削り支給・自弁を禁じ鉛筆、色鉛筆使用を禁じた。

一〇日　響かせあおう死刑廃止の声２０２０　雨宮処凛、森達也、池田浩士、香山リカ、北川フラム、坂上香、太田昌国　主催：フォーラム90　四谷区民ホール

一〇日　「福岡から死刑廃止を叫ぶ！　ウォーキング&スタンディング」　福岡天神前、タンポポの会

一一日　死刑廃止デー大阪行動。梅田陸橋でのアピールと大阪拘置所前で死刑囚へアピール。フォーラムinおおさか

一四日　「死刑存廃をめぐる議論の質を高めるために」　講師・井田良氏、勉強会を開催。弁護士会館　日弁連

二一日～九日　第5回ながやまのりおがのこしたものin青猫書房　展示「永山則夫の風景」　会場：青猫書房

二三～二五日　死刑囚表現展２０２０　主催：大道寺幸子・赤堀政夫基金／フォーラム90　松本治一郎記念会館

一一月

一一日　熊本典道元裁判官が死去。享年83歳。

一三日　菊池事件の弁護団は、国民から広く賛同を募った再審請求書を熊本地裁に提出。

一七日　国連総会第3委員会（人権問題）で「死刑執行の一時停止を求める決議」が採択。死刑執行モラトリアム決議は07年12月に本会議で採択されて以来、今回で8回目。日本は一貫して決議に反対している。今回は、毎年棄

九日　死刑執行停止を求める諸宗教者の祈り。京都室町協会。

権していた韓国が初めて賛成を表明。

一日　東京高裁（平木正洋裁判長）は武井北斗さんへの検察の死刑を求める控訴を棄却、無期懲役判決に。

五日　免田栄さん、老衰のため死去（享年95歳）。

一一日　鹿児島地裁（岩田光生裁判長）は岩倉知広さんに死刑判決。

一二日　尾田信夫さん、死刑確定から50年。死刑囚の刑事裁判の記録について、法が定める保管期間を終えるところだったが福岡地検は10年間の保存延長を決めた。

一三日　野崎浩さんが慢性腎不全で東京拘置所で死去（享年61歳）。

一五日　東京地裁立川支部（矢野直邦裁判長）は白石隆浩さんに死刑判決。18日、弁護人は控訴。21日付で本人が控訴取り下げ。1月5日午前0時に死刑が確定。

二二日　最高裁第3小法廷（林道晴裁判長）は袴田事件の再審を認めなかった東京高裁決定を取り消し、審理を高裁へ差し戻す。

二五日　再審請求中の死刑執行は違法とし故河村啓三さんの元弁護団らが国賠請求提訴。

一二月

四日　死刑をなくそう市民会議、上川陽子法務大臣に公開質問状提出。記者会見

六日　袴田巖さんに再審・無罪を！　再収監を許さない！　上川陽子法相の地元・静岡で死刑廃止を訴える集い　平岡秀夫、小川秀世、袴田ひで子、山崎俊樹　静岡労政会館。フォーラム90

一一日　袴田さんの再収監を許さない一日行動

一二日　監獄人権セミナー「国際人権基準から見た終身刑の課題：死刑の代替刑となり得るか？」YouTubeLIVE、講師・ダーク・シュミット、キャサリン・アップルトン、監獄人権センター

編集後記

19年12月26日、森まさこ法相の死刑執行から21ヶ月、執行がとまっている。コロナ禍、コングレス、オリンピック、パラリンピックが原因か、あるいは16人もの命を奪った上川陽子現法相が、もうたくさんと思ったのか。いずれにせよ執行停止状態はありがたい。

しかしこの一年、死刑をめぐる動きは活発だ。今年の年報には、これらの動きを漏らさず収載した。一つは言うまでもなく、アメリカ・バイデン大統領の司法長官が連邦レベルでの死刑執行停止を表明したことだ。アメリカは果たして本気で死刑廃止へ向かおうとしているのか。巻頭の座談会は非常に正確にこの問題を分析している。

袴田巌さんへの18年6月東京高裁の再審開始せずという不当決定を、昨年20年12月に最高裁が高裁へ差し戻しを決定。またハンセン病差別の特別法廷で無実を主張しながら十分な審理なしに死刑が確定し、執行された菊池事件の国民的再審請求が申し立てられたことも重要だ。飯塚事件と並んで、無実の者が死刑を執行されるというあってはならぬことがあったことを国が認めれば、死刑制度は揺れざるを得ない。

17年以降、当然のように再審請求中の執行が続く。故河村啓三弁護団による国家賠償請求はこの不当な流れを止めようとする。また獄中者に鉛筆削り、鉛筆を使わせない訓令は獄中者の表現と尊厳を剥奪する。それに抗する訴訟も始まった。この二つ訴訟は持続的に注目したい。

獄中34年6ヶ月、獄中で闘い抜き、雪冤後は死刑廃止を訴え続けた免田栄さんが亡くなった。免田事件は死刑、冤罪、獄中処遇、事件報道、弁護、支援、家族など死刑をめぐるあらゆる問題を内包しており、繰り返し検証されるべき事案だ。03年8月に機会があり十数名で免田さんとともに事件や逮捕の現場、藤崎拘置所跡地などを廻るという忘れがたい経験をさせていただいた。カバー写真はその時のものだ。なお今年12月5日、一周忌にフォーラム90により偲ぶ会が企画されている。（深田卓）

アメリカは死刑廃止に向かうか

年報・死刑廃止 2021

2021年10月10日　第1刷発行

編集委員

岩井 信
可知 亮
笹原 恵
島谷直子
高田章子
永井 迅
安田好弘

（以上50音順）

深田卓［インパクト出版会］

装幀・本文レイアウト

宗利淳一デザイン

協力

死刑廃止国際条約の批准を求めるフォーラム90
死刑廃止のための大道寺幸子・赤堀政夫基金
国分葉子
深瀬暢子
岡本真菜

宣伝ビデオ作成

可知亮

編集

年報・死刑廃止編集委員会

発行

インパクト出版会

東京都文京区本郷2-5-11　服部ビル

TEL03-3818-7576　FAX03-3818-8676

E-mail：impact@jca.apc.org

インパクト出版会刊

死刑を止めた国・韓国 朴秉植 1400円＋税
どうして韓国は死刑を葬り去り、人権大国への道を歩めたのか。韓国の経験から学ぶ。

「鶴見事件」抹殺された真実 高橋和利 1800円＋税
「私は殺してはいない」という獄中からの怒りの手記。

本当の自分を生きたい 死刑囚・木村修治の手記 2330円＋税
自分の半生を振り返り、罪を見つめ続け、生きて償いたいと思う。

こんな僕でも生きてていいの 河村啓三 2300円＋税
誘拐・殺人・死体遺棄。犯した事件を冷徹に描写し、自己の人生を捉え返す。

落伍者 河村啓三 推薦・加賀乙彦。1900円＋税
死刑囚のおかれている所内の生活がそのまま書かれている貴重な文献。

生きる 大阪拘置所・死刑囚房から 河村啓三 1700円＋税
次々と処刑されていく死刑囚たちのことを胸に刻み、この瞬間を精いっぱい生きる。

命の灯を消さないで フォーラム90編 1300円＋税
2008年フォーラム90が死刑確定者105人に対して行なったアンケートの78人の解答。

死刑囚90人 とどきますか、獄中からの声 フォーラム90編 1800円＋税
2011年フォーラム90が死刑確定者に対して行なったアンケートの報告書。

死刑文学を読む 池田浩士・川村湊 2400円＋税
文学は死刑を描けるか。網走から始まり、二年六回に及ぶ白熱の討論。

死刑・いのち絶たれる刑に抗して 日方ヒロコ 2500円＋税
死刑執行前後の家族が直面させられた現実と教誨師に聞いた死刑執行の現実。

死刑囚と出会って 今、なぜ死刑廃止か 日方ヒロコ 500円＋税
ブックレット。死刑囚・木村修治の姉として、彼の死刑執行阻止へ向けて闘い抜いた。

死刑冤罪 戦後6事件をたどる 里見繁 2500円＋税
雪冤・出獄後も続く無実の死刑囚の波乱の人生をたどる。付・飯塚事件徹底検証。

冤罪 女たちのたたかい 里見繁 2500円＋税
冤罪の土壌は男社会！ 偏見と差別とたたかい雪冤を果たす。

私は前科者である 橘外男著 野崎六助解説 2000円＋税
1910年代、刑務所出所後、東京の最底辺を這いまわり、非正規の労働現場を流浪する。彼が描く風景の無惨さは、現代風に「プレカリアート」文学と呼べるだろう。

少年死刑囚 中山義秀著 池田浩士解説 1600円＋税
死刑か無期か？ 翻弄される少年死刑囚の心の動きを描いた名作。

人耶鬼耶 黒岩涙香著 池田浩士校訂・解説 2300円＋税
誤認逮捕と誤判への警鐘を鳴らし、人権の尊さを訴えた最初の死刑廃止小説。1888年に刊行された本書は、黒岩涙香の最初の翻案小説であり、日本初の探偵小説である。

インパクト出版会刊

逆徒 「大逆事件」の文学 池田浩士編 2800円＋税
「大逆事件」に関連する文学表現のうち、事件の本質に迫る上で重要と思われる諸作品の画期的なアンソロジー。

蘇らぬ朝 「大逆事件」以後の文学 池田浩士編 2800円＋税
大逆事件以後の歴史のなかで生み出された文学表現の中から事件の翳を色濃く影し出している作品群。

死刑の［昭和］史 池田浩士著 3500円＋税
大逆事件から「連続幼女殺人事件」まで、［昭和］の重大事件を読み解くなかから、死刑をめぐるさまざまな問題を万巻の資料に基づいて思索した大著。

殺すこと 殺されること かたつむりの会編 1650円＋税
かたつむりの会連続講座の記録、第1弾。野本三吉・池田浩士・戸次公正・鶴見俊輔

死刑の文化を問いなおす かたつむりの会編 1650円＋税
かたつむりの会連続講座第2弾。内海愛子・新島淳良・なだいなだ・吉田智也・森毅

こうすればできる死刑廃止 フランスの教訓 伊藤公雄・木下誠編 1500円＋税
ユーゴー、カミュからバダンテールまで、この100年のフランスの死刑存廃論議を豊富な資料で検証する。日本から死刑制度をなくすために、参照すべき最良のテキスト。

銀幕のなかの死刑 京都にんじんの会編 1200円＋税
「死刑弁護人」「サルバドールの朝」「私たちの幸せな時間」「少年死刑囚」安田好弘・斉藤潤一・鵜飼哲・石塚伸一・ベヨンミ・岡真理・高山佳奈子・池田浩士

死刑映画・乱反射 京都にんじんの会編 1000円＋税
「休暇」「執行者」「再生の朝に」「A」「軍旗はためく下に」高山佳奈子・永田憲史・金尚均・張惠英・堀和幸・石原燃・中村一成・森達也・太田昌国

獄中で見た麻原彰晃 麻原控訴審弁護団編 1000円＋税
元受刑者が見た精神の均衡を完全に失った麻原被告。彼にはすでに訴訟能力はない。

光市事件 弁護団は何を立証したのか 光市事件弁護団編著 1300円＋税
マスメディアの総攻撃に抗して、21人の弁護団が明かす事件の真実。

平沢死刑囚の脳は語る 覆された帝銀事件の精神鑑定
平沢武彦編著 2300円＋税
平沢死刑囚の脳は語る―覆された帝銀事件の精神鑑定。

足音が近づく 死刑囚・小島繁夫の秘密通信 市川悦子著 2000円＋税
確定死刑囚から妻へ、検閲をのがれて出し続けられた秘密通信。

あの狼煙はいま
東アジア反日武装戦線への死刑・重刑攻撃とたたかう支援連絡会議・編 2000円＋税
連続企業爆破闘争や天皇列車爆破計画などで戦後日本社会を根底から揺さぶった東アジア反日武装戦線の闘いを捉え返す。

死刑囚からあなたへ①② 日本死刑囚会議＝麦の会編 2427円
生きて償いたい！国には殺されたくない！を掲げた世界最初の死刑囚団体・麦の会の編著。